本书出版得到
广西民族大学"广西一流学科中国语言文学学科"建设经费资助

司马迁思想与

《史记》人物论稿

杨宁宁——

著

广西师范大学出版社

GUANGXI NORMAL UNIVERSITY PRESS

· 桂林 ·

图书在版编目（CIP）数据

司马迁思想与《史记》人物论稿 / 杨宁宁著. —桂林：
广西师范大学出版社，2019.12
ISBN 978-7-5598-2327-4

Ⅰ．①司… Ⅱ．①杨… Ⅲ．①司马迁（约前145或
前135-?）—人物研究—文集②《史记》—人物研究—文集
Ⅳ．①K825.81-53②K204.2-53

中国版本图书馆CIP数据核字（2019）第240472号

广西师范大学出版社出版发行

（广西桂林市五里店路9号　邮政编码：541004）

网址：http://www.bbtpress.com

出版人：黄轩庄

全国新华书店经销

广西昭泰子隆彩印有限责任公司印刷

（南宁市友爱南路39号　邮政编码：530000）

开本：880 mm×1 240 mm　1/32

印张：10　　　字数：250千字

2019年12月第1版　　2019年12月第1次印刷

定价：52.00元

如发现印装质量问题，影响阅读，请与出版社发行部门联系调换。

序

　　广西民族大学的杨宁宁老师曾于1999年9月到北京师范大学中文系作访问学者,系里分配我充任杨老师的指导教师,于是我有幸在这一年多的时间里与杨老师有了较多一道学习、讨论、交流的机会。杨老师朴实坦诚、积极主动,不论是与指导教师定期研究商讨一年访问的主要课题,还是旁听北师大文学院重点教师的课程,以及对北师大其他学院重点老师的采访等等,都安排得很紧凑、很周到。杨老师系统地听了一遍我给本科高年级学生开的《史记》专题课,并对《史记》中的重点篇目进行研究,最后提交了三篇论文:《是反抗强暴,还是统治者的杀手——对司马迁〈刺客列传〉的再认识》,刊载于《内蒙古社会科学》2000年第4期,人大复印资料《当代文萃》2000年第5期全文转载;《论司马迁的复仇表现与超越》,刊载于《广西民族大学学报》2000年第6期;《论司马迁复仇情结的产生》,刊载于《社会科学家》2001年第3期。这三篇论文不仅都发表了,而且都刊发于中文核心期刊。我为她一年中所取得的成绩感到高兴,这充分说明她这一年的学习是努力的、认真的,也是卓有成效的。

　　在杨老师北师大访学的这一年里,当时的全国《史记》联络组与河南大学的王立群、白本松等老师商定,要由河南大学文学院发起召开一次全国性的《史记》研讨会,此会于1999年10月在开封市菊花盛开的季节召开了。到会者共四十多人,会议发起者有白本松、王立群、王利锁,联络组的人有可永雪、袁传璋、张大可、韩兆琦，青年同志以河南籍的老师为多，北师大方面的访问学者有杨宁宁、于东新，博士生有陈曦、梁晓云等。杨老师从这次会议开始就成了《史记》研究队伍中的一员，《史记》研究会正式成立后，她与在师大先后作过访问学者的老师刘玲娣、吴淑玲、康清莲、何梅琴等几乎都成了每次《史记》年会必然参加的积极性最高的会员了。据我所知，她们每个人至少都出版过一本有关《史记》的读物，多者都有两三本了。

近些年来，杨老师给本科生开设了"《史记》研究"的选修课，选课人数很多。后来她把"《史记》研究"选修课的范围扩大到了函授生、古代文学研究生及全校本科生的通识通选课。她还开设了"《史记》的文学描写与历史解读""《史记》与《汉书》""史传文学"等几门《史记》的选修课及研究生课程。杨老师早在2005年就已经出版了《〈史记〉人物的性格与命运》，2013年出版了《春秋战国及秦汉之食客文化》。后者曾获得了广西社会科学优秀成果（著作类）三等奖。现在她又把近些年发表的新作收集起来，连同旧有成果合编在一起，名叫《司马迁思想与〈史记〉人物论稿》，请我作序。

杨老师的新作我看了一些，感到杨老师接触的范围很广，思考与论述的问题很多，很受鼓舞，也很长见识。比如她分析了项羽、李广等人物形象，与前些年人们那种一味地赞颂与空洞地同情他们的"不逢时"、具有"悲剧性"大不相同，而是指出了《项羽本纪》与《李将军列传》这类文章的"文笔"多于"史笔"；并深刻地指出了项羽的"重情义，失仁义""有侠义，无道义"，以及"嫉妒之心引发其道德错位"等，这样的分析方法都是十几年前不大见到的。她又以表格的形式把李广、卫青、霍去病三人历次出征匈奴的战斗表现与战果加以排列，指出李广的"不能封侯"，不是因为什么"命运不好"，而是"表现不佳"，"他根本就不是一个合格的将领"。由于李广祖孙三代结局悲惨，司马迁对他们心生同情。加上他"置身于西汉朝廷的政治是非纠纷当中，使他有时候看问题评价人物难免从个人的感情和好恶出发"。

杨老师研读文本细致，善于发现问题。她从《刺客列传》收录了帮着公子光刺王僚的专诸，而不收录帮着公子光刺庆忌的要离这一现象，进一步总结出了司马迁评价刺客人物高下的标准，并同时比较充分地解释了《刺客列传》中聂政之所以被司马迁特别看好的原因。这些都令人很受启发。但《刺客列传》中的五个人物，立场思想各不相同，惟"荆轲"其人有反压迫、反强权的侠义性质，司马迁表现荆轲的这段文字本身也多有"词不达意"之处，故而对于荆轲、高渐离、田光等人似乎不宜笼统地加以贬抑。

杨老师的《史记》研究能与当下的现实相结合，体现了科学研究服务社会的宗旨。目前电视宫斗剧火爆荧屏，很受女性观众青睐，于是她在文章《重述历史语境下的〈史记〉后宫史事与电视宫斗剧》中，以重述历史的视角观照宫斗剧，指出《史记》后宫人物对宫斗剧有诸多影响，例如经历传奇，励志成功的人物塑造，妒忌争宠及太子之争、权力之争，无不在宫斗剧中反复上演。同时肯定宫斗剧对《史记》的继承与发展，如对女性悲剧命运的揭示，对人性自私、贪婪的揭露，对后宫生活如何将人由善变恶，逐步走向毁灭的过程无情地撕开展现给世人。肯定了宫斗剧对历史题材的发掘和利用，在形式、手法上都有发展创新。

与杨老师一道研读《史记》、一起切磋琢磨的日子，已经过去二十年了，希望在今后的五年、十年，乃至更远的未来，能时常读到杨老师的文章，庶可温故知新，与时俱进。

韩兆琦

2019.01.25

目　录

司马迁的复仇思想与人物

对司马迁《刺客列传》的再认识

《刺客列传》是司马迁《史记》中的一篇人物类传，长久以来人们对它评价很高。游国恩的《中国文学史》称赞："刺客们自我牺牲，反抗强暴的侠义精神，却是可歌可泣，在一定程度上打击了封建暴力统治的气焰。"[1]这一观点在许多文学史中带有普遍性[2]，他们都把刺客的行刺行为赞扬为"反抗强暴"。事实真是如此吗？仔细阅读《刺客列传》就不难发现这一评价确实太高了，它缺乏客观性，也不符合历史事实。对刺客行为究竟如何评价？笔者以为要认真分析其行刺的主观动机和客观效果，还要考察司马迁写作时的创作心理，在此基础上来评价《刺客列传》或许会公正客观些。

1　游国恩：《中国文学史》第一册，人民文学出版社，1979，第154页。

2　章培恒、骆玉明：《中国文学史》上册，复旦大学出版社，1996，第216页；郭预衡：《中国文学史》第一册，上海古籍出版社，1998，第212页；裴斐：《中国古代文学史》上册，中央民族大学出版社，1996，第136页；马积高、黄均：《中国文学史》上册，湖南文艺出版社，1992，第209页。

一、报恩乃刺客行刺之动机

司马迁在《刺客》中记叙了五位刺客的事迹：曹沫劫齐桓公，专诸刺吴王僚，豫让刺赵襄子，聂政刺韩相侠累，荆轲刺秦王。其中曹沫劫齐桓公，荆轲刺秦王的史事是司马迁的原作，专诸事，豫让事，聂政事出自《左传》和《战国策》。五人中撇开其他因素来看，以曹沫的行为最有意义和价值。

> 曹沫者，鲁人也，以勇力事鲁庄公。庄公好力。曹沫为鲁将，与齐战，三败北。鲁庄公惧，乃献遂邑之地以和。犹复以为将。
>
> 齐桓公许与鲁会于柯而盟。桓公与庄公既盟於坛上，曹沫执匕首劫齐桓公，桓公左右莫敢动，而问曰："子将何欲？"曹沫曰："齐强鲁弱，而大国侵鲁亦甚矣。今鲁城坏即压齐境，君其图之。"桓公乃许尽归鲁之侵地。既已言，曹沫投其匕首，下坛，北面就群臣之位，颜色不变，辞令如故。[1]

曹沫劫持的动机是为了国家利益，并且取得了成功。但是，现在许多材料证明，曹沫一事给人留下的疑点很多。首先，《左传》中未见有曹沫其人，有些注本推测曹沫即曹刿，但没有可信的材料证明。其次，写曹沫与齐三战三败一事也不符合实情。日本学者泷川资言的《史记会注考证》引梁玉绳注："庄公自九年败乾时，后至十三年盟柯，中间有长勺之胜，是鲁只一战而一胜，安得有三败之事？"[2] "况鲁未尝战败失地，何用要劫？"[3] 再次，书中写鲁"献遂邑之地以和"，梁玉绳认为"遂非鲁地，何烦鲁献？此皆妄也"[4]。由此推测，曹沫一事多为司马迁的文学创作，而非历史事实，因此，其事件的意义和价值暂且

1　（汉）司马迁：《史记·刺客列传》，中华书局，1985，第2515页。

2　[日]泷川资言：《史记会注考证·刺客列传》，文学古籍刊行社，1955，第3892页。

3　[日]泷川资言：《史记会注考证·刺客列传》，文学古籍刊行社，1955，第3893页。

4　[日]泷川资言：《史记会注考证·刺客列传》，文学古籍刊行社，1955，第3892页。

不论。

"荆轲刺秦"一事在文中占了大半篇幅，是司马迁倾注感情记述的战国末期的一件真实事件。至于《战国策》中有关荆轲刺秦的事件，已证实是西汉人整理《战国策》时将司马迁文补入的，并删掉了高渐离刺秦一事。荆轲是司马迁刻画得非常成功的一个刺客。在荆轲看来，他刺杀的秦王是有名的暴君，因此，其行刺似乎可以说是真正的"反抗强暴"了。荆轲行刺虽然没有成功，但是他勇敢无畏、视死如归的英雄豪气，他受田光之托即舍生赴难、义无反顾的大义之举，无疑具有震撼人心的力量。再有田光为激励荆轲而自刎，樊於期为助荆轲成功献出自己的首级，还有高渐离他们的前赴后继都具有感人的悲壮美。尽管荆轲的行刺没有成功，但是他对后世下层人民的反抗斗争产生了巨大的影响。遗憾的是我们分析考察他的行刺动机时发现，他并不像后人想象的那么崇高伟大，甚至可以说他的行刺有一定的盲目性。

文中说荆轲是卫国人，他"以术说卫元君，卫元君不用"[1]，他离开卫国。不久卫被秦所灭，荆轲没有表现出丝毫的亡国之痛，没有张良那样刺秦复仇的行动，也不像太子丹有国破家亡的危机感。因为在当时一般百姓和士阶层中，国家观念是比较淡薄的，所以，朝秦暮楚、楚材晋用的现象在当时比比皆是。而在贵族阶层中，国家意识却是很强的，因为他们是既得利益者，有封邑和特权，一旦国家灭亡，他们所拥有的一切特权和财富将丧失。荆轲也没有樊於期那样"父母宗族皆为戮没"[2]的血海深仇。他最初接受田光之托助太子丹时，并不知道要行刺秦王。作为朋友田光很了解他，为了坚定他的决心，田光不惜"自杀以激荆卿"。即使这样，当太子丹将刺秦计划和盘托出时，荆轲

---

1 （汉）司马迁：《史记·刺客列传》，中华书局，1985，第2527页。

2 （汉）司马迁：《史记·刺客列传》，中华书局，1985，第2532页。

感到了责任的重大和行动的危险,他推托曰:"此国之大事也,臣驽下,恐不足任使。"[1]在太子丹"顿首,固请毋让"[2]的情况下,他才勉强答应。后来太子丹"尊荆卿为上卿,舍上舍。太子日造门下,供太牢具,异物间进,车骑美女恣荆轲所欲,以顺适其意"[3]。他刺秦的动机又加了一层报恩的因素。过去有人认为荆轲刺秦乃出于"士为知己者死"的动机,笔者以为这一评价不很合适,对荆轲形象有拔高之嫌。我们不否认作者在塑造荆轲形象时有表现"士为知己者死"的主观意图,但客观效果却不是这样。据司马贞《史记索隐》记载:

> 燕丹子曰:"轲与太子游东宫池,轲拾瓦投蛙,太子捧金丸进之。又共乘千里马,轲曰'千里马肝美',即杀马进肝。太子与樊将军置酒于华阳台,出美人能鼓琴,轲曰'好手也',断以玉盘盛之。轲曰'太子遇轲甚厚'。"是也。[4]

盛情之下他刺秦已别无选择。可见荆轲刺秦并不是出于"士为知己者死",而是为利益所驱使,成为太子丹豢养的一个复仇工具。

专诸与吴王僚无冤无仇,与吴王僚有怨仇的是公子光。专诸行刺的动机,一是伍子胥的推荐,出于友情;二是专诸得到公子光"善客待之"[5],为了报恩。公子光对专诸施恩是希望专诸替他除掉吴王僚,正如其他几位贵族与刺客的关系一样,说穿了不过是一种等价交换的买卖。公子光与吴王僚的怨仇不过是统治者之间的权力之争。从史书看,吴王僚并非暴君,故专诸的行刺就不能说是"反抗强暴"了。客观地说,专诸不过是公子光雇佣的一个杀手,是统治者矛盾斗争的牺牲品。

1　(汉)司马迁:《史记·刺客列传》,中华书局,1985,第2531页。
2　(汉)司马迁:《史记·刺客列传》,中华书局,1985,第2531页。
3　(汉)司马迁:《史记·刺客列传》,中华书局,1985,第2531页。
4　(汉)司马迁:《史记·刺客列传》,中华书局,1985,第2532页。
5　(汉)司马迁:《史记·刺客列传》,中华书局,1985,第2517页。

（豫让）去而事智伯，智伯甚尊宠之。及智伯伐赵襄子，赵襄子与韩、魏合谋灭智伯，灭智伯之后而三分其地。赵襄子最怨智伯，漆其头以为饮器。豫让遁逃山中，曰："嗟乎！士为知己者死，女为说己者容。今智伯知我，我必为报仇而死，以报智伯，则吾魂魄不愧矣。"乃变名姓为刑人，入宫涂厕，中挟匕首，欲以刺襄子。襄子如厕，心动，执问涂厕之刑人，则豫让，内持刀兵，曰："欲为智伯报仇！"左右欲诛之。襄子曰："彼义人也，吾谨避之耳。且智伯亡无后，而其臣欲为报仇，此天下之贤人也。"卒醳去之。

居顷之，豫让又漆身为厉，吞炭为哑，使形状不可知，行乞於市。其妻不识也。行见其友，其友识之，曰："汝非豫让邪？"曰："我是也。"其友为泣曰："以子之才，委质而臣事襄子，襄子必近幸子。近幸子，乃为所欲，顾不易邪？何乃残身苦形，欲以求报襄子，不亦难乎！"豫让曰："既已委质臣事人，而求杀之，是怀二心以事其君也。且吾所为者极难耳！然所以为此者，将以愧天下后世之为人臣怀二心以事其君者也。"

既去，顷之，襄子当出，豫让伏於所当过之桥下。襄子至桥，马惊，襄子曰："此必是豫让也。"使人问之，果豫让也。於是襄子乃数豫让曰："子不尝事范、中行氏乎？智伯尽灭之，而子不为报仇，而反委质臣於智伯。智伯亦已死矣，而子独何以为之报仇之深也？"豫让曰："臣事范、中行氏，范、中行氏皆众人遇我，我故众人报之。至於智伯，国士遇我，我故国士报之。"[1]

豫让行刺是为恩主智伯报仇，因为智伯视他为"知己"，待他以"国士"。智伯国士待豫让的真实情况如何呢？《吕氏春秋·不侵篇》载：

豫让曰："我将告子其故。范氏、中行氏，我寒而不我衣，我饥而不我食，而叱使我与千人共其养，是众人畜我也。夫众人畜我者，我亦众人事之。至于智氏则不然，出则乘我以车，入则足我以养。众人广朝，

1 （汉）司马迁：《史记·刺客列传》，中华书局，1985，第2519—2521页。

而必加礼于吾所，是国士畜我也，夫国士畜我者，我亦国士事之。"[1]

智伯与豫让真是"知己"吗？我们说"知己"应当是彼此间的心心相印，甘苦与共，平等相待。若彼此有君臣主仆关系，还应该加上知才爱才用才。如秦昭王与范雎，燕昭王与乐毅等。可是豫让追求和满足的不过是生活待遇的优厚，而不是成为范雎那样为国君所器重的谋臣策士。所以，明人何孟春认为豫让算不上国士，因为"让不能知韩魏之必反，无贵于让；知而不言，非所以望；让言而智伯弗听，则智伯之遇让也，不过利禄之优异于范、中行氏之所遇耳"[2]。何孟春的意思是，"豫让没有国士之才，他耿耿不忘报仇，只是不忘其利禄之优异耳"。从历史上看智伯与赵襄子并无本质上的差别，都是贪婪狡诈之君，但智伯比赵襄子更狂妄自大，豫让不过是他们矛盾斗争的牺牲品。

聂政为严仲子刺杀韩傀，起因也是严仲子与韩傀矛盾纷争。严仲子为除掉韩傀而选中聂政为刺客，并"奉黄金百溢，前为聂政母寿"[3]。为感激严仲子的"厚爱"与"器重"，聂政在母亲去世后，替严仲子刺死了韩傀。可见专诸、豫让与聂政都充当了统治者的杀手，成为统治阶级矛盾斗争的牺牲品。从性质上看他们的行为绝不是"反抗强暴"。著名学者徐朔方指出：

> 侠者是春秋战国时代，各国统治者在军事、政治、经济力量之外，用来争权夺利的一种补充手段。布衣之侠的地位是卑微的，但是不管他们具有多么崇高的品德，他们的本领，连同整个灵魂都已经被统治者所收买，成为他们手中温驯的工具。[4]

1　（秦）吕不韦等：《吕氏春秋集释·不侵篇》，许维遹校释，中华书局，2009，第271页。
2　杨燕起：《历代名家评史记》，北京师范大学出版社，1986，第624页。
3　（汉）司马迁：《史记·刺客列传》，中华书局，1985，第2522页。
4　徐朔方：《史汉论稿》，江苏古籍出版社，1985，第187—188页。

二、史学家皆否定刺客

我们查阅二十四史及清史书目，惊奇地发现除《史记》之外，再无任何一部史书设立《刺客列传》，包括班固的《汉书》。要知道，西汉是游侠复仇之风盛行的时代。司马迁开创的纪传体，被二十四史（含清史）的编撰者所继承，但是在设立类传时，他们又都摒弃了"刺客"这一类传。原因何在？显然史学家们不以类传的形式设立"刺客列传"，目的是想弱化并消除刺客的社会影响，他们在对待刺客问题上，与司马迁有着本质的差别。苏辙认为：

> 太史公传刺客凡五人，皆豹、翽（春秋的齐豹、公孙翽皆弑君）之类耳，而其称之不容口，失《春秋》之意矣。
> 诸侯弃甲兵之仇，为盟会之礼，乃于登坛之后，奋首而劫国君，贼天下之礼者非沫乎？君臣之义，有死无陨，专诸感公子之豢养，而亲剚刃于王僚，贼天下之义者非诸乎？以贼礼贼义贼仁贼信之人并列于传，又从而嗟叹其志，不亦谬哉？[1]

苏辙认为司马迁赞扬刺客破坏礼义仁信的做法很荒谬。黄洪宪指出：

> 侠累与严仲子非有杀君父之仇，特以争宠不平小嫌耳。在仲子且不必报。何至挺身刃累，而自裂其面，碎其体以为勇乎？以为义乎？此以羊豕之货屠为肉何异，愚亦甚矣！[2]

班固也批评司马迁"序游侠则退处士而进奸雄"[3]。可见史学家对刺客是否定的，对司马迁褒奖刺客的做法也提出了批评。应该说他们的意见是中肯客观的，有其合理性。

1　杨燕起：《历代名家评史记》，北京师范大学出版社，1986，第623—624页。
2　韩兆琦：《史记选注集评》，广西师范大学出版社，1996，第363页。
3　（汉）班固：《汉书·司马迁传》，中华书局，1996，第2738页。

徐朔方在《史汉论稿》中对司马迁也提出了较尖锐的批评，他说：

> 司马迁打破封建名位的拘束，敢于大胆地站在卑贱者一面，十分难能可贵，但是他没有看到他们究竟为哪一个阶级服务？起着什么社会作用？对历史学家来说，这是评价人物的首要问题。[1]

他还说：

> 编写历史著作而羼入个人的恩怨得失，即使在司马迁那样高明的笔下，也会产生偏见，对不应该肯定的侠者加以肯定，这应该是对后人的一个教训。[2]

三、司马迁《刺客列传》的创作心理

事实上司马迁对刺客的危害性是有所认识的。他在《游侠列传》开篇引用了韩非的话："儒以文乱法，而侠以武犯禁。"[3]既如此，他何以要设立《刺客列传》呢？并以"《史记》中第一种激烈文字"[4]来颂扬危害社会的"第一种激烈人"[5]呢？我们有必要对司马迁的创作心理做一些分析研究。

（一）寄情言志的心理

心理学家认为：儿童少年时期的文化接受主要表现为一种潜移默化的形式，即通过不自觉的，无意识的接受，渗透到人的心理的各个层次和人格结构中，童年时期的这种无意识接受对人的影响往往要比

1　徐朔方：《史汉论稿》，江苏古籍出版社，1985，第187—188页。

2　徐朔方：《史汉论稿》，江苏古籍出版社，1985，第187—188页。

3　（汉）司马迁：《史记·游侠列传》，中华书局，1985，第3181页。

4　（清）吴见思：《史记论文》，上海古籍出版社，2008，第52页。

5　（清）吴见思：《史记论文》，上海古籍出版社，2008，第52页。

有意识接受更大。[1]

司马迁在《太史公自序》中叙述自己早年的生活："年十岁则诵古文。二十而南游江、淮，上会稽，探禹穴，窥九疑，浮於沅、湘。北涉汶、泗，讲业齐、鲁之都，观孔子之遗风，乡射邹、峄；厄困鄱、薛、彭城，过梁、楚以归。"[2]在他的青少年时期就自觉地、有意识地接受传统文化——古文的熏陶；在游历过程中对历史遗迹的探访，对历史名人逸闻的搜集；更有他在好奇心的驱使下，在一种潜移默化中，不自觉地、无意识地接受了许多生活于社会底层的人的各种奇事。从他叙述的旅行线路看，他的游历是一次有目的的历史实地考察。可以设想，他的游历主要是寻访搜集名人的事迹，但是他性格中的浪漫自由、慷慨豪放的基因，使他对那些奇人异事有一种天然的亲近感、认同感，并不自觉地接受下来。那些与命运抗争，渴望出人头地的刺客被司马迁刻画得如此慷慨豪放，如此悲壮惨烈，是因为他那异常活跃而不甘于循规蹈矩的灵魂和思想找到了释放的缺口，他那奔放不羁、自由浪漫的情感找到了寄托。正如苏辙在《上枢密韩太尉书》中说的："太史公行天下，周览四海名山大川，与燕赵间豪俊交游，故其文疏荡，颇有奇气。"[3]

春秋战国是诸侯纷争、社会动乱的时代，各统治者及贵族之间为了权力之争，雇佣刺客屡见不鲜，许多出身寒微的武士也渴望出人头地，扬名天下，两相遇合的现实助长了行刺之风的盛行。司马迁在创作《刺客列传》及材料的选择上，特别注重刺客的"重义轻生""士为知己者死"的道德人格。再有，他打破"列传"按时间先排"人物传"，再排"类传"的惯例，把"刺客"这一类传放入"人物传"中，按时

---

1 童庆炳：《艺术与人类心理》，北京十月文艺出版社，1990，第88页。

2 （汉）司马迁：《史记·太史公自序》，中华书局，1985，第3293页。

3 （宋）苏辙：《栾城集》，上海古籍出版社，2009，第477页。

间顺序排在《吕不韦列传》之后。这些都传递出一个信息，就是他对《刺客列传》的偏爱与器重超过一般"列传"，由此折射出他的审美心态和审美标准。那么，支配他、影响他审美心态和审美标准的原因是什么？

> 心理学家告诉我们，任何一次具体的注意活动都离不开特定的刺激情境，审美欣赏的注意活动也不例外。每一次实际的审美注意也都是在特定的审美情境中完成的。
> 审美情境是审美主体在进行审美活动时所处的具体心理——物理场。……审美主体往往在一段时间内影响人的体验和言行，使之染上某种特殊的色彩。[1]

所以，当人们在美好的心情下进行审美活动时，会极大地促进审美心理效能的发挥，使本来不太美的事物变得美好起来。相反的是人们在遭遇不幸、忧郁悲伤时，去进行审美活动，会使他审美注意的心理效能大大降低，甚至会改变他心理感受的性质。司马迁由于李陵事件，遭到了下狱、处宫刑的变故，他内心无比痛苦。他说："祸莫憯於欲利，悲莫痛於伤心，行莫丑於辱先，而诟莫大於宫刑。"[2]司马迁与李陵并无太深交情，平日"俱居门下，素非相善也，趣舍异路，未尝衔杯酒接殷勤之欢"[3]。

但李陵兵败时，豪侠仗义的司马迁站出来为李陵说了几句公道话，却不料为此身陷囹圄。当他像个求生的溺水者需要救助时，却是"交游莫救，左右亲近不为一言"[4]。冷酷的现实让他触动极大，他的思想认识和道德观发生了转变。他对当朝统治者及世态人情有了更深的认识，

1　童庆炳：《艺术与人类心理》，十月文艺出版社，1990，第10—11页。
2　（汉）班固：《汉书·司马迁传》，中华书局，1996，第2727页。
3　（汉）班固：《汉书·司马迁传》，中华书局，1996，第2729页。
4　（汉）班固：《汉书·司马迁传》，中华书局，1996，第2730页。

他的审美心境和审美感受也发生了变化。在别人眼中卑微低贱的刺客在他心里变得高尚伟岸起来。他们重义轻生,"士为知己者死"的道德信条和人格魅力,在他眼中熠熠生辉。感佩之余,司马迁为他们树碑立传,为他们歌功颂德。在叙述刺客悲壮惨烈的事迹时,他倾注了满腔的情感,也寄予了自己美好的理想和愿望。他幻想着在自己身边也出现这样侠肝义胆的勇士,拯救自己于灾难痛苦中。他是借他人酒杯,浇胸中块垒,寄情言志乃是他的真正目的。正如弗洛伊德所言:"一个幸福的人从来不会幻想,幻想只发生在愿望得不到满足的人身上。幻想的动力是未被满足的愿望,每一个幻想都是一个愿望的满足,都是一次对令人不能满足的现实的校正。"[1]

(二)复仇泄愤心理

司马迁遭遇宫刑,给他的肉体和心灵造成了巨大的创伤。他向朋友任安述说自己痛苦的心理:"仆以口语遇遭此祸,重为乡党戮笑,污辱先人,亦何面目复上父母之丘墓乎?虽累百世,垢弥甚耳!是以肠一日而九回,居则忽忽若有所亡,出则不知所如往。每念斯耻,汗未尝不发背沾衣也。"[2]沉重的屈辱和强烈的自卑感,长久地压抑着他的内心。奥地利心理学家阿德勒认为:"我们每个人都有不同程度的自卑感,因为我们都发现所处的地位是我们希望加以改进的。……由于自卑感总是造成紧张,所以争取优越感的补偿动作必然会同时出现。"[3]随着时间的流逝,司马迁心中积淀下来的屈辱感和自卑感并未消失,它化解为一种潜意识的冲动,这种冲动成为他创作《刺客列传》及与复仇相关的传记的原动力。心灵的屈辱使他的感知产生了变异,他以另

---

1 [美]弗洛伊德:《弗洛伊德论美文选》,张唤民、陈伟奇译,上海知识出版社,1987,第31页。

2 (汉)班固:《汉书·司马迁传》,中华书局,1996,第2736页。

3 [奥]阿德勒:《挑战自卑》,李心明译,北京华龄出版社,1996,第38—39页。

一种眼光审视当时的一切人和事。身体的残缺对他心理的平衡具有很强的破坏力，使他把自己的心力投射到内心世界，从自己心灵构建的幻想世界中获得心理补偿。可以说《刺客列传》既是他愤怒感情的宣泄，也是他复仇心理的一种表达，通过这些宣泄来补偿心中的痛苦，以求得内心的平衡。正如庄子，在极为黑暗、极度痛苦和极不自由的社会里，要追求精神的自由和快乐，只能在内心寻找和构建快乐。司马迁以揭露当朝统治者的种种丑陋行径和弊政，褒扬弱小者的"犯上作乱"、血刃朝廷的《刺客列传》来抒发压抑于他胸中的复仇之火。

司马迁在《报任安书》中也委婉隐约地表达了这种以写书来复仇的思想，他说："所以隐忍苟活，函粪土之中而不辞者，恨私心有所不尽，鄙没世而文采不表於后也。"[1]这种以发愤著书来实现他文化复仇的愿望，源于他遭遇的不幸所产生的耻辱感在他心中形成的无法化解的悲愤情结，这种情结激发起他主体内部本能的抗争意识和复仇情绪，把强烈的复仇情绪转变成全部生命的激情来进行《史记》创作，使他的《史记》从个人恩怨出发但又超越了个人恩怨，上升到一个更高更完美的境界。

四、《刺客列传》获赞誉的原因

《刺客列传》得到后人高度赞扬，主要原因在于司马迁杰出的文学创作和成功的人物塑造。其次，许多读者尤其是平民阶层阅读《刺客列传》时，从各自的生活经历出发，更多地从情感上接受了刺客，认同了刺客，在心理和精神上得到了满足。

　　一般民众，在受了极端的暴政的压迫之时，满肚子的填塞着不平与

1　（汉）班固：《汉书·司马迁传》，中华书局，1996，第2733页。

愤怒，却又因力量不足，不能反抗，于是在他们的幼稚的心理上，乃悬盼着有一类"超人"的侠客出来，来无踪，去无迹的，为他们雪不平，除强暴。[1]

再次，由于研究者们各自所处的时代环境不同，着眼点与具体评价标准就不同，对作品的思考理解和价值取向不同，甚至在其中寄予的现实感受与人生价值也不同。所以对同一篇作品会有不同的评价。文学领域以阶级性、人民性、斗争性作为评价文学作品的价值标准，认识评价上未能摆脱时代与环境的影响，对《刺客列传》给予了过高的评价和肯定。他们只看到刺客卑微的出身及刺杀对象的统治者身份，忽略了他们行刺的主观动机和社会效果。

今天，我们站在社会历史的高度，以历史唯物主义的眼光去认识评价《刺客列传》，客观地说，作为文学作品，《刺客列传》无疑是一篇杰出的文学佳作，司马迁塑造的荆轲等刺客形象光照千古。但是，从史学和社会学的角度看，刺客的行为大多称不上是"反抗强暴"，既不应当肯定，更不值得赞扬。

（原载于《内蒙古社会科学》2000年第4期）

1　郑振铎：《郑振铎文集》第六卷，人民文学出版社，1988，第334页。

从《刺客列传》不记载要离
看司马迁的选录标准

《史记·刺客列传》是司马迁写得最精彩、最感人的一篇类传，它不仅受到后人的广泛赞誉，也成为中国武侠文学的滥觞。清代学者吴见思曾评价说："刺客是天壤间第一种激烈人，刺客传是《史记》中第一种激烈文字。故至今浅读之，而须眉四照；深读之，则刻骨十分。史公遇一种题，便成一种文字，所以独雄千古。"[1]

后人每读《刺客列传》，无不为刺客慷慨悲壮的感人事迹热血沸腾、激扬振奋，为刺客的悲剧结局扼腕长叹，也常产生诸多未解之疑问。春秋战国时期见载于史书的刺客不少，但是被载入《刺客列传》的刺客仅五人，其他著名的刺客如要离、鉏麑等都未被司马迁收入《刺客列传》中。要离事迹不仅未载于《刺客列传》，连《史记》其他传记都未见记载。鉏麑事迹被司马迁收入《史记·晋世家》中。战国刺客秦舞阳作为荆轲的陪衬曾出现在刺秦一节。高渐离为知己荆轲复仇行刺秦始皇的事迹在荆轲刺秦之后也有补叙。另有一些不知名的刺客，如为李园刺杀春申君的刺客、西汉初为梁王刺杀袁盎的刺客等。

由此看出当时活跃在社会上的刺客为数不少，那么司马迁为什么仅选入了曹沫、专诸、豫让、聂政、荆轲这五人呢？为什么没有将要离、鉏麑等刺客载入《刺客列传》呢？他对刺客是否有一个评价和选录的标准呢？如果有，这个标准是什么？只有弄清楚这些问题，才能

---

1 （清）吴见思、李景星：《史记论文 史记评议》，上海古籍出版社，2008，第52页。

准确理解司马迁《刺客列传》的创作主旨。

一、要离事迹

　　要离是春秋时期吴王阖闾的一个刺客。他的事迹载于《吕氏春秋·仲冬纪·忠廉》《韩诗外传》和《吴越春秋》。

　　　　吴王欲杀王子庆忌而莫之能杀，吴王患之。要离曰："臣能之。"吴王曰："汝恶能乎？吾尝以六马逐之江上矣，而不能及；射之矢，左右满把，而不能中。今汝拔剑则不能举臂，上车则不能登轼，汝恶能？"要离曰："士患不勇耳，奚患于不能？王诚能助，臣请必能。"吴王曰："诺。"明旦加要离罪焉，挚执妻子，焚之而扬其灰。要离走往见王子庆忌于卫。王子庆忌喜曰："吴王之无道也，子之所见也，诸侯之所知也，今子得免而去之亦善矣。"……乃与要离俱涉于江。中江，拔剑以刺王子庆忌，王子庆忌捽之，投之於江。浮则又取而投之，如此者三。其卒曰："汝天下之国士也，幸汝以成而名。"要离得不死，归于吴。吴王大说，请与分国。要离曰："不可。臣请必死。"吴王止之。要离曰："夫杀妻子焚之而扬其灰，以便事也，臣以为不仁；夫为故主新主，臣以为不义；夫捽而浮乎江，三入三出，特王子庆忌为之赐而不杀耳，臣已为辱矣。夫不仁不义又且已辱，不可以生。"吴王不能止，果伏剑而死。要离可谓不为赏动矣。故临大利而不易其义，可谓廉矣。廉故不以贵富而忘其辱。[1]

　　这是《吕氏春秋》记载的要离故事，通过要离刺杀庆忌成功之后，面对丰厚的赏赐，他"不为赏动"，赞扬要离"临大利而不易其义"的"忠廉"品格。

　　《吴越春秋·阖闾内传》有关要离刺杀庆忌的故事与《吕氏春秋》相似，只是多了许多文学描写，尤其在前面增加了要离与椒丘比武较

---

[1]（秦）吕不韦等：《吕氏春秋集释》，许维通校释，中华书局，2009，第247—249页。

量的情节。故事写伍子胥在一个丧宴上看到一个叫椒丘的勇士，在饭桌上吹嘘自己在水中与神决战，神勇无比。要离当即斥责他毫无羞耻之心。因为他在水中与神搏斗，被神刺瞎一只眼，形如残疾，又丢失马匹，何谈神勇，乃勇士之耻辱，有何脸面到处吹嘘？椒丘听后羞愧离去。要离知道他会来找自己论理，他嘱咐家人夜不闭户。果然椒丘半夜闯进要离家，斥责要离有三死之罪：当众羞辱他是大不敬；开门等他来寻仇，是对他的蔑视；睡着不躲避他的利器，罪该当死。要离反驳他，你有三不肖之罪：我在众人面前羞辱你，你不据理力争，是怯懦的表现；悄然无声私闯民宅，非君子所为；把利剑架在一个手无寸铁之人的脖子上，竟大言不惭吹嘘神勇无敌。"子有三不肖而威于我，岂不鄙哉？"[1]椒丘听了要离的话，投剑于地，叹曰："吾之勇也，人莫敢眦占者，离乃加吾之上，此天下壮士也。"[2]于是伍子胥认定要离能够胜任刺杀庆忌的工作，他向吴王阖闾推荐了要离。《吴越春秋》增加这个情节，意在表现要离的神勇在于心智，而非健壮的体魄或超凡的武功，为要离刺杀庆忌做了很好的铺垫。《韩诗外传》记载了要离与蓄丘（即椒丘）比武较量的故事，但是没有要离刺杀庆忌的情节，《韩诗外传》通过要离与蓄丘的较量，突出表现"要离以辞得身，言不可不文"[3]。说明一个人的言语修辞至关重要，有时关系到他的成败。

二、《刺客列传》不载要离之原因

　　要离事迹不仅在《吕氏春秋》《吴越春秋》《韩诗外传》中有详细记载，在其他一些文献中都有提及要离之名或要离刺庆忌之事。如《战

1　（汉）赵晔：《吴越春秋校注》，张觉校注，岳麓书社，2006，第65页。
2　（汉）赵晔：《吴越春秋校注》，张觉校注，岳麓书社，2006，第65页。
3　（汉）韩婴：《韩诗外传集释》，许维遹校释，中华书局，1980，第343页。

国策·魏四·秦王使人谓安陵君》一文中唐雎提到"要离之刺庆忌也，仓鹰击于殿上"[1]。刘向的《说苑·奉使》有"要离刺王子庆忌，苍隼击于台上"[2]。再有产生于东汉桓灵时期的山东嘉祥县武梁祠中的古代画像石有一组"刺客"画像，共六人，其中五人为《史记·刺客列传》中记载的曹沫、专诸、豫让、聂政、荆轲，另一位就是要离。司马迁在《史记·鲁仲连邹阳列传》中转录邹阳《狱中上梁王书》，文中提到："荆轲之湛七族，要离之烧妻子，岂足道哉？"[3] 从这些文献记载的情况看，要离刺庆忌的事迹在当时应当流传很广，司马迁完全知晓要离事迹，但是他在《刺客列传》中未将要离收录进去，这一定有原因。

要离的事迹悲壮感人，他刺杀庆忌的悲壮程度与《刺客列传》几位刺客相比，一点也不逊色。但是为什么司马迁不将要离收进《刺客列传》呢？后世学者对此感到不解，有人认为司马迁"所以未将要离刺庆忌的故事写入《史记》，很可能是出于对这一故事可信性的怀疑"[4]。这种观点不具说服力，因为曹沫劫持齐桓公一事，在史实上存在的疑点更多，而且其他文献也未见记载，其可信度远远低于要离，但是司马迁照样收进了《刺客列传》。那么是什么原因使司马迁不将要离收入《刺客列传》呢？其原因应该有如下几点：

第一，要离不仁不义，丧失人伦之爱，这是不收进《刺客列传》的重要原因。据《吴越春秋》描述，要离身材"细小无力，迎风则僵，负风则仆"[5]。而他要刺杀的庆忌武艺超群，"筋骨果劲，万人莫当。走追奔兽，手接飞鸟，骨腾肉飞，拊膝数百里"[6]。无论从身体素质，还是

1 诸祖耿：《战国策集注汇考·魏四》，华东师范大学出版社，1985，第662页。

2 （汉）刘向：《说苑校证》，向宗鲁校证，中华书局，2000，第295页。

3 （汉）司马迁：《史记·鲁仲连邹阳列传》，中华书局，1985，第2475页。

4 贾海建：《〈越绝书〉佚文与〈吴越春秋〉中要离故事的关系考察》，《中南大学学报》2010年第5期。

5 （汉）赵晔：《吴越春秋校注》，张觉校注，岳麓书社，2006，第66页。

6 （汉）赵晔：《吴越春秋校注》，张觉校注，岳麓书社，2006，第66页。

武功来讲，庆忌比要离高出很多，可以说他们不是一个级别的对手。所以伍子胥将要离推荐给吴王时，吴王认为"今子之力不如也"[1]。对要离能否刺杀庆忌感到怀疑。但是要离表示要采用智取的方式，"臣诈以负罪出奔，愿王戮臣妻子，焚之吴市，飞扬其灰，购臣千金与百里之邑，庆忌必信臣矣"[2]。他不惜让吴王杀其妻，并且"焚之吴市，飞扬其灰"，造成他与吴王有不共戴天之仇，以此换取庆忌的信任，这样他才有机会接近庆忌，完成刺杀的重任。要离之所以这样做，是因为在他看来，一个忠义之臣，"安其妻子之乐，不尽事君之义，非忠也；怀家室之爱而不除君之患者，非义也"[3]。

在君患与妻命之间，他只能舍妻命来除君患，他认为这是一个忠义之臣的必然选择。终于有一天要离与庆忌乘船于江中，他找到机会，乘庆忌毫无防备之时将利剑刺向他胸部。要离虽然成功了，但是他以牺牲妻子生命为君除害的做法，使他丧失了起码的人伦之爱，成了一个不仁义之人，他自己也深感愧疚，觉得无脸活于世上，伏剑自杀。

与要离相反，《刺客列传》记载的刺客聂政，是一个非常重孝道亲情之人。作为刺客，聂政身上体现出儒家"百善孝为先"的道德品质。为奉养老母，他降志辱身，甘居市井为屠夫。尽管他渴望立功扬名，渴望得到世人的理解和社会的承认，但是当"严仲子至门请，数反，然后具酒自畅聂政母前。酒酣，严仲子奉黄金百溢，前为聂政母寿"[4]，表达了对聂政的赏识和礼遇，请求聂政为自己除掉仇敌时，面对厚赠的金钱与财物，聂政拒绝了严仲子，他说"老母在，政身未敢以许人也"[5]。他谨遵儒家孝道准则："父母存，不许友以死。"郑元（郑玄）

1 （汉）赵晔：《吴越春秋校注》，张觉校注，岳麓书社，2006，第66页。
2 （汉）赵晔：《吴越春秋校注》，张觉校注，岳麓书社，2006，第67页。
3 （汉）赵晔：《吴越春秋校注》，张觉校注，岳麓书社，2006，第67页。
4 （汉）司马迁：《史记·刺客列传》，中华书局，1985，第2522页。
5 （汉）司马迁：《史记·刺客列传》，中华书局，1985，第2522页。

注:"为忘亲也。死为报仇也。"[1]如果聂政允诺了严仲子,那么他将母亲置生死于不顾,这在儒家看来是不孝之举,"为忘亲也"。所以,他对严仲子的知遇之恩只能铭刻于心。当母亲去世,他无所牵挂之后,才舍身相报,替严仲子杀了侠累。刺杀成功后,为了保护家人不受牵连,他毁容自杀。他身上的孝道之情又延伸为手足深情。

聂政故事的感人不在于他为严仲子刺杀了侠累,不负朋友和主人的重托。其故事的意义在于它表现并肯定了聂政有孝心,重亲情的血性男儿的一面。他不仅是一个知恩图报,舍生取义的刺客,还是一个有着极强责任感和家庭观念,挚爱家人,保护家人的孝子。为此,后世学者对聂政的英雄壮举给予了热烈的赞扬。董份曰:"直入奋击,顷刻事成,虽亡其身,勇亦著矣。"[2]郭嵩焘曰:"聂政之刺韩相,尤为悖,然聂政人品与伎能,乃独高出一切。"[3]

从司马迁对聂政孝道亲情的肯定与赞扬,折射出他对要离做法的否定。尽管要离的事迹很悲壮感人,但是他以对亲人的不仁、不爱换取对君王的忠诚,这种违背人伦亲情的做法,使司马迁在情感上难以接受,他极端排斥。要离的做法,违背了儒家仁义礼智的基本道德精神,被后人诟病和排斥,司马迁不收他进《刺客列传》,表明了他对要离做法不提倡、不肯定的立场和态度。

第二,不符合司马迁"反抗强暴"的主旨。《刺客列传》记载了曹沫劫持齐桓公,专诸刺杀吴王僚,豫让刺杀赵襄子,聂政刺杀韩相侠累,荆轲刺杀秦王的事迹。这几位刺客的共同特点是弱小者、卑贱者去刺杀强势的当权者。后世教科书把刺客的这种行为称之为"反抗强暴",并给予了高度的赞扬和肯定。以这一标准来衡量,要离受托的

1 (清)阮元校刻:《十三经注疏·礼记正义》(上),中华书局,1996,第1234页。
2 韩兆琦:《史记笺证·刺客列传》,江西人民出版社,2005,第4598页。
3 韩兆琦:《史记笺证·刺客列传》,江西人民出版社,2005,第4598页。

主人是吴王阖闾，他刺杀的对象庆忌虽然是王子，但是其父吴王僚已被阖闾的刺客专诸刺死，庆忌成了丧家之犬，被吴王阖闾四处追杀，已经走投无路，濒临绝境。要离是代表强势的吴王去刺杀弱势的庆忌，如果把他放进《刺客列传》，势必违背司马迁着重表现弱小者对当权者"反抗强暴"的主题。所以司马迁绝不可能把要离收进《刺客列传》。

　　第三，违背忠诚、守信的道德准则。司马迁在《太史公自序》中称赞："曹子匕首，鲁获其田，齐明其信；豫让义不为二心。作《刺客列传》第二十六。"[1]阐明了他设立《刺客列传》的宗旨。齐桓公信守承诺，退还鲁国之地，是值得赞扬的。"豫让义不为二心"是指豫让第一次为主人智伯刺杀赵襄子失败后，他"漆身为厉，吞炭为哑，使形状不可知，行乞於市"[2]。朋友对豫让以毁容的方式来接近赵襄子的做法，非常不解，认为这样做成功率很低。劝他"以子之才，委质而臣事襄子，襄子必近幸子。近幸子，乃为所欲，顾不易邪？何乃残身苦形，欲以求报襄子，不亦难乎！"[3]豫让拒绝朋友让他潜伏到赵襄子府上作食客，待取得赵襄子信任后，趁其不备再借机行刺的建议。此法与要离刺杀庆忌的做法如出一辙。豫让认为"既已委质臣事人，而求杀之，是怀二心以事其君也"[4]。这种以欺骗的方式，"为先知报后知，为故君贼新君"[5]的做法是不忠不义之举，这样做会"大乱君臣之义"[6]，有违一个刺客的道德和良心。他希望以自己的行动给天下人树立一个榜样，让那些怀二心事君者感到羞愧。司马迁认为豫让"义不为二心"忠于主人，是值得肯定和载入史册的。可见"守信""忠诚"是司马迁贯穿

1　（汉）司马迁：《史记·太史公自序》，中华书局，1985，第3315页。
2　（汉）司马迁：《史记·刺客列传》，中华书局，1985，第2520页。
3　（汉）司马迁：《史记·刺客列传》，中华书局，1985，第2520页。
4　（汉）司马迁：《史记·刺客列传》，中华书局，1985，第2520页。
5　诸祖耿：《战国策集注汇考·赵一》，华东师范大学出版社，1985，第887页。
6　诸祖耿：《战国策集注汇考·赵一》，华东师范大学出版社，1985，第887页。

于《刺客列传》的重要主题，在其他几位刺客事迹中都有体现，是他极力弘扬和肯定的道德思想和精神品格。而要离为故主刺杀新主，是不义之举，完全违背了儒家倡导的忠诚、守信的基本原则，司马迁对豫让做法的肯定，侧面反映出他对要离的否定。

今天我们站在历史发展的高度来审视要离刺庆忌"怀二心以事君"的做法，会发现这是当今各个国家间谍战中最常用的方法，也是最成功有效的方法。在今天看来，很少有人会质疑这种做法有何不妥，或是否有违道德，毕竟各为其主，这是很自然的事情。但是，无论是当时的豫让还是后来的司马迁，都反对这种违背良心，违背道德，违背忠诚的做法。

三、司马迁的选录标准

通过对《刺客列传》不载要离的原因分析，可以了解司马迁在撰写《刺客列传》时，在选谁不选谁的问题上，他是经过认真思考的，他有一个基本的选择标准和要求。根据《刺客列传》所载五位刺客的事迹，结合未被入选的要离、鉏麑等刺客的情况来分析，可以推断出司马迁《刺客列传》的基本选录标准。

第一，应具有反抗强暴、扶弱抑强、惩恶扬善的积极意义。在司马迁看来，入选刺客其行为应当是反抗强暴、扶弱抑强、惩恶扬善的。即刺客刺杀的对象是代表着邪恶、强势、暴力的一方，所以刺客行为一定是为弱者刺杀强者，为正义铲除邪恶。像曹沫劫齐桓公，专诸刺吴王僚，豫让刺赵襄子，荆轲刺秦王等。被刺者都有该杀的理由。除齐桓公之外，这几位被刺对象都符合反抗强暴，扶弱抑强，惩恶扬善的道德标准。只有聂政刺杀的侠累情况有些特殊。侠累与严仲子只是相与臣的矛盾纷争，没有达到杀父弑君之仇，亡国丧家之恨的程度。所以黄洪宪认为："司马迁传刺客凡五人，专诸为下，聂政为最下。夫丈夫之身所系亦大矣，聂政德严仲子百金之惠，即以身许之。且侠累与仲子非有杀君之仇，特以争宠不平小嫌耳，在仲子且不必报。"[1]黄洪宪的看法有道理，切中了问题的实质，侠累与严仲子的矛盾摩擦不至让侠累丧命，所以聂政刺杀侠累并无积极的意义。显然司马迁选择聂政，是敬重他的讲孝道重亲情。

要离刺杀落难王子庆忌，是为强势的阖闾刺杀弱势的庆忌，可以说要离的行为有助纣为虐，赶尽杀绝之嫌，完全背离了司马迁要弘扬、褒奖的反抗强暴、扶弱抑强、惩恶扬善的基本精神，所以要离被排除在《刺客列传》之外，当在情理之中。

第二，具有"士为知己者死"，慷慨赴难的勇气和舍生取义的牺牲精神。"士为知己者死"这话多次出现在《刺客列传》中。虽然几位刺客与主人之间都存在着施恩与报恩的关系，但是司马迁在文中将这种关系处理成刺客对恩主"士为知己者死"的一种感恩回报和他们的人生追求。原话第一次出现是智伯被赵襄子灭掉后，豫让逃到山中，愤而疾呼："嗟乎！士为知己者死，女为说己者容。今智伯知我，我必为报仇而死，以报智伯，则吾魂魄不愧矣。"[2]第二次是聂政在母亲去世后，打算接受严仲子的请求，帮他刺杀侠累时说："老母今以天年终，政将为知己者用。"[3]第三次司马迁特意在聂政故事的结尾，借他人的口评价曰："严仲子亦可谓知人能得士矣！"[4]荆轲传中虽然没出现这句话，但是在故事的叙述中都贯穿着这一宗旨。"荆轲传"开头司马迁特意写了这

1　韩兆琦：《史记笺证·刺客列传》，江西人民出版社，2005，第4624页。

2　（汉）司马迁：《史记·刺客列传》，中华书局，1985，第2519页。

3　（汉）司马迁：《史记·刺客列传》，中华书局，1985，第2523页。

4　（汉）司马迁：《史记·刺客列传》，中华书局，1985，第2526页。

样一个细节:"荆卿好读书击剑,以术说卫元君,卫元君不用。"[1]接着写荆轲与盖聂论剑,与鲁勾践下棋皆因话不投机,产生小的矛盾冲突,他最后落荒而逃。又写荆轲在燕国遇到高渐离,两人相饮于燕市。"酒酣以往,高渐离击筑,荆轲和而歌於市中,相乐也,已而相泣,旁若无人者。"[2]这些情节表现了荆轲最初怀才不遇的境遇,他内心深处非常失落和寂寞。所以当他遇到太子丹,得到他的赏识和重用后,荆轲有相遇知己的感动和感激,这是他为太子丹慷慨赴难,去刺杀秦王的基础和根本原因。荆轲认为刺秦能够实现他舍生取义的人生追求。

第三,应有忠诚守信,不欺其志的道德品格。司马迁曾经称赞曰:"曹子匕首,鲁获其田,齐明其信;豫让义不为二心。作《刺客列传》第二十六。"[3]表明他设立《刺客列传》的目的和他选录刺客的标准。在他看来,齐桓公退返鲁国之地,体现了一个霸主守信的可贵品德;豫让忠于主人智伯"义不为二心",是值得肯定和载入史册的。可见"忠诚""守信"是司马迁贯穿于《刺客列传》的主要内容和重要主题,是他要极力弘扬和肯定的道德理念和精神品格。

> 战国时代是一个刚健奋发、人格力量大发扬的时代,是一个士林阶层扬眉吐气的时代。多元分裂的政治局面促使各国诸侯贵族展开激烈的人才竞争,而诸侯贵族竞相尊士养士唤醒了士林阶层的自我意识与自尊意识。不同层次的士林人物都在思想理论、政治、军事、外交、经济等方面慷慨立功,力图在最大的程度上将自身内在的价值对象化,以此获得社会对自身价值的承认以及由此而来的普遍尊重。[4]

为了延揽更多的人才,统治者或礼贤下士,或给予士人各种优厚

---

1 (汉)司马迁:《史记·刺客列传》,中华书局,1985,第2527页。

2 (汉)司马迁:《史记·刺客列传》,中华书局,1985,第2528页。

3 (汉)司马迁:《史记·刺客列传》,中华书局,1985,第3315页。

4 陈桐生:《史记名篇述论稿》,汕头大学出版社,1996,第218页。

的待遇。在名利的诱惑下，在食客士人中间出现了朝秦暮楚、楚材晋用的现象。对此行为，许多人不以为耻，反以为荣，他们丧失了对国家、对君王、对主人起码的忠诚，有的甚至做出背叛主人，背叛国家的事情。所以在司马迁看来，在那样一个复杂纷乱，物欲横流的时代，那些出身卑微，但坚守忠贞节操，信守承诺的人，非常难能可贵，像豫让对主人智伯"义不为二心"的忠诚感天动地，这样的人才是值得肯定和赞扬的。

"不欺其志"指不违背自己的良心，此语出自《史记·刺客列传》结尾的论赞词，司马迁曰："自曹沫至荆轲五人，此其义或成或不成，然其立意较然，不欺其志，名垂后世，岂妄也哉！"[1] 司马迁认为五位刺客的刺杀行动有的成功，有的不成功，但是他们难能可贵之处在于每个人都有自己明确的目标，做人做事决不违背自己的良心和意志，故能名垂后世，应该肯定和赞扬。

第四，应有仁爱善良的高尚品德。刺客虽以暴力为人消灾除害，但是刺客自身应当具有仁爱善良的品质和是非判断的能力，否则极容易被别有用心的人士利用，一旦被人利用，那么他们手中的利剑，将刺向无辜善良之人，后果非常严重。据《左传·宣公二年》记载，晋灵公不君，赵盾作为朝中老臣多次劝谏，晋灵公当面表示："吾知所过矣，将改之。"[2] 背地里却"使鉏麑贼之。晨往，寝门辟矣，盛服将朝。尚早，坐而假寐。麑退，叹而言曰：'不忘恭敬，民之主也。贼民之主，不忠；弃君之命，不信。有一于此，不如死也'"[3]。结果鉏麑头撞院子里槐树而死。上文的"使鉏麑贼之"是一个关键句，《左氏会笺》注："鉏麑，晋

1　（汉）司马迁：《史记·刺客列传》，中华书局，1985，第2538页。
2　杨伯峻编著：《春秋左传注·宣公二年》，中华书局，2009，第718—719页。
3　杨伯峻编著：《春秋左传注·宣公二年》，中华书局，2009，第658页。

力士也。贼者，暗行刺害也。"[1]《吕氏春秋》高诱注云："贼，杀也。"由此推测鉏麑是受了晋灵公派遣前往暗杀赵盾的刺客。

关于鉏麑行刺赵盾的事件，在《史记·晋世家》也有记载，"使鉏麑刺赵盾"[2]，鉏麑作为晋灵公的刺客，奉命去刺杀赵盾。但是，最后他中止了刺杀计划。因为当他半夜潜入赵盾府上，看到赵盾已起床穿好朝服准备上朝，正"坐而假寐"。看到这一幕，鉏麑深受感动，他认定赵盾是一个尽忠职守的"民之主"。《春秋左传注》引高诱注曰："大夫称主，因曰民之主。"[3]在鉏麑看来杀害一个恪尽职守、忠诚爱民的大夫，是对百姓的不忠。但是他如果弃君命而不顾，又将背负欺君和不信守约定的罪名。他陷入了"贼民之主，不忠；弃君之命，不信"的两难抉择当中。鉏麑是一个非常理性，有是非观念，有良知的刺客，为了不负民又不负君，他最后只有选择自杀，触槐树而死。鉏麑的行为赢得了后人的敬重，称赞他舍生取义。像鉏麑这样有良知，有是非观念，有仁爱善良之心的刺客，为何没有被选入《刺客列传》呢？究其原因，一是他半道终止了刺杀行动；二是因为他是为昏庸残暴的晋灵公去刺杀忠于职守的贤相赵盾，所以不符合司马迁"反抗强暴、扶弱抑强、惩恶扬善"的宗旨，自然不被选录。

从司马迁《刺客列传》的选录标准看出，他对刺客看重和强调的不是武功高强，不是行刺的成功与否，而是他们的道德素养和精神品格。《刺客列传》对后世产生了广泛而深远的影响：首先，它确立了刺客应具有的道德素养和精神品格，如"反抗强暴、扶弱抑强、惩恶扬善""士为知己者死，舍生取义""忠诚守信、不欺其志""仁爱善良"等，成为后世侠者崇尚效仿的榜样，也成为后人评价鉴别侠者优劣高低的

1 ［日］竹添光鸿：《左氏会笺·宣公二年》，巴蜀书社，2008，第823页。
2 （汉）司马迁：《史记·晋世家》，中华书局，1985，第1673页。
3 杨伯峻编著：《春秋左传注·宣公二年》，中华书局，1981，第658页。

标准和尺度；其次，它成为后世武侠文学的滥觞，对后世武侠文学的
创作、发展起着导向性的作用，后世武侠文学的侠者形象，在道德品
质和精神人格的塑造上，基本都延续着司马迁的选录标准。"千古文人
侠客梦"，这原本是陈平原教授研究武侠文学的书名，它却真实地反
映出千百年来刺客、侠者在文人心中留下了多么深刻的烙印。

（原载于《渭南师范学院学报》2015年第15期）

论司马迁复仇情结的产生

一部《史记》为我们展现了无数个悲惨壮烈、可歌可泣的复仇故事。我们被这些复仇故事强烈震撼的同时不禁要问：为什么司马迁会有这么强烈而执着的复仇情结呢？许多人都归结为李陵事件使他遭遇了不幸，他由此产生了强烈的复仇情结。果真如此吗？司马迁在他的《太史公自序》和《报任安书》中两次写道：

> 盖西伯拘而演《周易》；仲尼厄而作《春秋》；屈原放逐，乃赋《离骚》；左丘失明，厥有《国语》；孙子膑脚，《兵法》修列；不韦迁蜀，世传《吕览》；韩非囚秦，《说难》、《孤愤》。《诗》三百篇，大氐贤圣发愤之所为作也。此人皆意有所郁结，不得通其道，故述往事，思来者。[1]

历来人们把这段话作为司马迁写作《史记》的一个原因，这样理解是可以的。但是，如果把李陵事件和这段话作为司马迁复仇情结产生的原因，那么有些问题则无法解释。首先，司马迁遭遇李陵之祸是在《史记》写到一半之时，而《史记》中的复仇事件则散见于各篇中，已完成的篇章中所叙的复仇事件应是原已写就的，不可能是李陵事件之后加入的。这就可以解释为什么有的复仇事件写得较简单平和，有的则详尽、悲壮、惨烈，显然李陵事件是一个分水岭。其次，司马迁列举了许多名人在遭遇不幸后留下了传世之作，为什么他们留下的巨著中没有出现这么多的复仇故事和这么强烈的复仇情结呢？所以说李陵事件只是司马迁复仇情结产生的一个偶然因素，而在这偶然性的背

---

1 （汉）班固：《汉书·司马迁传》，中华书局，1996，第2735页。

后还隐藏着一些必然因素。

一、复仇情结产生的思想基础

　　从思想因素上去分析，儒家的伦理道德思想是司马迁复仇情结产生的一个重要基础。从司马迁早年经历中我们得知，他十岁时曾师从孔安国学习古文《尚书》，后又向董仲舒学习公羊派《春秋》，加上他生活的时代是汉武帝"罢黜百家，独尊儒术"的时代，可以设想，在儒学大师和浓厚的儒学氛围影响下，他的思想意识中已浸润了许多儒家的伦理道德观念。影响他复仇情结产生的儒家思想主要有这么几点：

　　第一，孝道思想。司马迁写作《史记》是为了完成父亲司马谈的遗愿，为了尽为人子之孝道，他说："且夫孝始于事亲，中于事君，终于立身。扬名于后世，以显父母，此孝之大者。"[1]可见司马迁身上有着强烈的孝道意识。封建社会的复仇观念是建立在儒家"孝道"伦理道德观之上的。像《公羊传·定公四年》云："父受诛，子复仇，推刃之道也。"[2]复仇在最初的原始社会里，它以血缘关系为基础，专指父母、兄弟、族人被他人杀害或遭到侮辱，作为子弟或族人有义务报杀仇人的一种行为。春秋以后，随着五伦观念的产生，复仇由血缘关系逐渐扩展到臣子为君主、学生为师长、属吏为主吏、同道为朋友的复仇。在当时的人们看来，为父兄为族人为朋友报仇是天经地义的。因为宗族之中，父为尊、子为卑，扩大到国家则君是臣民之父，君尊臣卑。所以子应对父尽孝，臣应对君尽忠。如果君、父被人伤害，臣或子不为之报仇，则将被千夫斥责其不忠、不孝。基于这样的"孝道"意识

1　（汉）司马迁：《史记·太史公自序》，中华书局，1985，第3295页。
2　王维堤、唐书文：《春秋公羊传译注·公羊传》，上海古籍出版社，1997，第511页。

和复仇观，司马迁在《史记》中记述了许多宗法复仇事件。如《齐太公世家》中齐襄公的九世复仇，《秦本纪》中世父报其大父秦仲被西戎所杀之仇，《吴太伯世家》中吴王夫差报其父姑苏败亡之仇，《伍子胥列传》中伍子胥、伯嚭、白公胜向楚王的复仇等。

第二，"舍生取义""重义轻生"的伦理道德观。司马迁常常赞扬那些在生与死、义与利面前舍生取义、重义轻生的侠士、刺客。他们的复仇"其义或成或不成，然其立意较然，不欺其志"[1]的侠义之举却是可敬可佩的。生活中的司马迁是一个热心又富有侠义心肠的人。他与李陵"素非相善也，趣舍异路，未尝衔杯酒接殷勤之欢"[2]。当李陵出事时，他仗义执言为李陵辩解，不想反使自己遭受宫刑。当他身心倍受摧残之时，他多么希望有人能救助他，渴望得到友情。但现实却是"交游莫救，左右亲近不为一言"[3]。在渴望与幻想中，他特意在《史记》里设立了《刺客列传》《游侠列传》，写了许多因报恩而捐躯，为朋友复仇的人物。像专诸为公子光复仇，豫让为智伯、聂政为严仲子、荆轲为太子丹、乐毅为燕昭王的复仇。他们的复仇真正是实践了儒家的"舍生取义""重义轻生"的人格理想。也许有人会问：为什么报恩复仇必要以死为代价？因为"受人之养而不死其难则不义"[4]，这就是当时侠义之士的人生观。而"为身之所恶以成人之所急"[5]则是他们的品格。

第三，忍辱就功名的思想。孟子曰："天将降大任于是人也，必先苦其心志，劳其筋骨，饿其体肤，空乏其身，行拂乱其所为，所以动心忍性，曾益其所不能。"[6]司马迁忍辱就功名与孟子这段话的思想是一

1 （汉）司马迁：《史记·刺客列传》，中华书局，1985，第2538页。
2 （汉）班固：《汉书·司马迁传》，中华书局，1996，第2729页。
3 （汉）班固：《汉书·司马迁传》，中华书局，1996，第2730页。
4 （秦）吕不韦等：《吕氏春秋集释》，许维遹校释，中华书局，2009，第404页。
5 《诸子集成·墨子间诂》，上海书店出版社，1994年，第204页。
6 （战国）孟子：《孟子译注·告子章句下》，杨伯峻译注，中华书局，2005，第298页。

脉相承的。《史记》中许多复仇人物忍辱奋斗，顽强不屈，最后复仇成功的经历正是对孟子这段话最准确的诠释。忍辱就功名不仅是司马迁复仇思想的一个核心，也是司马迁自身经历的一个写照。孙膑遭庞涓嫉妒而被其"以法刑断其两足而黥之"[1]，范雎被魏齐怀疑通齐而"使舍人笞击雎，折胁摺齿，……置厕中。宾客饮者醉，更溺雎，故僇辱以惩后"[2]。当此之时，他们的处境与司马迁一样，生不如死。司马迁曾说："人固有一死，死有重于泰山，或轻于鸿毛，用之所趋异也。"[3]假如孙膑、范雎不能忍辱而选择了死亡，那么在司马迁看来其死"轻于鸿毛"，"何异蝼蚁"？但是他们"弃小义，雪大耻，名垂于后世，……故隐忍就功名"[4]，他们的选择正是司马迁现实中的选择。他们历经耻辱和磨难最后复仇成功的经历，正是司马迁理想和愿望的寄托与表现。

二、复仇情结产生的社会环境

社会环境的影响是司马迁复仇情结产生的第二个因素。

复仇本是中国古代社会常见的一种社会习俗，它是以维护宗法制为基础的奴隶制的一种礼法形式。到西周，复仇已成为维护宗法制的凝固剂。当时复仇合法，只是稍加限制。春秋时期，周王朝的权威已经动摇，各诸侯国为利益之争而导致复仇的事件频繁发生，像吴王夫差为父亲姑苏败亡的复仇、越王勾践为会稽之耻的复仇都是具有代表性的。由于当时刑法不健全，人们遭到杀害、被人侮辱之后，得不到法律保护，只能以复仇的方式来为自己申冤。据《史记·晋世家》记载：

---

1 （汉）司马迁：《史记·孙子吴起列传》，中华书局，1985，第2162页。

2 （汉）司马迁：《史记·范雎蔡泽列传》，中华书局，1985，第2401页。

3 （汉）班固：《汉书·司马迁传》，中华书局，1996，第2732页。

4 （汉）司马迁：《史记·伍子胥列传》，中华书局，1985，第2183页。

晋大夫郤克出使齐国，郤克因脚跛登阶，受到齐国夫人的嘲笑。郤克怒而归，发誓要报这一笑之仇。最后他不仅杀了出使晋国的齐使四人，还帮助鲁、卫在与齐国的战斗中大败齐军。类似复仇事件在《左传》《国语》中多有记载。到战国时期，由于兼并战争的日趋激烈，统治者内部为争权夺利导致复仇事件层出不穷。一些地位身份较高的贵族人士，既要复仇又不想自身遭遇危险，于是出现了遣客借躯为自己的复仇。战国侠士那种慷慨任侠、豪放不羁的性格，那种渴望被人理解任用，渴望扬名天下的抱负，正好与欲借躯复仇的贵族两相遇合，于是便有了聂政为严仲子的复仇，荆轲为燕太子丹的复仇。

　　汉代受战国游侠复仇之风的影响，游侠复仇又兴盛起来，像《史记·游侠列传》里记叙的朱家、剧孟、郭解都是西汉时期的大侠，他们以替人消灾复仇而闻名。从《史记》《汉书》《后汉书》的记载看，汉代复仇的范围扩大，复仇者来自社会的各个阶层。有诸侯王、宗室及皇族子孙的复仇。据《史记·淮南衡山列传》载：

　　　　（淮南）厉王有材力，力能扛鼎，乃往请辟阳侯（审食其）。辟阳侯出见之，即自袖铁椎椎辟阳侯，令从者魏敬刭之。厉王乃驰走阙下，肉袒谢曰："臣母不当坐赵事，其时辟阳侯力能得之吕后，弗争，罪一也。赵王如意子母无罪，吕后杀之，辟阳侯弗争，罪二也。吕后王诸吕，欲以危刘氏，辟阳侯弗争，罪三也。臣谨为天下诛贼臣辟阳侯，报母之仇，谨伏阙下请罪。"[1]

　　再有权贵参与的复仇。《史记·李将军列传》载：元狩四年，李广与大将军卫青出击匈奴。卫青出于私心，想给好友公孙敖创造立功重新封侯的机会，将前将军李广调往东道绕道出击。结果李广迷路未能按期赶到，按律当斩，卫青派长史去调查李广失道延期的原因。李广

1　（汉）司马迁：《史记·淮南衡山列传》，中华书局，1985，第3076页。

原来就为被从先头部队的位置调开而气愤，现在还要面对刀笔之吏的审讯，悲愤之极拔刀自刭。李广儿子李敢在霍去病手下任校尉，他念念不忘为父报仇。当他因军功升任郎中令后，"怨大将军（卫）青之恨其父，乃击伤大将军，大将军匿讳之"[1]。

再就是地方官吏参与的复仇。《史记·韩长孺列传》载：

> （韩）安国坐法抵罪，蒙狱吏田甲辱安国。安国曰："死灰独不复然乎？"田甲曰："然即溺之。"居无何，梁内史缺，汉使使者拜安国为梁内史，起徒中为二千石。田甲亡走。安国曰："甲不就官，我灭而宗。"甲因肉袒谢。安国笑曰："可溺矣！公等足与治乎？"卒善遇之。[2]

韩安国的复仇与一般的武力复仇不同，他是以胜利者的姿态去嘲笑、戏弄曾经侮辱、损害过他的田甲，在惩罚对方的同时维护了自己的尊严，也挽回了失去的面子。《史记》中的刘邦、韩信、苏秦都曾以类似方式为自己复仇。有人把这种复仇称之为文明复仇或高级复仇。

上述复仇事件，有的距离司马迁生活的时代并不远，有的即发生在他生活的时代。可以说西汉复仇之风以及先秦典籍、传说、故事中与复仇、侠士相关的事件，使司马迁耳濡目染，内心接受了侠客与复仇。但是，使司马迁在观念意识上真正接受复仇、认可复仇、喜欢复仇的社会原因还有两点：

一是汉朝皇帝对一些复仇者的宽赦。汉承秦制，秦律严禁复仇，汉律也禁止复仇。但制定法律是一回事，执行法律又是另一回事。有法不依，执法不严，因人而异，这是人治社会的通病，汉代也不例外，像淮南王椎杀辟阳侯，李广杀死霸陵尉，还有霍去病射死李敢的复仇，都得到了皇帝的宽赦。

1　（汉）司马迁：《史记·李将军列传》，中华书局，1985，第2876页。
2　（汉）司马迁：《史记·韩长孺列传》，中华书局，1985，第2859页。

二是儒家学说对复仇的认可。由于儒家学说认可复仇，使许多儒者参与了复仇，并且复仇已成为当时儒者为人处事的行为准则之一。因为父兄被人杀害或侮辱，不为之复仇，就是不孝不悌；师长、朋友被杀害，不为之报仇，就是不忠不义。一个不孝不悌不忠不义的人在社会上是无法抬头做人的，更没有其社会地位。据了解，仅东汉儒生参与的复仇即有15起，占东汉已知复仇事件总数的17.6%。[1]

三、复仇情结产生的心理因素

独特的心理与性格是其复仇情结产生的又一因素。

司马迁的性格是复杂多样的。从他在《史记》复仇史事的叙述中，我们感受最深的是他慷慨任侠、豪放不羁的复仇性格。那么他这种复仇性格是如何形成的呢？如果说司马迁身上的儒文化精神主要来自书本和儒学大师，那么他身上的侠文化精神则主要来自民间。

司马迁在《货殖列传》里对中华民族武侠现象的产生，从地域环境、生产经济与民风民俗的关系方面做了分析论述。他说：

> 西贾秦、翟，北贾种、代。种、代，石北也，地边胡，数被寇。人民矜懻忮，好气，任侠为奸，不事农商。然迫近北夷，师旅亟往，……中山地薄人众，犹有沙丘纣淫地徐民，民俗懁急，仰机利而食。丈夫相聚游戏，悲歌慷慨，起则相随椎剽，休则掘冢作巧奸冶，……好气任侠，卫之风也。……上谷至辽东，地踔远，人民希，数被寇，大与赵、代俗相类，而民雕捍少虑，……齐带山海，……其俗宽缓阔达，……怯于众斗，勇于持刺，故多劫人者，大国之风也。……（越楚）其俗剽轻，易发怒。[2]

1　周天游：《古代复仇面面观》，陕西人民教育出版社，1992，第62页。
2　（汉）司马迁：《史记·货殖列传》，中华书局，1985，第3263—3267页。

司马迁认为，由于地域环境的影响，好武任侠是这些地方民俗民风的显著特征。从历史渊源看这些地方历来都是武侠辈出之地。一些学者认为，侠自上古时代产生起，就带有某种超越意义的文化精神，这种文化精神广泛而持久地、若隐若现地影响着中国民间社会的平民百姓。司马迁两次游历各地，在探访历史遗迹、收集名人逸闻的同时，接触了解了各地方的风俗民情。应该说这是司马迁的另一种文化承受经历。心理学家认为：

> 文化承受的过程是人实现社会化的过程，它是人的个性形成的一个重要的因素。人是文化的负荷者，每个人都部分地掌握着它，在人们身上，文化被人格化、个体化了，因而文化承受并不会消除人的个别性，相反使人的个性差异显得更加突出。[1]

植根于中国民间的这种武侠文化，其扶危济困、好侠尚义、重义轻生、崇尚气节的精神品格在潜移默化中，"润物细无声"地在司马迁心中生根发芽开花结果了，《史记》中许多复仇事件的记录就是最好的说明。所以说司马迁身上体现出的慷慨任侠、豪放不羁的复仇性格来自中国民间武侠文化的影响。

许多读过《史记》的人都有一种感觉，就是司马迁对复仇人物的偏爱。这种偏爱与他独特的心理有着密切的关系。司马迁因李陵事件受宫刑，这不仅是对他生理上的严重损伤，更重要的是严重地摧残着他的心理，使他的认知心理和审美心理发生了改变。正如心理学家所言："任何一次具体的注意活动都离不开特定的刺激情境，审美欣赏中的注意活动也不例外……（审美心境）往往在一段时间内影响人的体验和言行，使之染上某种特殊的色彩。"[2]宫刑事件使他身心遭受摧残的同

1　童庆炳：《艺术与人类心理》，十月文艺出版社，1990，第91页。
2　童庆炳：《艺术与人类心理》，十月文艺出版社，1990，第10—11页。

时，也使他对冷酷现实有了与常人不同的认识和感受，无意识中他在叙述复仇人物时便"染上了某种特殊的色彩"。对于那些敢于与命运抗争，历经磨难，顽强不屈，"弃小义，雪大耻"的复仇者，他由衷地敬佩和喜爱。他们的经历对他而言仿佛像一面镜子，从他们身上看到了自己复仇的希望。他曾对好友任安说："所以隐忍苟活，函粪土之中而不辞者，恨私心有所不尽，鄙没世而文采不表于后也。"[1]由于时代环境和个人情况的不同，他不可能像《史记》中的复仇者那样以武力复仇，他选择了发愤著书来实现自己复仇的愿望，所以他常常在描述那些复仇人物时产生一种幻化意识，仿佛自己成了书中的复仇者。可以说书中记录的每一段复仇史事都传达出他强烈的复仇意念，每一个复仇人物都成为他向汉王朝复仇的代言人。通过这些复仇人物，他那不甘屈辱、不甘沉沦的思想和灵魂找到了释放的出口，他强烈的复仇心理和情感得到了寄托和抒发。

司马迁在《报任安书》中曾诉说他心中的痛苦："仆以口语遇遭此祸，重为乡党戮笑，污辱先人，亦何面目复上父母之丘墓乎？虽累百世，垢弥甚耳！是以肠一日而九回，居则忽忽若有所亡，出则不知所如往。每念斯耻，汗未尝不发背沾衣也。"[2]遭遇宫刑，使他丧失了作为一个男人的能力和尊严，他心里产生了沉重的羞耻感。他感到自己"污辱先人，亦何面目复上父母之丘墓"。《孝经》云："身体发肤，受之父母，不敢毁伤，孝之始也。"[3]另一方面，由于他丧失了一个男人的基本能力，使他心里产生了难以言说的性压抑和性苦闷。而中华民族的文化传统使人们向来以言性为耻。性压抑和性苦闷在他心里产生了强烈的自卑感和精神创伤。奥地利心理学家阿德勒认为："没有人能

---

1 （汉）班固：《汉书·司马迁传》，中华书局，1996，第2733页。

2 （汉）班固：《汉书·司马迁传》，中华书局，1996，第2736页。

3 （清）阮元校刻：《十三经注疏·孝经·开宗明义章》，中华书局，1996，第2545页。

长期地忍受自卑感，人类正是通过思维，而采取某种行动，来解除自己的紧张状态。……所以争取优越感的补偿动作必然会同时出现。"[1]随着时间的推移，萦绕于他心中的羞耻感和自卑感并未消失，反而在潜意识中积聚为一种创作的内驱力。身体的残缺对他心理的平衡有着很强的破坏力，他通过复仇人物的记述，在自己的内心架构起一个理想的复仇世界。在这个理想的复仇世界里，他可以尽情地宣泄他愤怒的情感，可以尽量地释放压抑于他心中的羞耻感和自卑感。在这宣泄与释放中，他痛苦的心理得到了平衡和补偿，他精神的创伤得到了修复。

综上所述可以知道，导致司马迁复仇情结产生的原因是多方面的。这多种复杂的因素像催化剂，促使司马迁写就了一篇篇感人悲壮的复仇佳作，塑造了一个个忍辱就功名的复仇英雄。

（原载于《社会科学家》2001年第3期）

1　[奥] 阿德勒:《挑战自卑》，李心明译，北京华龄出版社，1996，第38—39页。

论司马迁的复仇表现与超越

阅读过《史记》的人，都有一个特别深刻的印象，就是《史记》叙述了许许多多的复仇事件：有国与国之间的复仇，像勾践灭吴的复仇，田单火牛阵对燕国的复仇；有血亲宗族的复仇，如赵氏孤儿的复仇，伍子胥的复仇；再有个人恩怨的复仇，如孙膑对庞涓的复仇，范睢对须贾、魏齐的复仇等。这些复仇事件，有的在《史记》以前的史书中有记载，有的是司马迁第一次披露。与过去史书相比，司马迁笔下的复仇人物最大的不同与超越，就是他们身上所体现出来的那种顽强不屈，敢于与命运抗争的复仇精神。这一精神贯穿于《史记》众多复仇史事的始终。那么，司马迁是如何将自己强烈的复仇意识与史事的叙述结合起来的呢？他又是如何超越前人的呢？笔者以为他主要从这么几个方面进行。

一、为写复仇，选用一些史书未见的材料

一些研究者们曾经对《史记》中的一些人物和事件的真实性提出过怀疑，其原因是这些人物或事件在《史记》前的一些史书如《春秋》《左传》《国语》《吕氏春秋》《战国策》等中未见记载，却在《史记》中被司马迁描述得非常生动。还有，有的人物或事件在时间、地名等问题上相互矛盾，经不起推敲。究竟这是历史的记录，还是文学家的手笔呢？如果是司马迁的文学创作，那么他这样创作的主观意图是什么呢？我们试举几例就不难发现司马迁这样写作的真实意图。

《史记·赵世家》中记叙了屠岸贾杀害赵朔一家，赵朔朋友程婴与公孙杵臼舍身救孤育孤，最后与"赵氏孤儿"灭屠岸贾复仇一事。这个故事被司马迁描述得惊心动魄，悲壮惨烈。自此司马迁叙述的"赵氏孤儿"被广泛地改编成戏剧和其他文学作品，并早在两个世纪前就被介绍到国外。但是许多人不知道，这段史事与《春秋》《左传》《国语》的记录有很大出入，而且这三部史书均无屠岸贾、程婴、公孙杵臼这几个重要人物。据《左传·成公四年、五年、八年》记载：

> 晋赵婴通于赵庄姬。……原、屏放诸齐。……晋赵庄姬为赵婴之亡故，谮之于晋侯，曰："原、屏将为乱。"栾、郤为徵。六月，晋讨赵同、赵括。武从姬氏畜于公宫。以其田与祁奚。韩厥言于晋侯曰："成季之勋，宣孟之忠，而无后，为善者其惧矣。"……乃立武，而反其田焉。[1]

《史记·晋世家》云："（景公）十七年，诛赵同、赵括，族灭之。韩厥曰：'赵衰、赵盾之功岂可忘乎？奈何绝祀！'乃复令赵庶子武为赵后，复与之邑。"[2]这里的叙述与《左传》《国语》的叙述是相吻合的，但却与《史记·赵世家》的叙述大相径庭。"赵氏孤儿"一事在《左传》与《史记·赵世家》的差异有如下几点：

第一，导致这场灾祸的罪魁在《左传》中是赵朔妻庄姬，在《史记·赵世家》中是屠岸贾。

第二，是主题差异，《左传》表现的是赵氏家族因丑闻而引起矛盾，最终导致灾祸；《史记·赵世家》表现的是忠臣被奸臣迫害，忠臣之友舍身救孤，最后与"赵氏孤儿"锄掉奸臣屠岸贾，复仇成功。

第三，赵朔妻庄姬在《左传》中是个与人私通的淫妇，导致家族灾祸的罪人；而在《史记·赵世家》中却是生下遗腹子，救护孤儿的忠

1　杨伯峻编著：《春秋左传注·成公四年、五年、八年》，中华书局，2016，第895—917页。

2　（汉）司马迁：《史记·晋世家》，中华书局，1985，第1679页。

贞节烈之妇。

第四,"按《春秋》经文及《左》《国》,俱但云'晋杀赵同、赵括',未尝有赵朔也。其时朔已死,故其妻通于婴,而同、括逐婴。《史记》(赵世家)谓朔与同、括同日被杀,已属互异"[1]。

第五,"武从姬氏畜于公宫。则被难时已有武,并非庄姬入宫后始生,而《史记》谓是遗腹子,又异"[2]。根据上述比较可以看出,司马迁把《左传》中一段家族内部矛盾引起的血案,演绎改造为奸臣谗害忠臣及后代,忠臣之友冒死救孤育孤,最后为其复仇的故事。对于司马迁的改造,清代史学家赵翼提出了批评,他说:"屠岸贾之事,出于无稽,而迁之采撷,荒诞不足凭也。《史记》诸世家,多取《左传》《国语》以为文,独此一事,不用二书,而独取异说,而不自知其牴牾,信乎好奇之过也。"[3]赵翼的批评虽然中肯,但他不知道司马迁这样改造的用意是为表现复仇。

再看《刺客列传》,司马迁记录的第一个刺客是曹沫。曹沫为鲁国将领,与齐国三战三败,于是"鲁庄公惧,乃献遂邑之地以和。……桓公与庄公既盟於坛上,曹沫执匕首劫齐桓公,……桓公乃许尽归鲁之侵地"[4]。曹沫在齐鲁两国君主结盟仪式上劫持齐桓公,讨回在战争中丧失的土地,为自己复仇雪耻。这一复仇史事给人留下的疑点很多。首先,《左传》中未见有曹沫其人,也无劫桓公之事。虽然有些注本推测曹沫即曹刿,却没有可信的材料证明。其次,曹沫与齐三战三败一事也不符合实情。泷川资言在《史记会注考证》引梁玉绳注曰:"庄公自九年败乾时,后至十三年盟柯,中间有长勺之胜。是鲁只一战而一

1 〔日〕泷川资言:《史记会注考证·赵世家》,文学古籍刊行社,1955,第2639页。
2 〔日〕泷川资言:《史记会注考证·赵世家》,文学古籍刊行社,1955,第2639页。
3 〔日〕泷川资言:《史记会注考证·赵世家》,文学古籍刊行社,1955,第2640页。
4 (汉)司马迁:《史记·刺客列传》,中华书局,1985,第2515页。

胜，安得有三败之事？……遂非鲁地，何烦鲁献？此皆妄也。……鲁未尝战败失地，何用要劫？"[1]

从这些情况看，曹沫复仇一事，多为司马迁的文学创作，而非历史事实。

还有《伍子胥列传》写伍子胥的复仇，《国语》没有记载，司马迁主要根据《左传》改写而成。在保留伍子胥父兄被杀害和伍子胥引吴兵入郢的主要情节基础上，增加了两点。第一，增加了伍子胥逃往吴国途中的艰辛与磨难。写伍子胥先到宋，又奔郑，再至晋，又过昭关险些被抓，过江得渔父渡船相救，至吴途中生病，道中乞食等情节，突出地表现他为复仇而忍受屈辱，历经磨难，为后面隐忍就功名的结局作了浓墨重彩的渲染和铺垫。第二，增加了伍子胥引吴兵入楚后，"乃掘楚平王墓，出其尸，鞭之三百，然后已"[2]的情节，表明其仇人虽死也要复仇到底，决不放弃。中井积德指出："平王死经十有余年，纵令掘之，朽骨而已，非有可鞭之尸。"[3]可见为写复仇，司马迁编出了一些违背常理的情节。类似编写的情节还有《张仪列传》写张仪早年贫寒，曾与楚相饮，被疑盗楚相璧，遭笞受辱，待张仪相秦后，给楚相下了复仇宣言："若善守汝国，我顾且盗而城！"[4]还有越王勾践卧薪尝胆的情节。由此可知为了表现复仇主题，司马迁不像前人那样完全拘泥于史事的叙述，他采用一些史书不录的异说或编造一些情节为其主题服务。

1　［日］泷川资言：《史记会注考证·刺客列传》，文学古籍刊行社，1955，第3892—3893页。

2　（汉）司马迁：《史记·伍子胥列传》，中华书局，1985，第2176页。

3　［日］泷川资言：《史记会注考证·伍子胥列传》，文学古籍刊行社，1955，第3329页。

4　（汉）司马迁：《史记·张仪列传》，中华书局，1985，第2281页。

二、在揭示国家、家族及个人命运时，将复仇与之联系起来

用历史唯物主义的眼光看历史，任何一个国家的前途、家族的兴衰乃至个人的命运，常常是不以人的意志为转移的，个人的力量往往无法左右国家、家族的前途和命运。虽然有时候一些偶然事件会改变一个国家或家族的前途命运，但是在这偶然性的背后，实际上隐藏着其必然性的因素，这是历史发展的客观规律。但是司马迁在《史记》一些史事的叙述中，有时在揭示国家前途、家族兴衰或个人命运时，常常将复仇与之联系起来，处理成一种因果关系。像秦王朝的灭亡，是由于秦始皇的无道，实行暴虐政治的结果，这是历史发展的必然趋势。但是在《项羽本纪》中，司马迁却借范增的口说出了"自怀王入秦不反，楚人怜之至今，故楚南公曰'楚虽三户，亡秦必楚'"[1]的话。所以陈涉的农民起义及项羽、刘邦的起义，本来是历史的巧合，却在冥冥中印证了楚南公"亡秦必楚"的预言。并且在《项羽本纪》介绍项羽、项梁身世时，在《留侯世家》介绍张良身世时，都不忘追忆他们与秦王朝有着不共戴天之仇，实际上是在表明他们的反秦起义，是有着强烈的复仇雪恨的深层意识。再有，吴国灭楚本是吴王夫差向外扩张、称霸中原的一个野心，但是，司马迁在《吴太伯世家》《楚世家》《伍子胥列传》中，几次处理成伍子胥为报楚平王的杀父之仇，逃到吴国后，帮助公子光夺得王位，即请其出兵楚国，于是就有了吴兵入楚，"五战，遂至郢。……楚昭王出奔。……伍子胥求昭王。既不得，乃掘楚平王墓，出其尸，鞭之三百"[2]的结果。而在这场战争中立下汗马功劳，起决定性作用的关键人物，吴军将领孙武，只被作者轻描淡写地

1　（汉）司马迁：《史记·项羽本纪》，中华书局，1985，第300页。

2　（汉）司马迁：《史记·伍子胥列传》，中华书局，1985，第2176页。

点了一下。一场两国因领土扩张而导致的战争，被司马迁演绎成伍子胥个人复仇的结果。作者夸大了在这场几乎导致楚国灭亡的战争中伍子胥的复仇作用。再如齐国军队在马陵道上大破魏军一事，也被司马迁在《孙子吴起列传》中渲染成孙膑向庞涓复仇的必然结果。还有吴国与越国的姑苏之战、会稽之战都被处理成吴王夫差的复仇、越王勾践的复仇之结果。

三、与报恩互为因果来写复仇

复仇与报恩本来是互相矛盾、互相对立的两种现象。但是任何事物都不是一成不变的，在一定条件下，矛盾对立的双方会互相影响，互相促进，互相转化。《史记》中许多的复仇事件是以报恩为前提条件，或者说互为因果的。例如《刺客列传》中专诸为报恩替公子光刺杀吴王僚，豫让为报恩智伯去刺杀赵襄子，聂政为严仲子刺杀韩傀，荆轲为燕太子丹刺杀秦王，都是以报恩为目的的复仇。还有乐毅为报燕昭王的知遇之恩，率燕国军队向齐闵王复仇，以扫荡之势一举攻下齐国七十余城。

这种复仇的一个共同特点是一方为复仇而有意向他人施恩（豫让复仇除外），施恩者多为贵族王侯，另一方为报恩而自愿为恩主复仇。这是一些贵族王侯想复仇，又不愿自己或亲人出面，于是借他人之手达到自己复仇之目的。在这种条件下报恩与复仇互为因果，互相转化。

这种复仇方式的出现与当时的社会形势有着密切关系。春秋尤其战国时期侠义之士大量涌现。这些侠士与当时的策士、辩士、谋士一样，一方面渴望被人理解，渴望扬名天下，渴望英雄有用武之地；另一方面他们没有坚定的政治主张和原则立场（乐毅除外），没有明确的是非标准，谁恩惠我，谁任用我，我就为谁甘洒一腔热血。这就为那些既想复仇又不愿为此牺牲性命和付出巨大代价的人提供了机会和条件，两相遇合促成了这些复仇行动的实施。这些复仇事件虽然被司马迁描述得惊心动魄，可歌可泣，但是我们透过现象冷静分析就会发现，这类复仇虽然有浓厚的自发性倾向，但却充满着盲目性。

侠士们渴望扬名天下的理想抱负被政治家或阴谋家所利用。侠士们因为没有独立的政治见解，对于政治斗争中复杂的人际关系，只能用"士为知己者死"的侠义道德观去理解，他们的善良和单纯被政治家所利用，相形之下可以看出那些借躯复仇的政治家是多么的卑鄙和自私。今天我们站在历史的高度去分析当时诸侯王之间、贵族之间的政治斗争，很难用谁是谁非的标准去界定他们。而司马迁不同于以往的史录者，他以同情赞扬之笔去描写歌颂这些侠义复仇者，是想借此表达自己的复仇理想和愿望，使他受伤的心理得到平衡和补偿。

四、以多角度多手法写复仇

（一）打破惯例，使同一复仇事件重复出现

司马迁在《史记》的结构布局上，为避免重复，采用了"互见法"，即同一事件在某一"本纪""世家"中记叙了，在后面的"本纪""世家"或"列传"中再出现时，就用"语在某某事中"一语带过。这一方法历来为史学家和文学家们所称道。但是笔者发现，对一些复仇事件的处理，司马迁打破惯例，不用"互见法"，使同一复仇事件在几处重复出现。例如晋文公重耳落难时在曹国受辱，他回国即位后对曹国出兵复仇事，在《晋世家》《管蔡世家》中都有记叙。伍子胥复仇一事，在《吴太伯世家》《伍子胥列传》中有详细记载。专诸刺杀吴王僚为公子

光复仇，在《刺客列传》《吴太伯世家》《伍子胥列传》中都有，还有越王勾践卧薪尝胆的复仇，在《越王勾践世家》《吴太伯世家》都有，由此可见司马迁复仇意识非同一般。

（二）以含蓄手法写复仇

《史记》中不仅有许多明写的复仇，还有以含蓄的手法暗写的复仇。例如《孙子吴起列传》记载，吴起在楚国实行改革，遭到楚国贵族的嫉恨，"及悼王死，宗室大臣作乱而攻吴起，吴起走之王尸而伏之。击起之徒因射刺吴起，并中悼王。悼王既葬，太子立，乃使令尹尽诛射吴起而并中王尸者"[1]。吴起在生命遭遇危险，自己又无力反抗自卫时，借悼王之尸、太子之手为自己复仇。《伍子胥列传》写吴王夫差听信伯嚭谗言，赐剑伍子胥自刭。伍子胥临死前"乃告其舍人曰：'必树吾墓上以梓，令可以为器；而抉吾眼悬吴东门之上，以观越寇之入灭吴也。'乃自刭死"[2]。伍子胥的一片忠心换来的是吴王夫差的猜疑和忘恩负义的回报，愤怒之余留下了如此仇恨的预言，他坚信自己的预言实现之日，就是自己的复仇实现之时。

（三）写文明复仇

《史记》除记叙许多流血牺牲、刀光剑影的武力复仇之外，还记叙了一些以文明的手段复仇的事件。《苏秦列传》写苏秦当年落魄回家时，受到家人冷遇，当他功成名就，回家炫耀之时，不忘把家人嘲弄一番。再有《淮阴侯列传》写韩信封侯回故乡，不忘当年的胯下之辱，"召辱己之少年令出胯下者以为楚中尉。告诸将相曰：'此壮士也。方辱我时，

1　（汉）司马迁：《史记·孙子吴起列传》，中华书局，1985，第2168页。

2　（汉）司马迁：《史记·伍子胥列传》，中华书局，1985，第2180页。

我宁不能杀之邪? 杀之无名, 故忍而就于此。'"[1]苏秦也好, 韩信也好,
他们的复仇是以胜利者的姿态去嘲笑、戏弄当年曾经鄙视、冷落或侮
辱他们的人, 在惩罚对方的同时维护了自己的尊严, 也挽回了自己曾
失去的面子, 一解心头之恨。像刘邦、韩安国都曾以这种文明的方式
为自己复仇而解恨。

五、借发议论表明其复仇观、生死观

司马迁的复仇思想不仅通过他对复仇史事的叙述和复仇人物形象
的刻画表现出来, 还通过议论的形式对复仇人物进行总结评价, 在议
论中非常鲜明地表明自己的复仇主张。在《伍子胥列传》结尾太史公
曰:"怨毒之於人甚矣哉! ……向令伍子胥从奢俱死, 何异蝼蚁。弃小
义, 雪大耻, 名垂於后世, 悲夫! 方子胥窘于江上, 道乞食, 志岂尝
须臾忘郢邪? 故隐忍就功名, 非烈丈夫孰能致此哉?"[2]

对于伍子胥引吴兵灭楚国及入郢后的倒行逆施, 司马迁认为"怨
毒之於人甚矣", 是不能容忍和接受的。但是对伍子胥所选择的复仇之
路, 却是非常赞赏的。他认为假若伍子胥为尽孝而与父亲一块死, 那
么他的死"何异蝼蚁", 毫无价值和意义。而伍子胥为复仇选择了"弃
小义, 雪大耻, 名垂於后世"的"隐忍就功名"之路, 司马迁认为"非
烈丈夫孰能致此哉?"言为心声, 司马迁的复仇思想已在其议论中一览
无余。在《报任安书》中他曾就自己选择宫刑袒露心声:"假令仆伏法
受诛, 若九牛亡一毛, 与蝼蚁何异? ……人固有一死, 死有重于泰山,
或轻于鸿毛, 用之所趋异也。"[3]在生与死的问题上, 司马迁认为: 一个

---

1 (汉)司马迁:《史记·淮阴侯列传》, 中华书局, 1985, 第2626页。

2 (汉)司马迁:《史记·伍子胥列传》, 中华书局, 1985, 第2183页。

3 (汉)班固:《汉书·司马迁传》, 中华书局, 1996, 第2732页。

人如果有怨仇，为保全气节放弃复仇而去死，其死不过是保全了"小义"，是"轻于鸿毛"的。如果为实现复仇之愿，能"弃小义，雪大耻"，其价值"重于泰山"。所以明人王维桢认为司马迁写伍子胥复仇是"太史公盖以自见也"[1]。李景星也说《伍子胥传》是"太史公满腹怨意，亦借题发挥，洋溢于纸上，不可磨灭矣。以伤心人写伤心事，哪能不十分出色！"[2]

在《刺客列传》中，对刺客们舍身为恩主复仇的大义之举，司马迁在议论中高度赞扬他们"立意较然，不欺其志"的侠义品格，即复仇目的明确，说到做到，绝不含糊。《季布栾布列传》对栾布冒死哭祭彭越，并慷慨陈词，为彭越申冤叫屈，司马迁感慨发议论："夫婢妾贱人感慨而自杀者，非能勇也，其计画无复之耳。栾布哭彭越，趣汤如归者，彼诚知所处，不自重其死。"[3]他不仅赞扬栾布的重义报恩，气节高尚，对于他知道怎样处生死，所以才不贪生怕死的选择给予高度肯定。范雎早年穷困受辱于魏齐、须贾，当他经过艰难曲折的奋斗，终于当上秦国的宰相时，他开始实施复仇。首先对出使秦国的须贾戏弄嘲讽羞辱一番后，对魏国下了最后通牒："为我告魏王，急持魏齐头来！不然者，我且屠大梁。"[4]最后逼得魏齐走投无路，自杀身亡。对此司马迁发议论说："能忍诟于魏齐，而信威于强秦。"[5]"然二子（范雎与蔡泽）不困厄，恶能激乎？"[6]赞扬他们的忍辱复仇，申冤扬名的行为。客观地说，范雎、蔡泽以善辩之才取得秦国宰相位，但对秦国并无多大贡献，故苏辙评价曰："范雎相秦，其所以利秦者少，而害秦者多。……杀白

1 韩兆琦：《史记选注集评·伍子胥列传》，广西师范大学出版社，1995，第226页。

2 韩兆琦：《史记选注集评·伍子胥列传》，广西师范大学出版社，1995，第228页。

3 （汉）司马迁：《史记·季布栾布列传》，中华书局，1985，第2735页。

4 （汉）司马迁：《史记·范雎蔡泽列传》，中华书局，1985，第2414页。

5 （汉）司马迁：《史记·太史公自序》，中华书局，1985，第3314页。

6 （汉）司马迁：《史记·范雎蔡泽列传》，中华书局，1985，第2425页。

起而用王稽、郑安平，使民怨于内，兵折于外，曾不若魏冉之一二。范雎、蔡泽，自为身谋，取卿相可耳，未见有益于秦也。"[1] 对范雎、蔡泽这两个于国于民无益之人，司马迁给他们树碑立传，其目的就是要写他们复仇。可见为写复仇司马迁是不遗余力的。

　　通过上面几点分析，我们可以了解到司马迁的《史记》在复仇主题上是如何表现与超越前人的，他笔下的复仇人物这么鲜活感人，不仅仅是史事与异说相结合、文笔与史笔相结合的问题，更主要的是他本人有着强烈的复仇意识，加上他特殊的人生经历和独特的心理性格，才使他所叙述的复仇史事超越了他以前的几部史书。

（原载于《广西民族大学学报》2000年第6期）

1　［日］泷川资言：《史记会注考证·范雎蔡泽列传》，文学古籍刊行社，1955，第3702页。

第二章

司马迁的英雄思想与人物

从汉匈战争中认识真实的李广

司马迁是一个伟大的史学家，他的《史记》以"其文直，其事核，不虚美，不隐恶"[1]的实录精神得到后人的赞誉。但是司马迁作为一个情感丰富，充满激情的史学家，在他秉笔直书的同时，会下意识地将他的情感、将他的爱憎融入他笔下的人物中，使他笔下的一些人物、一些事件明显地体现出文笔多于史笔，浸含着他强烈的爱憎倾向，李广就是一个典型的例子。

记录历史要依据事实，事实又通过文字的表述会成为一种固定的形态——历史。"一个人的一生中可能留给后人很多的史实，写人物传记，不可能全选进去，取舍裁剪，对于史笔非常重要，选什么关乎被写者的身后评价。"[2]司马迁在《李将军列传》的选材上就明显地表现出为褒扬李广来取舍材料的现象，许多生活细节被他用精彩的文笔描述得生动逼真，而李广在军事上和政治上犯的一些错误则被他轻描淡写地一笔带过，致使后人读《李将军列传》得到的一个强烈印象是"李

1　（汉）班固：《汉书·司马迁传》，中华书局，1996，第2738页。
2　方正己，徐艳珍：《司马迁的心理障碍》，《北华大学学报》2001年第2期。

广才气，天下无双"；是李广"结发与匈奴大小七十余战"，也形成了"自汉击匈奴而广未尝不在其中，……广不为人后，然无尺寸之功以得封邑"的巨大反差。如明代唐宋派代表茅坤曾曰："李将军于汉，为最名将，而卒无功，故太史公极意摹写淋漓，悲咽可涕。"[1]李广的不幸遭遇，激起后人无限的同情与不平。他的悲剧又与他不得封侯有着直接的因果关系，也是后人谈论最多、争议最大的一个问题，因此我们有必要弄清李广不得封侯的真正原因。在传记中司马迁把它归结为"不遇时"和所谓的"数奇"，后人则把原因归咎于汉武帝和卫青的任人唯亲，排斥异己。究竟应该如何认识李广，评价李广呢？真实的李广又是怎样的呢？

李广自汉文帝十四年（前166）以良家子从军击匈奴，到汉武帝元狩四年（前119）与匈奴的漠北大战因失道延误战机自杀，前后长达47年，其间因被俘获罪居家两年为庶人（元狩四年至元朔二年，即前129—127），李广与匈奴战斗长达45年，将近半个世纪，他的一生始终与匈奴战争相伴，他的荣辱也与匈奴战争息息相关，所以应该把他放到汉匈战争的历史中去认识真实的李广。

一、李广、卫青、霍去病在汉匈战场上的表现

匈奴是中国北方的一个游牧民族，是一个马背上的民族。匈奴人体魄强健，骁勇善战，人人擅长骑马射猎。由于他们生存的自然环境比较恶劣，遇到风雪灾年需南下掠夺中原地区的食物方能维持生活。"自三代以来，匈奴常为中国患害。"[2]汉王朝建立之初，由于国力贫弱，

1　韩兆琦：《史记选注集评》，广西师范大学出版社，1995，第508页。
2　（汉）司马迁：《史记·太史公自序》，中华书局，1985，第3317页。

无法与匈奴抗衡，只能以和亲的方式与匈奴结好。直到汉武帝时才具备了与匈奴抗衡的实力。武帝元光二年（前133）的马邑埋伏之战，标志着汉武帝向匈奴宣战的开始。李广亲自参加了马邑设伏诱捕单于的行动，后因单于发觉没有成功。李广早在汉文帝十四年（前166）就已从军抗击匈奴，到景帝、武帝时他都一直转战于边塞各地与匈奴战斗。他与匈奴战斗时间之长，参战的次数之多在当时是少有人能比的，然却"无尺寸之功以得封邑"[1]，所以李广的封侯问题成为人们关心最多、争论最大的焦点。

司马迁把李广描绘成一个军事天才，称赞"李广才气，天下无双"[2]。事实上李广在汉匈战争中的表现并不尽如人意。他不得封侯的主要原因是他在历次战斗中没有什么战功，达不到封侯标准，自然封侯也就无从说起。论功行赏是商鞅在秦国实行变法时采取的一项重要措施。他提出"劳大者其禄厚，功多者其爵尊"[3]，目的是为了鼓励老百姓大力发展农业生产，鼓励士兵们在战场上奋勇杀敌多立战功。自此秦国建立起了一整套完备的杀敌立功的奖励制度，根据立功多少赐给不同的爵位、田宅和封邑。汉承秦制，汉代的军功奖励制度更加完备，斩首虏多少，俘虏多少，给予什么样的奖励或赏赐，都有具体的量化指标和明确的规定。军人的提拔和封侯是与军功联系在一起的。像汉武帝时期，军人封侯的指标数是要获首虏上千，即使像卫青、霍去病这样深得汉武帝宠爱的外戚也不例外，正所谓有功才有禄。尽管司马迁对卫青和霍去病带有偏见，但是他在《卫将军骠骑列传》里仍然如实地记录了他们两人每次与匈奴战斗的战果，详细记录了他们每次斩首虏、俘虏、缴获牛羊牲畜的具体数字，以及汉朝廷根据他们的战果

---

1 （汉）司马迁：《史记·李将军列传》，中华书局，1985，第2874页。

2 （汉）司马迁：《史记·李将军列传》，中华书局，1985，第2868页。

3 张清常、王延栋：《战国策笺注》，南开大学出版社，1994，第124页。

给予的相应的记功和赏赐。所以黄震在《黄氏日抄》中就说："凡看卫霍传，须合李广看，卫霍深入二千里，声振华夷，今看其传，不值一钱。李广每战辄北，困踬终身，今看其传，英风如在。史氏抑扬予夺之妙，岂常手可望哉？"[1]黄震为司马迁对卫青和霍去病的不公深感不平。相反我们在《李将军列传》里却搜寻不到李广每次参战斩首虏多少、俘虏多少的详细记录，仅有的几次记录也很模糊。第一次记录的是文帝时，"广以良家子从军击胡，用善骑射，杀首虏多，为汉中郎"[2]。第二次是景帝时，李广"从太尉亚夫击吴楚军，取旗，显功名昌邑下。以梁王授广将军印，还，赏不行"[3]。第三次是元狩二年（前121）李广率骑四千从右北平出击匈奴，被匈奴左贤王四万骑包围，虽然李广军拼死勇战，结果"是时广军几没，罢归。……广军功自如，无赏"[4]。我们不禁要问：为什么司马迁没有将李广的战斗成果详细记录下来？要知道这些数据是李广抗击匈奴成果的最有力的说明，究竟是司马迁的疏忽还是他有意想隐瞒什么？

　　事实上是李广没有什么像样的战果能够让司马迁载入史册的，所以他不得不在这些地方做了技术处理。为了让读者更全面更真实地了解李广，笔者用表格将《史记》反映汉匈战争的三篇传记——《李将军列传》《匈奴列传》《卫将军骠骑列传》——记录的李广、卫青、霍去病在汉匈战争中几次战斗的情况表现出来，因为有些战役是三位将领同时参加的，孰优孰劣，读者会从表格中一目了然。

1　韩兆琦：《史记选注集评》，广西师范大学出版社，1995，第508页。
2　（汉）司马迁：《史记·李将军列传》，中华书局，1985，第2867页。
3　（汉）司马迁：《史记·李将军列传》，中华书局，1985，第2867—2868页。
4　（汉）司马迁：《史记·李将军列传》，中华书局，1985，第2873页。

时间	人物、战役及结果		
	卫青	李广	霍去病
元光六年（前129）	率万骑出征上谷，斩首虏数百	率万骑出征雁门，被俘，军覆没	
元朔元年（前128）	率三万骑出雁门，斩首虏数千		
元朔二年（前127）	出云中，斩首虏三千，收河南地，封长平侯		
元朔五年（前124）	率六将军十余万出朔方、高阙，斩首虏万五千，俘裨小王十余人	从卫青出定襄，无功	
元朔六年（前123）	春率十余万出定襄，夏再出定襄，前后斩首虏万九千余		率轻勇八百骑从卫青出征，斩首虏二千二十八，封冠军侯
元狩二年（前121）		与张骞出右北平，丧师四千，杀首虏过当，军几没	春率万骑出陇西，获首虏八千。夏再出陇西，获首虏三万余，破休屠王。秋接受浑邪王四万众投降，斩欲亡虏八千
元狩四年（前119）	将四将军五万骑出定襄，获首虏万九千余	随卫青出征，与张骞出东道，失道不获，自杀	率五万出代，获首虏七万余，获屯头王及将军八十三人，封狼居胥山还

作为史学家，在选材、评价某一个人物或事件时，有的时候因为思想感情的不同，对同一个事件或细节从不同的角度看会得出不同的结论。所谓的仁者见仁，智者见智，"'横看成岭侧成峰'。历史上的人物也如此，本来应从正面看，如用云雾把正面遮住，给人看侧面、横面，得出'岭'或'峰'的结论，那就'只缘身在此山中'了"[1]。司马迁由于置身于西汉朝廷的政治是非纠纷当中，使他有时候看问题评价人物难免从个人的感情和好恶出发，如果从文学家的手笔来看，并无不妥，但如果是史家的手笔，则难免成为败笔。

从表格我们可以看到，元光六年李广作为一名久经沙场的三朝老将，率万骑从雁门出击匈奴，结果被匈奴俘获，虽然半道逃脱，但是"吏当广所失亡多，为虏所生得，当斩，赎为庶人"[2]。而卫青这是第一次出征匈奴，就获得了斩首虏数百人的辉煌战绩。尽管他姐姐是汉武帝宠幸的卫皇后，但是因斩首虏不够千人，没有达到封侯的标准，他仅被武帝赐爵关内侯。这次出征的还有公孙贺、公孙敖两将军，他们也各率万骑出征，结果公孙贺无所得；公孙敖丧师七千。四将军以同样的兵力出击，却有这么不同的战果，所以刘咸炘在《太史公书知意》引黄淳耀的话："卫将军数万骑未尝挫衄，其将略优于广远矣。且出雁门时，广所将万骑，乃为敌所得。"[3]两相对比还不足以证明卫青的优秀和李广的无能吗？遗憾的是司马迁在《卫将军骠骑列传》里对卫青的卓越表现仅用寥寥几笔就带过了。元朔五年卫青率六将军出征，结果卫青因战功显赫，被拜为大将军。他三个年幼的儿子分别被封侯，并"益封青六千户"。随同卫青出征的护军都尉公孙敖、都尉韩说、骑将军公孙贺、轻车将军李蔡及校尉李朔、赵不虞、公孙戎奴都分别被封

1　方正己、徐艳珍:《司马迁的心理障碍》,《北华大学学报》2001年第2期。

2　(汉)司马迁:《史记·李将军列传》,中华书局, 1985, 第2871页。

3　韩兆琦:《史记选注集评》,广西师范大学出版社, 1995, 第508—509页。

侯，而李广是这次参战中唯一没有军功不得封侯的将军。"太史公以孤
愤之故，叙广不啻出口而传卫青若不值一钱。然随文读之，广与青之
优劣终不掩。"[1]

再看霍去病第二次出征匈奴，率轻骑八百骑出击，就斩首虏
二千二十八级，被朝廷以一千六百户封为冠军侯。元狩二年春，霍去
病第六次从陇西出征，"过焉支山千有余里，合短兵，杀折兰王，斩卢
胡王，诛全甲，执浑邪王子及相国、都尉，首虏八千余级，收休屠祭
天金人"[2]。汉武帝又加封霍去病二千户食邑。古代学者为此评论说："出
雁门时，广所将万骑，乃为敌所得；而霍去病以八百斩捕过当，必谓
广数奇，而去病天幸，恐非论之得平者也。"[3]他们一针见血地批评了司
马迁在写史时对李广偏爱和对霍去病的不公。

汉武帝元狩二年夏，"骠骑将军（霍去病）与合骑侯敖俱出北地，
异道；博望侯张骞、郎中令李广俱出右北平，异道：皆击匈奴"[4]。结果
由于博望侯张骞的延误，李广与匈奴的战斗异常艰苦。战斗两日，自
己军队损失过半，杀敌与损失相当，所以功过抵消，这是李广参战以
来表现最好的一次，遗憾的是立功封侯的愿望又一次与他擦肩而过。
同样合骑侯公孙敖迷失道路也没能跟霍去病会合，但是霍去病仍然
"逾居延，遂过小月氏，攻祁连山，得酋涂王，以众降者二千五百人，
斩首虏三万二百级，获五王，五王母，单于阏氏、王子五十九人，相
国、将军、当户、都尉六十三人，师大率减什三"[5]。获得这样重大的战
果，他仅损失了十分之三的兵力。由于战功卓越，汉武帝又加封霍去
病五千户的食邑，他手下的一批校尉军官也分别得到赏赐和封侯。据

1　韩兆琦：《史记选注集评》，广西师范大学出版社，1995，第509页。

2　（汉）司马迁：《史记·卫将军骠骑列传》，中华书局，1985，第2929—2930页。

3　韩兆琦：《史记选注集评》，广西师范大学出版社，1995，第509页。

4　（汉）司马迁：《史记·卫将军骠骑列传》，中华书局，1985，第2930页。

5　（汉）司马迁：《史记·卫将军骠骑列传》，中华书局，1985，第2931页。

统计，卫青七次出征匈奴，共斩首虏五万余级；霍去病四次出征匈奴，斩获首虏十一万余级。李广与他们相比相形见绌，谁优谁劣，我们不需要再作太多的评说。

　　元狩四年春，汉军与匈奴在漠北进行了大规模的决战，汉军取得了决定性的胜利，由此基本结束了武帝时期汉匈第一阶段的战争。这场战斗"卫青至漠北，围单于，至阗颜山还，获首虏万九千级。霍去病与左贤王战，封狼居胥山还，获首虏七万余级"[1]，"是后匈奴远遁，而幕南无王庭"[2]。同样参战的李广与右将军赵食其从东道出，结果迷失道路，没能按预期计划与卫青他们会合，导致了单于的逃跑，打乱了武帝的整个战略部署。卫青为了将情况上报朝廷，派长史带食物去问侯李广，并借机了解失道的原因。面对这样的结果，李广心情是复杂的。最初他把最后立功封侯的希望寄托在这次出征上，没想到他一开始就被从前锋调作后援，这样与单于直接交战立功的概率已大大降低，当时他就心生怨气，"广不谢大将军而起行，意甚愠怒而就部"[3]，后来因失道而打乱了整个战斗计划，不仅不能立功，还将接受军事法庭的审讯，等待他的可能是斩首或削职下狱。另一方面让他心理不平衡的是卫青在这次战斗中战果辉煌。他的自尊心和虚荣心使他无法接受这样的现实，于是他选择了自杀。临死前"广谓其麾下曰：'广结发与匈奴大小七十余战，今幸从大将军出接单于兵，而大将军又徙广部行回远，而又迷失道，岂非天哉！且广年六十余矣，终不能复对刀笔之吏'"[4]。司马迁写下这段话，为李广的结局增添了很浓的悲剧色彩，卫青也因此背上千年洗刷不掉的罪名。

1　张大可：《史记研究》，华文出版社，2001，第386页。

2　（汉）司马迁：《史记·匈奴列传》，中华书局，1985，第2911页。

3　（汉）司马迁：《史记·李将军列传》，中华书局，1985，第2875页。

4　（汉）司马迁：《史记·李将军列传》，中华书局，1985，第2876页。

漠北大战李广由先头部队被调作后援是事实，后又因失道而自杀也是事实，前后有着直接的因果关系，所以后人常常把谴责的矛头直指卫青和汉武帝，认为李广的死和他的悲剧是武帝和卫青一手造成的。究竟该如何看待这段历史，如何看待李广的自杀和卫青当初改变计划的调遣呢？笔者认为应该把这个事件放在整个汉匈战争的历史背景上去分析，我们看到的也许就不仅是"峰"和"岭"了。

由于李广在战场上多次无能的表现，使得武帝和卫青对他的军事才能表现出了怀疑，所以元狩四年的漠北大战，汉武帝派遣卫青和霍去病率大军出征，本来没有让李广参战。但是立功心切的李广看到许多原来身份地位比他低的下级军官一个个都封了侯，想到自己年已六十，率军出征的机会越来越少，所以"广数自请行。天子以为老，弗许；良久乃许之"[1]。汉武帝不让李广出征是有所考虑的，一是因为年老，二是历次战斗表现不佳，难以胜任先头部队的重任。试想作为一国之统帅，在一场决定国家命运的重大战役上，能让一个历次战斗表现不佳，从未立功的将军作前锋吗？汉武帝考虑的是确保这场战役的胜利，而不是让谁立功的问题。所以武帝让卫青将李广调作后援是出于对整个战役的考虑，这样的考虑是可以理解的，也是合乎情理的。只是由于李广是三朝老将，不好当面拂他的面子，所以事后做了这样的调整。应该说汉武帝相当的聪明和狡猾，他没有当面拒绝李广，而是私下里做调整，将李广调作后援，这样的安排不仅让卫青替他背了黑锅，也成为李广自杀的一个直接原因。

司马迁认为李广被从先头部队调离的另一个原因是，"是时公孙敖新失侯，为中将军从大将军，大将军亦欲使敖与俱当单于，故徙前将

---

1 （汉）司马迁：《史记·李将军列传》，中华书局，1985，第2874页。

军广"[1]。卫青想让自己的生死之交的朋友公孙敖有一个重新立功封侯的机会。多少年来人们一直为此谴责卫青排斥异己，任人唯亲。笔者以为这是司马迁对卫青存有偏见，才对李广被调离做了这样错误的解释。

卫青为人处事一贯谨慎、低调，虽然公孙敖对卫青有救命之恩，但是以卫青的性格和为人，他不敢这样假公济私，在汉匈决战的关键时刻为徇朋友私情擅自改变武帝的部署。像元朔五年卫青出击匈奴立下赫赫战功，武帝因此封他三个年幼的儿子为侯，"青固谢曰：'臣幸得待罪行间，赖陛下神灵，军大捷，皆诸校尉力战之功也。陛下幸已益封臣青。臣青子在襁褓中，未有勤劳，上幸列地封为三侯，非臣待罪行间所以劝士力战之意也。伉等三人何敢受封！'[2]卫青认为能取得这样的战绩是诸校尉的功劳，皇上应该嘉奖他们，自己已经得到皇上的赏赐，他年幼的孩子"未有勤劳"，不应受赏，所以他谢绝的态度是很诚恳很坚决的。由此可见他不居功自傲，处处为人着想，处事低调的性格和为人。所以他不会有意排挤李广，让他失掉立功封侯的机会。再有元朔六年春，卫青出定襄，其右将军苏建随从，后苏建单独与单于相遇。经过力战，最后苏建"尽亡其军，独以身得亡去，自归大将军"[3]。军中执法官有的主张斩苏建，"以明将军之威"，但是卫青坚决不同意，他说："使臣职虽当斩将，以臣之尊宠而不敢自擅专诛于境外，而具归天子，天子自裁之，于是以见为人臣不敢专权。"[4]卫青把处置苏建的生死大权交由天子的用意，就是为了表示他"尊宠而不敢自擅专诛于境外"，为了给所有为人臣者做一个"不敢专权"的榜样。据此推理，像漠北大战这么重要的战役，如果没有武帝的吩咐，卫青是不敢

1 （汉）司马迁：《史记·李将军列传》，中华书局，1985，第2874页。
2 （汉）司马迁：《史记·卫将军骠骑列传》，中华书局，1985，第2925—2926页。
3 （汉）司马迁：《史记·卫将军骠骑列传》，中华书局，1985，第2927页。
4 （汉）司马迁：《史记·卫将军骠骑列传》，中华书局，1985，第2927—2928页。

擅自主张将李广调作后援的。

汉武帝对李广的态度也有一个转变的过程，由最初的器重到后来的失望。当"武帝立，左右以为广名将也，于是广以上郡太守为未央卫尉"[1]，武帝一即位就任命李广为未央宫的警卫长官，足以看出对他的器重和信任。后来李广因被俘获罪当斩，赎为庶人后，武帝也没有忘记他。当右北平太守韩安国病故，武帝马上起用李广，拜他为右北平太守。但是李广上任后做的第一件事情就是公报私仇，杀了曾经为难过他的霸陵尉。刚上任还未有半点功劳就私自杀人，照理说这个罪犯得可不轻，但是汉武帝居然没有追究他，这说明武帝对他还是非常宽容和迁就的。如果武帝真像司马迁所说的那样排挤打击李广的话，那么不必重新起用他，甚至他犯了罪也正好惩罚他，这些可以采用的手段武帝都没有用，难道这还不足以说明问题吗？

从上述的几次汉匈战役以及跟卫青、霍去病的对比，我们已清楚地看到了李广在汉匈战争中的表现。他参加的几次战役，要么被俘，要么迷失道路，要么全军覆没，最好的也是功过抵消，军功对他来说真有点可望而不可及。而说李广"不遇时"似乎也不能成为理由。因为李广与匈奴战斗了四十五年，他自己也说"广结发与匈奴大小七十余战"[2]，他历任中郎、陇西都尉、骑郎将、骁骑都尉、上谷太守、上郡太守、陇西太守、北地太守、雁门太守、代郡太守、云中太守、未央卫尉、骁骑将军、右北平太守、郎中令、后将军、前将军等。从他参战的时间之长、担任的职务之多、转战的范围之广来看，他杀敌立功的机会应该是很多的，但他都没能立功，由此说明李广在军事上其实是个庸才，这是不争的事实。司马迁对他的评价确实太高了，所谓的

1　（汉）司马迁：《史记·李将军列传》，中华书局，1985，第2869页。

2　（汉）司马迁：《史记·李将军列传》，中华书局，1985，第2876页。

"李广才气，天下无双"，只是徒有虚名罢了。

二、性格乃李广悲剧之源

李广自杀是因漠北大战被调作后援，后又因失道要接受军事审判这一偶然因素造成的，但是在这偶然因素的背后潜伏着一些必然因素，例如性格因素等，正所谓"性格决定命运"，所以我们有必要就李广的性格做一些分析。

李广是一个武功超群和好勇力的武将。还在汉文帝时，李广刚从军就因为"善骑射，杀首虏多"[1]被提拔为郎中令，他的好勇力常常表现在他"冲陷折关及格猛兽"[2]上，为此汉文帝曾称赞他："如令子当高帝时，万户侯岂足道哉！"[3]司马迁用了很多笔墨来表现他高超的骑射技术，最精彩的莫过于他受伤被俘后，"胡骑得广，广时伤病，置广两马间，络而盛卧广。行十余里，广详死，睨其旁有一胡儿骑善马，广暂腾而上胡儿马，因推堕儿，取其弓，鞭马南驰数十里"[4]。还有他被匈奴左贤王的四万骑包围时，"身自以大黄射其裨将，杀数人"[5]等等。所以牛运震在《史记评注》中指出："一篇精神在射法一事，以广所长在射也。开端'广家世世受射'，便是一传之纲领。以后叙射匈奴射雕者，射白马将，射追骑，射猎南山中，射石，射虎，射阔狭以饮，射猛兽，射裨将，皆叙广善射之事实。"[6]由于司马迁在这方面的不断渲染，使读者错误地把武功高超与优秀将领画上了等号，其实这是两个不同的

---

1 （汉）司马迁：《史记·李将军列传》，中华书局，1985，第2867页。

2 （汉）司马迁：《史记·李将军列传》，中华书局，1985，第2867页。

3 （汉）司马迁：《史记·李将军列传》，中华书局，1985，第2867页。

4 （汉）司马迁：《史记·李将军列传》，中华书局，1985，第2870—2871页。

5 （汉）司马迁：《史记·李将军列传》，中华书局，1985，第2873页。

6 韩兆琦：《史记选注集评》，广西师范大学出版社，1995，第509—510页。

概念。

"好勇力"对于一个军人来说是一种优秀品质，只有好勇力才敢在战斗中冲锋陷阵，一往无前；才敢在强敌面前临危不惧，视死如归。但是李广过度的好勇力有时变成了"自负其能"，任性而行。在景帝时期，汉朝廷对匈奴采取的是战略防御为主的战术。一次"匈奴大入上郡，天子使中贵人从广勒习兵击匈奴。中贵人将骑数十纵，见匈奴三人，与战。三人还射，伤中贵人，杀其骑且尽"[1]。李广断定这三人定是射雕手，善射的天性和他自负其能的性格使他忘记自己是一军之主帅，忘记了朝廷以防御为主的战略方针，不仅置大军于不顾，甚至连一声招呼都不打，就亲自率百余骑追逐三射雕手。当他杀其两人，得其一人时，却遇见了几千匈奴骑兵，这时他已无退路，只好冒险地前进到离匈奴二里远的距离，并且"皆下马解鞍"以迷惑敌人。虽然这一次他侥幸逃脱，但也不能掩盖他冲动、冒险、自负其能的性格弱点和违背朝廷战略的错误。试想假如匈奴识破他的伪装，他的后果要么被俘，要么战死。而他丢下的大军群龙无首，遇到匈奴很有可能也是全军覆没。他没有考虑由于个人的冲动冒进将会给朝廷和军队造成什么样的严重后果。像这样违反规定私自出击的行为，放在普通士兵或是下级军官身上都是不可原谅的错误，更不要说身为一军的主帅了。

李广这种任性而行和自负其能的性格，是随处体现，在战场上"其射，见敌急，非在数十步之内，度不中不发，发即应弦而倒。用此，其将兵数困辱，其射猛兽亦为所伤云"[2]。无论打仗还是狩猎，他都这样冒险、任性而行，所以"数困辱"，也常被猛兽所伤。出于对他的爱护，典属国公孙昆邪曾向景帝进谏，"李广才气，天下无双，自负其能，

1　（汉）司马迁：《史记·李将军列传》，中华书局，1985，第2868页。

2　（汉）司马迁：《史记·李将军列传》，中华书局，1985，第2872页。

数与虏敌战，恐亡之”[1]。过去人们在读这段话时，往往只注意到了"李广才气，天下无双"的赞扬，而忽略了后半部分对李广冒险冲动、自负其能的批评。其实公孙昆邪赞扬"李广才气"，主要是指他的骑射技术，并非他的军事才能。公孙昆邪认为像李广这样大敌当前，不审时度势、谨慎谋划，仅凭一时之勇力，逞强好胜、冲动冒险，终究是要吃大亏的。

　　李广勇力过多，但谋略太少。首先，他在政治上少谋略，在一些问题的处理上表现出他缺乏政治头脑，对复杂的政治斗争缺少基本的分析判断能力。在平定吴楚七国叛乱时，他因"取旗，显功名昌邑下"[2]而得到了梁王的特别赏识，为此梁王特授他将军印，他丝毫没有考虑就接受了。他不懂得朝廷中许多微妙复杂的关系。因为当时汉景帝为了加强中央集权，采纳了晁错的削藩政策，所以才激起了吴楚七国以"清君侧"为名的叛乱。汉法规定，中央朝臣不得与诸侯交往。李广作为中央朝廷将领，私自接受诸侯王的将军印，是违反汉法的。而作为窦太后最宠爱的幼子梁王，虽然在平叛中立下了汗马功劳，但私授将印是有原因的。因为其兄景帝为讨母亲窦太后的欢心，在与母亲、梁王的家宴上，曾经戏言"千秋万岁后传于王"[3]，即自己百年后传位于梁王。所以梁王一直心存"继位""接班"做皇帝的梦想。在这种情况下梁王私授李广将军印，目的是为了笼络人心和扩充自己的势力范围，可谓司马昭之心路人皆知，而李广却还喜滋滋地接受这将军印，岂不是犯了景帝的大忌吗？岂有不被处罚之理呢？所以尽管他平叛有功，最后还是功过抵消。再有，李广曾说："吾尝为陇西守，羌尝反，吾诱

1　（汉）司马迁：《史记·李将军列传》，中华书局，1985，第2868页。

2　（汉）司马迁：《史记·李将军列传》，中华书局，1985，第2868页。

3　（汉）司马迁：《史记·梁孝王世家》，中华书局，1985，第2082页。

而降，降者八百余人，吾诈而同日杀之。"[1] "不杀降者"是自古以来交战中的惯例。这不仅是为了让更多的敌人尽早投降，也是以较小的代价换取更大的胜利的一种手段。再说被缴械投降的俘虏本身已手无寸铁，他们不再是军人，屠杀这些处于弱势的平民是非常不道义的，有悖天理。像项羽在反秦斗争中尽管功勋卓著，但是他"夜击坑秦卒二十余万人新安城南"[2]，还有他坑杀齐田荣降卒的残暴行为受到了众人的一致谴责，也给他自己身后留下了不可洗刷的污点。"祸莫大于杀已降"[3]，李广作为久经沙场的汉军将领却无视这一惯例，或者说他明知故犯，不管哪种情况都说明他政治上的不成熟。

其次，李广的少谋略还体现在他的军事素质上。一场战斗对双方的军队而言是气势的较量，勇力的较量，兵力的较量，但是对双方主帅而言则是谋略的较量，智慧的较量。主帅的谋略和智慧关系到一场战斗的胜败，一个将领智慧和谋略的高低成为人们评价他的一个重要尺度。所以说一个成功的将领必定是一个足智多谋的将领，从《史记》中记载的孙膑、吴起、白起、韩信等都是如此。从李广的几次战斗情况看，只见他在拼勇力、拼武功、拼箭法，说得更准确一些是他在逞匹夫之勇，突出自己，没有看到他如何谋划，如何用兵，如何部署调动发挥全军将士的整体战斗力。一旦遇到强敌或是数量超过自己的敌人，就更加明显地暴露出他逞强自负的弱点，使得他的军队处于被动的境地。要么被敌人包围击溃，要么全军覆没。像元光六年李广率军万骑出雁门击匈奴，结果是自己被俘，全军覆没。还有元狩二年他被匈奴包围，尽管他个人与敌人战斗得非常勇猛顽强，尽管他最后突出了重围，但是他"军几没"。所以历次战斗他少有胜仗，少有立功。司

1 （汉）司马迁：《史记·李将军列传》，中华书局，1985，第2874页。
2 （汉）司马迁：《史记·项羽本纪》，中华书局，1985，第310页。
3 （汉）司马迁：《史记·李将军列传》，中华书局，1985，第2874页。

马迁没有写他的用兵谋略，绝不是司马迁的疏忽，而是因为李广有勇
无谋让司马迁无法写。

　　李广在汉军中有很高的声望，是因为他体恤士兵，爱兵如子，他
"得赏赐辄分其麾下，饮食与士共之。……广之将兵，乏绝之处，见水，
士卒不尽饮，广不近水，士卒不尽食，广不尝食。宽缓不苛，士以此
爱乐为用"[1]。不可否认李广爱兵如子，与士兵同甘共苦，这是一个优秀
将领的基本素质，是非常难能可贵的。但是他带兵打仗，随意性很大，
他对部队和士兵没有严格的纪律和约束，行军打仗"无部伍行陈，就
善水草屯，舍止，人人自便，不击刀斗以自卫，莫府省约文书籍事"[2]。
所以近人刘咸炘评价："李广非大将才也。行无部伍，人人自便，此以
逐利乘便能耳，遇大敌则覆矣。"[3]众所周知，治军严谨，纪律严明，令
行禁止是一个优秀将领的基本军事素养，也是一支军队战无不胜、攻
无不克的基本保障。李广带兵只靠侦察敌情和高超娴熟的骑射技术，
在遇到强敌包围或是敌人突然袭击时，常常是"军士皆恐"，平时"爱
乐为用的士兵"也在强敌的围攻下血染疆场或埋下忠骨。李广这样带
兵打仗，虽然士兵们有较大的自由度和减少了很多疲劳，但是像这样
军纪散漫、军容不整、防备松懈的军队，是难以有战斗力，难以取得
胜利的。所以"其将兵数困辱"[4]，而他的被俘和吃败仗也就不难理解了。
李广曾经抱怨："诸部校尉以下，才能不及中人，然以击胡军功取侯者
数十人，而广不为后人，然无尺寸之功以得封邑者，何也？"[5]但是他自
己从没有反思过他的军队是否是一支素质很高，战斗力很强的军队，
他这样带兵打仗是否有问题。他也从没有想过从自己身上找原因。而

1　（汉）司马迁：《史记·李将军列传》，中华书局，1985，第2872页。
2　（汉）司马迁：《史记·李将军列传》，中华书局，1985，第2869页。
3　韩兆琦：《史记选注集评》，广西师范大学出版社，1995，第508页。
4　（汉）司马迁：《史记·李将军列传》，中华书局，1985，第2872页。
5　（汉）司马迁：《史记·李将军列传》，中华书局，1985，第2874页。

作为旁观者的程不识将军就一针见血地指出了他问题的症结："李广军极简易，然虏卒犯之，无以禁也。"[1]由此可见李广多次参战却没能立功，是他的素质问题，能力问题，不是什么"数奇"的问题。他根本就不是一个合格的将领。

李广心胸狭隘，没有容人的气度。作为一名优秀将领应该具有宽广的胸怀和容人大度的气量，像韩信当年不仅能忍"袴下之辱"，并且他被立为楚王以后，还召来当年"辱己之少年令出袴下者，以为楚中尉"[2]。相比之下李广就显得小肚鸡肠。在他获罪居家为庶人期间，"尝夜从一骑出，从人田间饮。还至霸陵亭，霸陵尉醉，呵止广。广骑曰：'故李将军。'尉曰：'今将军尚不得夜行，何乃故也！'止广宿亭下。"[3]虽然霸陵尉因醉酒对李广的态度欠妥，但他毕竟是在执行公务，并且也是按规定禁止李广夜行，并没有为难他的意思。可是李广竟因此耿耿于怀，当他被重新任命为右北平太守后，"广即请霸陵尉与俱，至军而斩之"[4]。相比之下卫青要比他宽容大度许多。李广自杀后，其子李敢认为父亲的死是卫青造成的，所以"怨大将军青之恨其父，乃击伤大将军，大将军匿讳之"[5]。不管李敢击伤卫青的理由是否成立，作为普通人都完全可以把他交由司法机关处理，以卫青当时的权势和影响，他除掉或处置李敢易如反掌，甚至不需要他出面，只要交由有关人员办理就可以治李敢之罪。但是卫青没有，他居然息事宁人地将这件事"匿讳之"，由此可见卫青的胸襟和气度远在李广之上。

---

1 （汉）司马迁：《史记·李将军列传》，中华书局，1985，第2870页。
2 （汉）司马迁：《史记·淮阴侯列传》，中华书局，1985，第2626页。
3 （汉）司马迁：《史记·李将军列传》，中华书局，1985，第2871页。
4 （汉）司马迁：《史记·李将军列传》，中华书局，1985，第2871页。
5 （汉）司马迁：《史记·李将军列传》，中华书局，1985，第2876页。

三、《李将军列传》文笔多于史笔之原因

为什么真实的李广和传记中的李广会有这么大的差距呢？为什么司马迁在传记中的感情倾向这么明显，使传记中的李广文笔多于史笔呢？究其原因，首先是因为李广祖孙三代结局都很悲惨，使司马迁对他们心生同情悲悯之情。

李广由于武艺高超和他三朝老将的资历，以及他自杀身亡的结局，使他在武帝时期有相当的知名度和影响力。他有三子，长子当户，二子椒都早于李广去世。三子李敢也是抗击匈奴军中的一员勇将，并且因军功被提为郎中令，接替李广职位。李广自杀后，李敢为父报仇击伤卫青，虽然卫青匿讳之，但是霍去病却要为卫青出气复仇。"居无何，敢从上雍，至甘泉宫猎。骠骑将军去病与青有亲，射杀敢。去病时方贵幸，上讳云鹿触杀之。"[1]李敢没有死在匈奴人的刀枪下，却丧命于霍去病的复仇之箭。

李陵为李广的长子当户的遗腹子，也是他的长孙。天汉二年（前99）秋，汉武帝派宠幸的李夫人的哥哥贰师将军李广利率三万骑兵出酒泉，击匈奴右贤王于天山。汉武帝把重兵交给他，本想让他立功加封。又派李陵率五千步兵出居延吸引单于，为李广利的主力部队牵制敌人。结果"单于以兵八万围击陵军。陵军五千人，兵矢既尽，士死者过半，而所杀伤匈奴亦万余人。……陵食乏而救兵不到，虏急击招降陵。陵曰：'无面目报陛下。'遂降匈奴。其兵尽没"[2]。当时作为后援的老将路博德耻为李陵后援，坐视不救。李广利又无能之极，未遇匈奴主力却被打得大败而归。李陵在弹尽粮绝的情况下被迫投降匈奴，后他家人又被武帝族灭。

---

1 （汉）司马迁：《史记·李将军列传》，中华书局，1985，第2876页。
2 （汉）司马迁：《史记·李将军列传》，中华书局，1985，第2877—2878页。

李敢为父报仇反被霍去病射死，汉武帝因宠幸霍去病，不但不追究他的责任，还居然替他打掩护，这种徇私枉法，明显的祖护和不公本来就激起了司马迁的义愤。李陵投降匈奴后，朝廷上下指责之声四起，一些人借机落井下石，对李广利之败绩却无人敢说，司马迁出于义愤和正直，为李陵说了几句公道话，因此被下狱并受了宫刑。司马迁的命运就这样与李陵的荣辱联系在了一起，与李广一家联系在了一起。这种特殊的关系使他对李广一家有了更多的同情，同情弱者和同病相怜之感使他感情的砝码向着李广一家倾斜。加上他横遭牢狱宫刑之痛，使他对武帝充满怨愤，因此他在《李将军列传》的写作上自觉不自觉地更多地注入了自己的感情，造成了《李将军列传》文笔多于史笔，情感多于理性的结果。

其次，在司马迁的情感意识中有着强烈的悲悯情结。这种情结的产生源于他个人悲惨的人生遭遇，使他对于历史上那些影响重大、才华出众却结局悲惨的人物，如项羽、陈涉、吴起、屈原、韩信等有着天然的认同感与同情心，他们的人生仿佛是一面镜子，司马迁从中看到了自己的影子，同病相怜之感油然而生，这使得他在他们传记叙述中自然地渗透了强烈的感情色彩，倾诉着他鲜明的爱憎。也正因为这些人物浸透着他强烈的感情色彩，所以他们一个个才这么鲜活生动，跃出纸端。作为文学著作，自然无可厚非，但是作为史学著作如果渗透太多作者的个人情感因素，会影响到对历史人物的公正评价，如此书写的历史有可能只是作者眼中的历史，是他笔下的历史，而非真实的历史，《李将军列传》就是一个典型的例子。

（原载于《中央民族大学学报》2005年第5期）

在"义"的视阈下看项羽的道德错位

　　"义"是一个很宽泛的道德概念，又是道德范畴的主体和核心，它常常是人们评判一件事情或评价一个人时使用频率最高的一个词。人们对某件事或某个人作褒、贬评价时，常用"义"或"不义"来概括之。"义"作为道德的核心，与其他的词组合，又能反映出道德范畴的多层次性及多种内涵，如道义、信义、忠义、情义、侠义、仁义、恩义等。司马迁对《史记》各种历史人物的刻画和道德评价，常常围绕着"义"与"不义"来展开，可以说"义"是司马迁表现人物及对人物进行道德评价的一个核心。

　　项羽自刎乌江，遗恨千古。作为失败的英雄，人们对项羽充满了敬佩、赞扬和同情，对他失败的原因也做过诸多的分析和评价。既有政治的、军事的，也有心理、性格方面的，这些评价对我们认识了解项羽，都是极有帮助的。笔者这里试图从"义"的道德视角去审视、分析、评价项羽，希望能从中发现项羽失败的原因。在项羽身上有许多矛盾的现象令人匪夷所思，著名学者钱钟书对此早有认识，他指出项羽：

> "言语呕呕"与"暗恶叱咤"，"恭敬慈爱"与"骠悍滑贼"，"爱人礼士"与"妒贤嫉能"，"妇人之仁"与"屠坑残灭"，"分食推饮"与"玩印不予"，皆若相反相违；而既具在羽一人之身，有似双手分书，一喉异曲，则又莫不同条共贯，科以心学性理，犁然有当。[1]

1　钱钟书：《管锥编》，中华书局，1999，第275页。

钱先生点出的这些矛盾现象，正是项羽道德情感错位的诸多表现。

一、重情义，失仁义

（一）重情义

项羽是一个拔山盖世、叱咤风云的英雄，又是一个重情重义的至性男儿。因为重情义，他在鸿门宴上放弃了杀刘邦的大好时机。当初楚怀王与诸将约定"先破秦入咸阳者王之"，所以当项羽入关后要杀刘邦时，项伯劝说项羽："沛公不先破关中，公岂敢入乎？今人有大功而击之，不义也。"[1]为此，项羽不顾范增的多次暗示，改变了在宴会上杀刘邦的计划。广武涧上项羽与刘邦相持数月，彭越断了楚军粮食，项羽恐慌之下将刘邦父亲太公推到了城墙上，向刘邦发出了最后通牒："今不急下，吾烹太公。"[2]但是刘邦却把难题出给了项羽："吾与项羽俱北面受命怀王，曰'约为兄弟'，吾翁即若翁，必欲烹而翁，则幸分我一杯羹。"[3]刘邦不肯退兵，项羽只得作罢。项羽一次又一次地放弃置刘邦于死地的机会，从战略上说是他的失策，但是从内心深处看是他不愿在道德上背负无情无义的罪名，因为他与刘邦曾是共同反秦，并肩战斗的战友。

项羽对曾经有恩于他的人是没齿不忘，有机会必要报答。像司马欣在秦时曾任栎阳狱掾，项羽的叔叔项梁曾经犯了事，面临牢狱之灾，项梁通过蕲县狱掾曹咎修书一封给司马欣，请求帮助，此事因此得以解决。再有，秦时"项梁杀人，以籍避仇吴中"，得到当时吴县令郑昌

1　（汉）司马迁：《史记·项羽本纪》，中华书局，1985，第312页。

2　（汉）司马迁：《史记·项羽本纪》，中华书局，1985，第327—328页。

3　（汉）司马迁：《史记·项羽本纪》，中华书局，1985，第328页。

的收留和关照。项羽是一个懂得感恩的人，对于司马欣和郑昌在他与叔叔项梁危难之时给予的帮助，他牢记于心。当他作了西楚霸王，分封十八诸侯王时，就封司马欣为塞王，"王咸阳以东至河"[1]，把本该封给韩王成的故地封给了郑昌。

项羽对有功者都给予相应的赏赐。曾有不少人对项羽有误解和非议，指责他"战胜而不予人功，得地而不予人利"[2]；还说他"人有功当封爵者，印刓敝，忍不能予"[3]。事实上如果我们了解说这两句话的人是在什么场合、对什么人说的，那么我们对其良苦用心也就一目了然了。当年韩信在项羽手下"数以策干项羽，羽不用。汉王之入蜀，信亡楚归汉，未得知名"[4]，于是韩信投到刘邦手下，虽得到萧何举荐，但是仍然没有引起刘邦重视，为此他又一次逃亡，这才有了萧何追韩信，并坚持让刘邦拜韩信为大将的后话。当刘邦拜韩信为大将，与他谈论当今天下形势及对项羽的看法时，韩信才说出了项羽"不能任属贤将，……至使人有功当封爵者，印刓敝，忍不能予"的话。韩信的话实际上是有暗示意味的，他希望刘邦不要像项羽那样不懂得任用贤能，不懂得论功行赏。他在为自己日后的邀功请赏做铺垫，所以后来韩信要求刘邦封他为假齐王就是顺理成章的事了。当刘邦夺得天下大宴群臣时，高起、王陵对高祖刘邦极尽歌功颂德，为了突出高祖的英明伟大，特将项羽与他做对比，"项羽妒贤嫉能，有功者害之，贤者疑之，战胜而不予人功，得地而不予人利，此所以失天下也"[5]。高起、王陵的话同样是在暗示。因为刘邦靠群臣的帮助夺得了天下，就应该对功臣有所交代，应该有一些实质性的奖赏，更直接地说他们暗示刘邦应分

1　（汉）班固：《汉书·陈胜项籍传》，中华书局，1996年，第1809页。

2　（汉）司马迁：《史记·高祖本纪》，中华书局，1985，第381页。

3　（汉）司马迁：《史记·淮阴侯列传》，中华书局，1985，第2612页。

4　（汉）司马迁：《史记·淮阴侯列传》，中华书局，1985，第2610页。

5　（汉）司马迁：《史记·高祖本纪》，中华书局，1985，第381页。

封诸侯。但是我们从《高祖本纪》《项羽本纪》《史记·秦楚之际月表》《史记·汉兴以来诸侯王年表》和《汉书·陈胜项籍列传》看到，项羽封了十八个诸侯王，没有一个是项氏家族。相反刘邦最初封的楚王韩信、淮南王黥布、燕王卢绾、赵王张敖、梁王彭越、代王韩王信等，都因猜疑其谋反，或杀、或亡、或废。最后刘邦将这些诸侯国封给了自己毫无战功的儿子及刘氏子弟。到高祖末年，"高祖子弟同姓为王者九国，唯独长沙异姓"[1]。为了防范功臣及他人再萌生做诸侯王的念头，刘邦还与诸大臣"刑白马盟曰：'非刘氏而王，天下共击之。'"[2]其据天下为己有之用心显而易见。那些为刘邦打天下的功臣无一人得封王，有的像韩信一样以反叛罪名被杀，有的只被封侯。所以真正不能与人功与人利的是刘邦，而不是项羽。

司马迁在"霸王别姬"和"乌江自刎"两个情节上，把英雄项羽的儿女情长表现得淋漓尽致，千百年来令无数后人抛洒热泪。当项羽被汉军围困垓下时：

> 夜闻汉军四面皆楚歌，项王乃大惊曰："汉皆已得楚乎？是何楚人之多也！"项王则夜起，饮帐中。有美人名虞，常幸从；骏马名骓，常骑之。于是项王乃悲歌慷慨，自为诗曰："力拔山兮气盖世，时不利兮骓不逝。骓不逝兮可奈何，虞兮虞兮奈若何！"歌数阕，美人和之。项王泣数行下。[3]

宋代朱熹对此评点曰："慷慨激烈，有千载不平之余愤。"[4]一个叱咤风云的英雄，在穷途末路之时，令他牵挂难舍的是他心爱的美人和陪伴他征战多年的坐骑，而不是自己的生死安危，其情之深，其义之

1　（汉）司马迁：《史记·汉兴以来诸侯王年表》，中华书局，1985，第801页。

2　（汉）司马迁：《史记·高祖本纪》，中华书局，1985，第400页。

3　（汉）司马迁：《史记·项羽本纪》，中华书局，1985，第333页。

4　韩兆琦：《史记笺证·项羽本纪》，江西人民出版社，2005，第633页。

厚，真乃天地可鉴。所以清人吴见思在《史记论文》评价说："'可奈何''奈若何'，若无意义，乃一腔怒愤，万种低回，地厚天高，托身无所，写英雄失路之悲，至此极矣。"[1]司马迁把项羽的至情至义写得如此感人，可见其良苦用心。再看乌江自刎一段，更把项羽的情深义重推到了高潮：

> 项王乃欲东渡乌江。乌江亭长檥船待，谓项王曰："江东虽小，地方千里，众数十万人，亦足王也。愿大王急渡。今独臣有船，汉军至，无以渡。"项王笑曰："天之亡我，我何渡为！且籍与江东子弟八千人渡江而西，今无一人还，纵江东父兄怜而王我，我何面目见之？纵彼不言，籍独不愧于心乎？"……乃自刎而死。[2]

以当时情况看，项羽是有逃生希望的。许多人认为，如果他渡江就有机会卷土重来，杜牧有诗曰："江东子弟多才俊，卷土重来未可知。"[3]也有人认为项羽不肯渡江是他输不起。其实项羽不肯渡江皆因他太重情义，当年八千子弟与他一同渡江抗秦，如今却无一人生还，他无颜面对江东的父老乡亲，所以他义不过江。钱穆对此赞叹曰："临终慷慨，此情此义亦可长留天地间，获后世之同情矣。"[4]李清照也赞扬他"生当作人杰，死亦为鬼雄"。司马迁把一个儿女情长，情深义重的末路英雄留给了后人。项羽虽败犹荣，他情深义重的道德人格光照千秋。

（二）失仁义

项羽身上也有着善良仁义的本质，韩信曾说他"见人恭敬慈爱，言语呕呕，人有疾病，涕泣分食饮"[5]。他对身边的人有恻隐之心，与部

1　韩兆琦：《史记笺证·项羽本纪》，江西人民出版社，2005，第633—634页。
2　（汉）司马迁：《史记·项羽本纪》，中华书局，1985，第336页。
3　宋嗣廉：《历代吟咏〈史记〉人物诗歌选读》，吉林人民出版社，2008，第466页。
4　韩兆琦：《史记笺证·项羽本纪》，江西人民出版社，2005，第643页。
5　（汉）司马迁：《史记》·淮阴侯列传》，中华书局，1985，第2612页。

下分衣推食，同甘共苦，此举被韩信、陈平视为"妇人之仁"。但是一旦有人危及他的利益时，他身上的道德情感就会发生错位，暴虐、残酷的心理就占上风，加上他刚愎自用的性格，使他不愿接受别人意见，在毫无理智控制的情况下，用暴力来解决问题成为他的选择。"项羽尝攻襄城，襄城无遗类，皆坑之，诸所过无不残灭。"[1]再有他坑秦降卒二十万于新安城南。镇压田荣反叛时，"烧夷齐城郭室屋，皆坑田荣降卒，系虏其老弱妇女。徇齐至北海，多所残灭。"[2]项羽对他不满意者，一概杀之，无论是否与他有仇，如杀义帝，杀嘲笑他"沐猴而冠"者，杀韩王成，烹王陵母无不如此。项羽的暴虐无道，丧尽仁义，遭到了众诸侯的群起反抗，各路诸侯军都以他失仁义、行暴力为由讨伐他。元代诗人杨维桢批评曰："孟子云'为天下驱民者，桀与纣也'，籍亦为汉驱者耳，其能与汉争天下哉？迹其骠悍滑贼之性，嗜杀如嗜食，……此真天下之桀也。"[3]想当初项羽是打着诛暴秦的旗帜起兵的，但令人遗憾的是，他自己又在重蹈秦始皇的覆辙，用一种暴行代替另一种暴行。其原因究竟是什么呢？如果说秦始皇的暴力是由于法家严刑酷法的极端化造成的，那么导致项羽仁义丧失，暴力滥用的根本原因又是什么呢？一个极重情义的项羽为什么会残酷得"嗜杀如嗜食"呢？这些极端矛盾的现象为什么同时出现在项羽身上？显然，这是他道德错位的表现。那么造成项羽道德错位的原因又是什么？

（三）强烈的复仇情结导致其道德错位

项羽道德错位的根本原因，就是潜藏在他内心深处非常强烈的复仇意识和复仇情结。他复仇情结的产生有着深刻的历史原因和现实原

1　（汉）司马迁：《史记·高祖本纪》，中华书局，1985，第356页。

2　（汉）司马迁：《史记·项羽本纪》，中华书局，1985，第321页。

3　韩兆琦：《史记笺证·项羽本纪》，江西人民出版社，2005，第641页。

因。项羽的祖上"项氏世世为楚将",其祖父项燕原为楚国大将,后被秦将王翦所杀。再者,"秦灭六国,楚最无罪。自怀王入秦不反,楚人怜之至今,故楚南公曰:'楚虽三户,亡秦必楚'"[1]。国恨家仇在潜移默化中以集体无意识的形式给项羽幼小的心灵埋下了复仇的种子,所以年幼的他不愿学书,要学剑,学万人敌的兵法。当他起兵后,带着向秦王朝强烈的复仇意识来与秦军作战,他把对秦王朝的仇恨都发泄到所有为秦王朝卖命的大臣和为秦王朝负隅顽抗的秦兵身上。加上后来与他相依为命、把他抚养长大的叔叔项梁,在定陶与章邯的秦军作战时牺牲,更加深了他对秦军的仇恨。

再看田荣,他与秦军毫无关系,并且也是一支反秦义军的头领,但是项梁的死田荣有不可推卸的责任。当年田荣率领齐军在东阿被章邯军包围,形势危急,"项梁闻田荣之急,乃引兵击破章邯军东阿下。章邯走而西,项梁因追之"[2]。本来田荣应该与项梁一起乘胜追击,歼灭章邯军。但是田荣没有追击章邯,因为他听说齐人又另立田假为王,田角为相。出于个人利益考虑,他急着回头找田假算账。由于章邯军得到秦军增援,项梁军处境危险。项梁多次派人请求田荣救援,但是田荣却提出了无理要求,要"'楚杀田假,赵杀田角、田间,乃发兵。'项梁曰:'田假为与国之王,穷来从我,不忍杀之。'"[3]赵国也不肯杀田角、田间与田荣做交易,为此田荣坐视不管,不肯发兵救项梁。结果秦军大破定陶楚军,项梁战死。项羽痛恨田荣"数负项梁,又不肯将兵从楚击秦,以故不封"[4]。而田荣因为不得封王的缘故,率齐人造反。如果说原来因为田荣与项羽都处于反秦的统一战线,所以项羽不好找

1　(汉)司马迁:《史记·项羽本纪》,中华书局,1985,第300页。

2　(汉)司马迁:《史记·田儋列传》,中华书局,1985,第2644页。

3　(汉)司马迁:《史记·项羽本纪》,中华书局,1985,第302页。

4　(汉)司马迁:《史记·项羽本纪》,中华书局,1985,第317页。

田荣算账，那么田荣的造反恰给了项羽复仇的机会和借口，所以他不顾刘邦已率兵出关中，对他构成威胁，只一门心思要剿灭田荣，为叔叔报仇。虽然后来田荣被齐人所杀，但项羽仍然不愿放过齐人，不仅坑田荣降卒，而且所过齐地，多所残灭，大有城门失火，殃及池鱼的架势。显然，强烈的复仇意识导致项羽的道德情感发生严重错位，不仅使他做出任随刘邦入关，先打田荣的错误决策，还使他由一个重情重义的至情男儿，变为一个丧失仁义、暴虐杀人的桀、纣之徒。复仇之心使他在处理这些问题时缺乏冷静的思考和理性的判断，他更多时候是随性率意地发泄愤怒的情绪，任随仇恨的情感涌动而不加以控制。

二、有侠义，无道义

（一）有侠义

项羽为人豪爽，古道热肠。他身上有侠义之士的优良品质，是一个在他人遭遇危险困厄时，敢于挺身而出、舍身救助的血性男儿。这也是他为后人所推崇、敬仰的重要原因。在钜鹿战役中，项羽破釜沉舟，侠义相救，挽救了赵国，也扭转了整个反秦斗争的形势。由于当时整个反秦斗争正处于低谷，农民起义的领袖人物陈胜、吴广相继被人杀害，楚军主帅项梁刚牺牲。秦军节节胜利，风头正劲，他们集中大量兵力渡河，包围了赵国。赵国危在旦夕，反秦斗争已经到了生死存亡的关键时刻。"当是时，燕、齐、楚闻赵急，皆来救。"[1]赵国生死存亡对于整个反秦斗争的意义，各诸侯军都非常清楚，所以纷纷前往救援。楚怀王也集中了楚军所有的兵力，命宋义、项羽率军前往营救。但是宋义却在心中打起了小算盘，"不如先斗秦、赵"，"我承其敝"，

---

[1]（汉）司马迁：《史记·张耳陈馀列传》，中华书局，1985，第2579页。

希望来个鹬蚌相争，渔翁得利。于是率队至安阳停留四十六日观望。与张耳有"刎颈交"的赵将陈馀，明知赵王、张耳被困钜鹿，危急万分，由于实力悬殊，自己率几万兵马在钜鹿北面也不敢轻举妄动，张耳多次派人催促未果，自此两人反目成仇，分道扬镳。张耳子张敖"亦北收代兵，得万余人，来，皆壁馀旁，未敢击秦"[1]。在这关键时刻，项羽挺身而出，侠义相助，他果断斩下宋义头夺兵权，"乃悉引兵渡河，皆沉船，破釜甑，烧庐舍，……与秦军遇，九战，绝其甬道，大破之"[2]。钜鹿之战不仅歼灭了大量秦军，扭转了整个反秦斗争的局势，也奠定了项羽在义军队伍中的领袖地位，此后五年，号令皆由项羽出。

　　项羽身上的侠义品质既来自历史文化的积淀，也来自家庭环境的影响。侠义之风始于春秋，盛于战国，受到当时世人的推崇和效仿。战国四公子因侠义而闻名，像信陵君窃符救赵，荆轲为太子丹刺秦等，他们的侠义之举受到人们的敬仰和效仿。项羽生活于战国末与秦王朝之初，这种侠文化以集体无意识的形式，润物细无声地滋养着年幼的项羽。少年的项羽要学剑，就有了要当侠士的想法。

　　他的叔叔项梁既豪爽又热心助人，乡中邻里"有大徭役及丧，项梁常为主办"[3]。项羽少年时曾与叔叔项梁有过两次被人侠义相助的经历。一次"项梁尝有栎阳逮，乃请蕲狱掾曹咎书抵栎阳狱掾司马欣，以故事得已"[4]。项梁犯了事，因为曹咎和司马欣的侠义相助，得以解决。再一次"项梁杀人，以籍避仇于吴中"[5]。他们避仇到吴中，得到了当时吴县令郑昌的收留和关照。可以想象，这样的成长经历对于项羽侠义道德品质的形成有着深刻的影响。

1　（汉）司马迁：《史记·张耳陈馀列传》，中华书局，1985，第2579页。
2　（汉）司马迁：《史记·项羽本纪·项羽本纪》，中华书局，1985，第305页。
3　（汉）司马迁：《史记·项羽本纪》，中华书局，1985，第296页。
4　（汉）司马迁：《史记·项羽本纪》，中华书局，1985，第296页。
5　（汉）司马迁：《史记·项羽本纪》，中华书局，1985，第296页。

（二）无道义

项羽虽然有侠义，有时也讲道义，但是，一旦发生与他个人欲望相冲突的事情时，他的道德就会发生错位，道义就让位于私欲，使他做出一些有失道义的事情。他不仅坑杀秦降卒二十万，坑田荣降卒，还杀了秦降王子婴。这一系列惨无人道的做法，使他的威信扫地。不杀降虏，是自古以来就形成的战争法则和国际公约。项羽面对放下武器，手无寸铁，已毫无抵抗能力的降虏施暴，是既失仁义，又失道义。鸿门宴上，项羽重情义、讲道义而不杀刘邦，但是分封诸侯时，却不顾当初楚怀王与他及刘邦三人的约定，"先入定关中者王之"，借口"疑沛公之有天下"，而"负约，更立沛公为汉王，王巴、蜀、汉中"[1]，把关中分别封给了秦降将章邯、司马欣、董翳三人。他这种违反约定、违背道义的做法引起了刘邦及众将领的强烈不满，也使刘邦有了起兵反叛的理由。再有，项羽杀楚怀王也是失民心、失道义的。当初他与叔叔项梁起兵时，为了号令天下，师出有名，顺从民意，特意到民间寻访了当年楚怀王的孙子熊心，拥立他为楚怀王，"乃尊怀王为义帝"[2]。但是，当他反秦胜利，做了西楚霸王之后，却又借口"天下初发难时，假立诸侯后以伐秦。然身披坚执锐首事，暴露于野三年，灭秦定天下者，皆将相诸君与籍之力也"[3]。他这种出尔反尔的做法本来就让众诸侯不满，他又借口"古之帝者地方千里，必居上游"[4]，逼迫义帝迁徙到长沙郴县，接着又让黥布到郴县击杀义帝。立义帝者项羽，杀义帝者也是项羽。还有，项羽分封十八诸侯王时，曾封韩王成，但是又不让他到封国就任，最后不仅废其王为侯，还将其杀害。项羽多次出

1 （汉）司马迁：《史记·高祖本纪》，中华书局，1985，第365页。

2 （汉）司马迁：《史记·项羽本纪》，中华书局，1985，第315页。

3 （汉）司马迁：《史记·项羽本纪》，中华书局，1985，第316页。

4 （汉）司马迁：《史记·项羽本纪》，中华书局，1985，第320页。

尔反尔，违背道义，令天下人不满，使他失去了民心，失去了拥戴者。那么，是什么原因使项羽的道德情感发生错位呢？

（三）嫉妒之心引发其道德错位

项羽失道义的根本原因是嫉妒狭隘的心理在作祟。虽然项羽豪爽侠义，但是却心胸狭隘，小肚鸡肠，常常"妒贤嫉能，有功者害之，贤者疑之"。由于项羽"所遇无不残灭者，天下多怨，百姓不亲附，特劫于威强耳。名虽为霸，实失天下心"[1]。项羽的无道与残暴，使得众诸侯与民众对他深感失望，虽然屈服于他，顺从于他，但是并不拥戴他。与之相反，刘邦得到了百姓的普遍拥戴。他入关后，不仅阻止手下将领要杀秦王子婴的行为，而且"秋毫无所害，除秦苛法，与秦民约，法三章耳"[2]，结果"秦人大喜，争持牛羊酒食飨军士"，此举又被刘邦以不能增加百姓的负担而谢绝，秦"人又益喜，唯恐沛公不为秦王"。刘邦的得，项羽的失，让项羽对刘邦心生妒忌之心，所以把刘邦赶到汉中，虽然有防备刘邦占有天下的野心，但是其中妒忌刘邦得民众拥戴才是他无法言明的理由。同样，他当年与叔叔立怀王，是要利用天下人对冤死的楚怀王的那份感情，来号召天下。但是他一旦夺取了天下，想到自己为怀王打天下"披坚执锐""暴露于野三年"，出生入死，如今打下的江山，让怀王坐享其成，他心里非常不平衡。再则，如果怀王为帝，那么自己只能屈居为王或相，自己称帝的梦想就无法实现。为此，他先尊怀王为义帝，义帝乃挂名的帝王。接着又将怀王变相地赶到偏远的长沙郴县，最后把伪装的面纱也扯下，让黥布把义帝杀掉，最终除掉了怀王这块绊脚石。在项羽还没有掌控天下时，他不一定敢存拥有天下、当帝王这样的非分之想。但是当他取得钜鹿战役胜利后，

1　（汉）司马迁：《史记·淮阴侯列传》，中华书局，1985，第2612页。

2　（汉）司马迁：《史记·淮阴侯列传》，中华书局，1985，第2612页。

随着他实力的逐渐强大和各诸侯军对他的臣服，敬畏，号令多由他出，使得拥有天下、称霸天下作帝王，对他来说已不是梦想。因此，妨碍到他、威胁到他作帝王的人，都是他的绊脚石，自然成为他妒忌和铲除掉的对象。狭隘嫉妒的心理使项羽不能接受别人优于他、超过他的现实。遗憾的是项羽太年轻，二十四岁就起兵的他涉世未深，远没有五十四岁的刘邦那么世故圆滑，那么沉稳持重，他不懂得像刘邦那样经营，用善举来获取好名声，用小恩小惠来笼络民心。他不知道"得道者多助，失道者寡助。寡助之至，亲戚畔之；多助之至，天下顺之"[1]这样一个自然法则。最终他失掉了民心，也失掉了天下。

　　综上所述可以看到，由于项羽的道德错位，使他丧失仁义、丧失道义，导致他在政治上、军事上犯下一系列错误，最终自刎乌江，走上不归路。可悲的是项羽至死也不明白自己败亡的真正原因，没能对自己的道德错误进行深刻的反思，还说"天亡我，非用兵之罪"。所以中井积德认为："是羽矜勇武之言矣，言战之强如此而亡，是天亡我时至也。若夫天何故亡我，我有罪于天与否，羽未尝言及也，乃以此为不觉悟不自责之事。"[2]司马迁对此深感惋惜，他痛心地指出："及羽背关怀楚，放逐义帝而自立，怨王侯叛己，难矣。自矜功伐，奋其私智而不师古，谓霸王之业，欲以力征经营天下，五年卒亡其国，身死东城，尚不觉悟而不自责，过矣。"[3]通过对项羽道德错位的分析研究，找出导致其道德错位的根本原因，对于帮助人们认识和了解项羽是非常有意义的。如果我们能够以史为鉴，在现实生活中约束自己的行为，反思自己的错误，对于今天的人们来说也具有现实意义。

（原载于《广西民族大学学报》2009年第1期）

---

1 《诸子集成·孟子正义·公孙丑下》，上海书店出版社出版，1994，150页。

2 ［日］泷川资言：《史记会注考证·项羽本纪》，文学古籍刊行社，1955，第609页。

3 （汉）司马迁：《史记·项羽本纪》，中华书局，1985，第339页。

项羽文化的理论建构与内涵阐释

项羽文化是中华民族文化的组成部分，它是构成中华民族文化的基本元素。每一个国家，每一个民族都有本民族自己的文化，这种民族文化承载着这个民族千百年来积淀形成的思维定式，道德规范、审美意识和风俗习惯，它是这个民族旺盛的生命力、丰富的创造力和牢固的凝聚力的具体表现，它是这个民族的精神家园。几千年来中华民族能够在外敌入侵之时顽强抗击，取得胜利；能够在遭遇各种重大灾难面前自强不息，重建家园，是因为有了中华民族文化的感召力和凝聚力。中华民族因为有了民族文化作为精神支柱，才有了与敌人血战到底，与困难和灾难做斗争的勇气和决心。所以说：

> 文化是民族的血脉，是人民的精神家园。在我国五千多年文明发展历程中，各族人民紧密团结，自强不息，共同创造出源远流长、博大精深的中华文化，为中华民族发展壮大提供了强大精神力量，为人类文明进步做出了不可磨灭的重大贡献。[1]

中华民族的文化是由各个民族和各地域的文化共同构成的。这个共同构成不是各种文化元素在数字上的简单叠加，而是各种文化精华水乳交融的高度融合与凝练。项羽文化作为中华民族文化的组成部分，它为丰富中华民族文化的基本内涵起了较大的作用，为中华民族文化的发展壮大做出了应有的贡献。

---

1 《党的十七届六中全会〈决定〉学习辅导百问·中共中央关于深化文化体制改革推动社会主义文化大发展大繁荣若干重大问题的决定》，党建读物出版社，学习出版社，2011，第1—2页。

　　什么是项羽文化？项羽文化是指与项羽有关的各种历史文献典籍、文物、遗址、文学作品、艺术作品、祠堂庙宇等建筑、仪式、风俗及各种有关项羽的研究成果。

　　项羽文化属于名人文化。不是所有的名人都能构成文化。能构成文化的名人应当具备一定的条件：第一，对国家、对民族和人类的发展进步做出过重要贡献的历史人物；第二，具有品德高尚，才华出众的优秀品质和辉煌业绩，能够永载史册，流芳千古；第三，他们的精神和英雄业绩能够启发和激励后人，对社会的发展进步起着积极的推动作用；第四，具有特殊的才能，有深厚的历史文化积淀，有广泛的群众基础，在社会上有较大的知名度；第五，有不断推陈出新的文化内涵和传承发展的机制。项羽作为名人具备了上述条件，在其两千年的传承发展中自然地形成了项羽文化。

一、深厚的历史积淀

　　项羽是历史上真实存在的英雄人物，他有别于神话或传说中的人物。那些人物以虚幻和想象居多，而项羽是实实在在的历史人物。他是秦末反秦义军的领袖，在消灭秦王朝的战斗中他首立其功。他号称西楚霸王，分封十八诸侯，成为号令天下的实际领导者。秦王朝灭亡后，在与刘邦的较量中，由于他政治上的失误和性格弱点，使他几次处于下风，最后直接导致他四面楚歌，自刎乌江的悲剧结局。

　　关于项羽史事的记载，最初见于司马迁《史记》，之后班固《汉书》和司马光《资治通鉴》都有详细记载。自从这些史籍问世以来，历代都有对这些史籍研究的各种专著和评注，尤以《史记》居多。单从《史记》的研究情况看，就有各种《史记》的版本、校勘本、点校本的研究；还有单注本、合注本、汇注本的研究；有各种评林本：点评、题评、集评、辑评、汇评等文学批评专著。粗略统计有近三百部之多。中华人民共和国成立及改革开放后，有关《史记》研究的专著，据不完全统计有近四百部，论文也有几千篇。项羽是《史记》中非常重要的人物，也是司马迁倾注全部心血和感情，竭尽心力创造的一个典型人物。所以各种《史记》的研究成果，大多会涉及项羽。《汉书》和《资治通鉴》的情况基本如此。如此算下来，这两千年来，研究项羽的著作类和论文类成果都非常丰富。这些文献典籍和研究成果，记录了不同时代的人们对项羽的认识、了解和评价。这些评价有褒有贬，针锋相对。有对楚、汉战争的分析评价，对项羽、刘邦两个军事集团较量得失的点评，有对项羽、刘邦复杂的爱憎情感的表达，等等。这些典籍著作是中华民族文化的瑰宝，是一份非常厚重的历史文化遗产。

另外项羽曾经生活和战斗过的地方，如下相（今宿迁）、吴中（今苏州）、彭城（今徐州）、巨鹿（今河北平乡）、鸿门（今临潼区新丰镇鸿门堡村）、荥阳（今荥阳）、成皋（今汜水镇）、鸿沟（今荥阳）、垓下（今灵璧）、乌江（今和县）等地，不仅留下了项羽的各种民间传说和民间故事，还留下了一些遗址、遗迹和遗物。再有，这些地方为纪念和祭祀项羽修建了一些庙宇、祠堂等。这些都是与项羽有关的历史文化遗迹。这些文化遗产，承载、见证了项羽的功过成败。虽然英雄随着历史已经逝去，但是这些历史遗产，会不断地唤起人们已经模糊的记忆，让人们穿越时空，回到那刀光剑影的古战场，仿佛听到战马的嘶鸣声和战斗的呐喊声，让人们在回忆中思考着项羽的成败得失。

项羽文化的历史积淀包含有形的和无形的文化遗产，即物质文化遗产和非物质文化遗产。项羽事迹不仅有官方的正史记载，也有许多来自民间的历史传说和历史故事。千百年来，在项羽生活和战斗过的地方，都流传着各种有关项羽的故事和传说，还有他与虞姬的爱情故事。最早见于文献的有关项羽的传说，为《南齐书·李安民传》：

> 吴兴有项羽神护郡厅事，太守不得上。太守到郡，必须祀以轭下牛。安民奉佛法，不与神牛，著屐上厅事。又于厅上八关斋。俄而牛死，葬庙侧，今呼为"李公牛冢"。及安民卒，世以神为祟。[1]

最初的民间传说赋予项羽神的威力，对于不尊重祭拜他的人给予惩罚。这些民间传说和故事在流传的过程中，不断地被老百姓进行加工和创作。百姓们在创作时，会情不自禁地融入自己的爱憎情感，以及他们的分析、推理，这使得项羽故事和传说愈加精彩生动，流传甚广，经久不衰。据民俗学专家刘青考证，南京浦口区有21处地名来源于项羽的民间传说，它们是：瓢儿井、点将台、饮马池、高望、兰花塘、红绣鞋、失姬桥、胭脂井、魂落铺、九头亡、勒马想、霸王泉、驻马河、滚马滩、霸王庙、御祭庵、鬼门关、晾甲庙、下马石、霸王鞭、四马山（又名四溃山）。[2]这些地名主要分布在浦口区的盘城镇、泰山街道、江浦街道、星甸镇、桥林镇、乌江镇一带。每个地名都记载着一个生动的项王故事，这些故事据说是当年项羽从垓下突围到乌江经过浦口时留下的。它的历史真实性已无人去追究，人们沉浸于这些故事的感动之中。有的地名沿用至今，有的已被谐音字取代，如"高望"已变成"高旺"，寓意"兴旺"，图个吉利。有的地点还在，有的地点或建筑由于历史原因已被拆除。有关项羽与浦口区的民间传说，2007年已被列入南京市首批非物质文化遗产名录。

像这样因地名而传承项羽民间传说的还有：江苏宿迁的项楚庄、朱项庄、扳倒井、霸王桥；河南荥阳广武山的霸王城、潢川的霸王台；浙江绍兴的项里村，长兴的霸王潭；陕西西安的霸王沟；台湾云林的

1 （南朝梁）萧子显：《南齐书·李安民传》，中华书局，1972，第508页。
2 白玉磊、施向辉：《纪念项羽的21个地名》，《人力资源开发》2010年8期。

项王庙；安徽的马鞍山，固镇项井，灵璧的霸里铺；等等。在民间传说和故事里，百姓们通过神化、美化项羽，表达他们对英雄的敬仰与崇拜之情，体现出他们"不以成败论英雄"的朴实情感和价值取向，突破了中国"成王败寇"的传统观念的樊篱。

从大量丰富的历史文献典籍，到各地的文物、遗址、口头传说来看，项羽文化的历史遗产内涵丰富、种类齐全、系统完整，为我们研究项羽文化提供了最原始、最真实的第一手资料。值得我们珍惜和保护，需要我们投入更多的人力、物力去收集、整理，这样项羽文化的历史遗产才能得到更好的保护和利用。

二、丰富了文学创作的题材与文学的元素

《项羽本纪》是《史记》中司马迁写得最精彩最生动的一篇，在这一篇里，司马迁采用史笔与文笔相结合的手法，既有史事的翔实叙述，又有文学的合理想象与虚构；既有波澜壮阔宏大场面的叙述，又有生动逼真的细节描写；如钜鹿之战、鸿门宴、霸王别姬、乌江刎别等情节和场面，无不感人至深，印象深刻。虽然岁月"暗淡了刀光剑影，远去了鼓角争鸣"。当战火的硝烟消散在历史的长河，项羽的英雄形象永远定格在了岁月的记忆里，他的英雄豪气并没有因他的离去而消逝。随着《史记》的流传，项羽不断地丰富着文学创作的题材和文学的元素，对后世文学产生了深远的影响。主要表现在以下几个方面：

（一）成为后世文学家创作的题材

项羽传奇的一生成为后世各种文学样式创作的题材。现当代以项羽为题材的文学作品主要是戏剧和影视剧；古代以诗词曲赋和散文居多。项羽成为诗词曲赋经常吟咏的对象。从咏项羽诗情况看，据不完

全统计，从最早魏晋许真君《戒怒歌》到近代秋瑾《失题》诗，古代咏项羽诗共155首（不包括词曲）[1]。这些诗有对项羽史事的叙述，有对项羽败亡结局的思考，有借项羽事件抒发对时事政治及人生境遇的感慨，借咏史来咏怀。李清照《夏日绝句》最为大家熟悉和喜爱："生当作人杰，死亦为鬼雄。至今思项羽，不肯过江东。"一个女子写出这样豪气万丈的诗歌，真令人敬佩。诗人敬佩项羽义不过江的英雄壮举，诗中隐含对南宋朝廷在金兵入侵时，渡江南下、贪生怕死、妥协投降行径的极大愤怒与讽刺。她谴责、嘲讽南宋朝廷的软弱自私，导致国土沦丧，百姓遭受侵略者践踏，表达她渴望朝廷渡江北伐，收复中原的强烈愿望。另外咏项羽的词曲也有很多，如元代萨都剌《木兰花慢·彭城怀古》：

> 古徐州形胜，消磨尽、几英雄。想铁甲重瞳，乌骓汗血，玉帐连空。楚歌八千兵散，料梦魂、应不到江东。空有黄河如带，乱山起伏如龙。汉家陵阙动秋风。禾黍满关中。更戏马台荒，画眉人远，燕子楼空。人生百年如寄，且开怀、一饮尽千钟。回首荒城斜日，倚栏目送飞鸿。[2]

作者面对彭城遗址，想象当年项羽金戈铁马的英雄壮举，以及自刎乌江的悲剧结局，感慨随着岁月的流逝一切皆已成空。他通过"消磨尽""连空""兵散""梦魂""秋风""台荒""人远""楼空""荒城斜日""目送飞鸿"这些带有特殊意味和意象的词语，来表达他悲悼与感伤的情怀。

楹联是中国传统文化的表现形式之一，以项羽为题材的楹联主要在各地的项羽庙和项王祠里。徐州（古彭城）戏马台里楼阁楹柱上对联最有代表性。如：

1　杨宁宁：《论历代咏项羽诗及其道德评价》，《学术论坛》2010年11期。
2　宋嗣廉：《历代吟咏〈史记〉人物诗歌选读》，吉林人民出版社，2008，第477页。

> 会稽见其志，鸿门显其诚，叱咤变风云，七十战功寰宇少；
> 陈胜发于前，刘季起于后，披靡雄楚汉，八千子弟俊豪多。

赞美了项羽叱咤风云，所向披靡，威震楚汉的英雄霸气。

> 巨鹿克章邯，诸侯归楚分仁暴；江东歌项羽，一战亡秦定雌雄。

肯定了项羽钜鹿之战的历史功绩。再有：

> 一代英豪，恨失未听良辅计；三章约法，功成善体众民心。

批评项羽的刚愎自用，不听范增意见，与刘邦的约法三章，得到民众拥戴做对比，从中反思项羽失天下，刘邦得天下的原因。再看另一联：

> 对马振雄风，想披坚执锐，旗耀江东，百战疆场霸业建；
> 别姬成永恨，惜尚勇轻谋，歌惊垓下，千秋功过后人评。[1]

作者既赞扬项羽的功业，又批评他的"尚勇轻谋"，最后"别姬成永恨"。徐州项王庙对联：

> 天意欲兴刘，到此英雄难用武；人心犹慕项，至今父老尚称王。

徐州项羽祠对联：

> 天是低昂龙虎气，雌雄争战帝王才。

安徽和县乌江镇项王祠中对联：

> 鹿野沉舟王业兆，鸿门斗碎霸嵊空。

从内容看，楹联表达了人民群众对项羽英雄霸业的赞扬与肯定，

1　（以上几联出自）李景新：《戏马台楹联中的项羽形象》，《对联》2002年第8期。

对其政治及性格上的缺陷提出了批评。

（二）有关项羽的点评、题评，丰富了文学批评的宝库

有关《史记》的点评、题评、集评著作非常多，前面已有论述（下面以"题评"概称）。项羽是这些题评中的重点人物。题评有针对项羽成败得失的感慨之言，有对司马迁精彩描写和谋篇布局的评点。如徐与乔在《经史辩体》中评价："写羽神勇，写羽粗横，写羽妇人之仁，画尽态极。至写羽兵法，东城一十八骑时，尚分为二，分为四，阵势战势，如绘神笔也。"[1]

李晚芳《读史管见》赞叹曰："羽之神勇，千古无二；太史公以神勇之笔，写神勇之人，亦千古无二。迄今正襟读之，犹觉暗哑叱咤之雄，纵横驰骋于数页之间，驱数百万甲兵，如大风卷箨，奇观也。"[2]

批评家们一致称赞司马迁把项羽的神勇表现得淋漓尽致。司马迁对项羽拔山盖世英雄豪气的刻画也为后世学者赞叹有加，吴见思曰：

> 项羽力拔山气盖世，何等英雄，何等力量，太史公亦以全神付之，成此英雄力量之文。如破秦军处，斩宋义处，谢鸿门处，分王诸侯处，会垓下处，精神笔力，直透纸背，静而听之，殷殷阗阗，如有百万之军，藏于隃麋汗青之中，令人神动。[3]

（三）项羽成语典故丰富了文学的元素

项羽事迹丰富充实了成语典故的宝库。汉语的成语典故是在中国社会历史的发展进程中形成的一种语言文化现象，它具有固定性、形象性、生动性、浓缩性、寓意性、哲理性、深刻性等特点。成语典故

1　杨燕起等：《历代名家评〈史记〉》，北京师范大学出版社，1986，第347页。
2　杨燕起等：《历代名家评〈史记〉》，北京师范大学出版社，1986，第349页。
3　杨燕起等：《历代名家评〈史记〉》，北京师范大学出版社，1986，第347页。

"高度概括性地浓缩了一段历史故事和一个深刻道理，因此成为中华传统文化重要而别具特色的载体。特别是那些经典的成语典故，它所承载的内涵和信息，往往是历史文化的精髓，蕴含着那个时代文化的精神和灵魂，而这个精神和灵魂正是人类推动社会向前发展的心理动力因素"[1]。

由于司马迁《项羽本纪》的叙述描写充满激情，形成了语言文字优美流畅、形象生动的特点，加上项羽一生充满着跌宕起伏的传奇色彩，这使《项羽本纪》极具文学色彩，有很强的故事性和抒情性，项羽成为最具有吸引力和感染力的历史英雄。项羽形象的成功塑造，使项羽故事在社会上广泛流传。流传过程中其故事和文中优美的词语、句子，逐渐地被人们凝练、浓缩成一个个成语典故。根据李啸东编著的《〈史记〉成语典故》及内蒙古大学赫晓的硕士论文《〈史记〉成语研究》的统计，与项羽相关的成语典故共有76个，其中出自《项羽本纪》的成语典故59个。这些成语有表现项羽英雄气概的：如万人之敌、取而代之、力能扛鼎、才气过人、先发制人、破釜沉舟、以一当十、拔山盖世、披坚执锐、所向披靡、喑恶叱咤等；有批评项羽所犯错误及性格弱点的：如竖子不足与谋、咸阳之炬、沐猴而冠、鸿沟为界、养虎遗患、阴陵失道、匹夫之勇、妇人之仁、解衣推食、妒贤嫉能、大逆不道、大失所望、非战之罪等；有表现项羽英雄末路和悲剧结局的：如四面楚歌、霸王别姬、悲歌慷慨、江东父老、自刎乌江等；还有一些不好归类的成语：如楚虽三户，亡秦必楚；项庄舞剑，意在沛公；人为刀俎，我为鱼肉；衣锦夜行等。

这些浓缩的成语典故使司马迁的思想表达更深刻，项羽人物形象的描写更传神，作品的内涵更丰富。项羽成语典故具有形象生动，言

---

1 陈斌、赵传湘：《成语典故中的赵文化精神及其历史意义》，《邯郸职业技术学院学报》2007年第3期。

简意赅、整齐流畅、音韵和谐、寓意深刻的特点，被人们喜爱和广泛运用。书面写作时用它会使其文章寓意深刻、含蓄蕴藉；口语交流中运用它能使自己的语言典雅、精练生动、富含哲理，起到画龙点睛的效果。项羽成语典故作为文学元素在社会上得到广泛使用，它不仅使项羽文化的内涵更丰富，意义更广泛，而且促进了项羽事迹更广泛的传播。在传播中，项羽文化，项羽精神对于中华民族精神和民族性格的孕育培养，对于青年人树立正确的人生观和价值观，有着潜移默化的影响。这种影响是以集体无意识的形式，在"随风潜入夜，润物细无声"中完成的。

（四）项羽故事成为文学创作的比兴材料

中国古代文学特别注重比兴手法的运用。古典诗词曲赋写得好不好，首先看其比兴用得好不好。而比兴材料主要源于历史文献。由于项羽事迹已经被人们浓缩、提炼为成熟的成语典故，广大民众耳熟能详，运用起来极为方便；另一种情况是项羽事迹先被古诗文引用，天长日久自然成为成语典故。项羽人生的大起大落，项羽的英雄业绩，生前的辉煌及悲剧的结局，都常常让读者感慨不已。人们敬佩英雄的气概和壮举，思考英雄败亡的教训，希望引以为戒，不再重蹈覆辙，所以常在他们的作品中引用项羽成语典故，表达他们的思考和爱憎情感。渐渐地这些成语典故被赋予了更丰富更深刻的思想内涵。如"四面楚歌"，比喻四面受敌，陷入孤立无援的绝境；"项庄舞剑，意在沛公"，比喻说话和行动的真实意图都别有所指；"鸿门宴"，比喻不怀好意的宴会；"霸王别姬"，表现英雄末路的悲壮情景，比喻独断专行者最终的败亡结局；"破釜沉舟"，比喻下决心不顾一切地干到底，决不留退路。项羽成语典故百分之八十至今仍然常被使用，长久不衰，这说明项羽文化具有广泛而深厚的群众基础。

三、道德感召力与教化功能

项羽文化蕴含着道德教化的社会功能。项羽短暂的一生闪耀着英雄的光芒，他悲壮的结局令无数后人扼腕长叹。他的一生给后人许多的启发和思考，人们在分析、总结、评价他的得失成败时，常会从自身的思想认识出发，联系自身经历，希望从中吸取经验教训，不再重蹈其覆辙。所以无论是诗人们的吟咏，成语典故的引用，还是民间传说和故事的流传，无不体现出道德教化的倾向性。

（一）崇尚项羽的做人原则

项羽少年就有立大志，做大事的宏愿。他少年开始接受教育时就很明确地表示"书足以记名姓而已。剑一人敌，不足学，学万人敌"[1]。当他与叔叔项梁在会稽目睹秦始皇出巡时威武壮观的场面，不禁脱口而出："彼可取而代也。"小小年纪他已立下大志，要学兵法，"学万人敌"的本领，立志做将军，做帝王。这是项羽日后成为西楚霸王的思想基础。只有立大志，才能做大事，也才敢做大事，所以当陈胜、吴广起兵反秦后，项羽与叔叔项梁接着也在会稽起兵，看似偶然，实则必然。

项羽敢于担当、见义勇为、敢负责任的大气之举尤为令人敬佩。当赵国钜鹿城被秦军重兵包围，危在旦夕时，主帅宋义想让秦赵相战，坐收渔翁之利，以牺牲友军来壮大自己的力量。他这种极其自私和狭隘的想法遭到项羽的强烈反对。但是项羽作为副帅被宋义控制和束缚了手脚，不能自由行动。于是，他果敢出手杀掉宋义夺兵权。接着他

---

[1] （汉）司马迁：《史记·项羽本纪》，中华书局，1985，第295—296页。

率领楚军奋勇当先，杀到钜鹿城下。在与秦军力量悬殊的情况下，在各诸侯军作壁上观时，他以大无畏的勇气和决心，毅然率领楚军破釜沉舟，与秦军决一死战。经过楚军的艰苦努力和英勇奋战，终于击破秦军，解了钜鹿之围，给秦军强有力的一击，扭转了反秦战线的形势。项羽在钜鹿之围的关键时刻见义勇为，挺身而出，这种敢于担当，敢于负责的处事态度令当时诸侯军折服，赢得后人的赞叹和敬重。

项羽为人坦荡真诚，表里如一，"直道而不诡诈"。他不玩弄阴谋诡诈的伎俩，与刘邦的诡计多端，阴险狡诈形成鲜明对比。鸿门宴上刘邦耍赖否认有"欲王关中"的打算，谎称"小人之言，令将军与臣有郤"时，他立即指出："此沛公左司马曹无伤言之，不然，籍何以致此？"[1]他指明证人，表明自己绝无捏造诽谤之事。他毫不设防地把自己的消息来源告诉刘邦，中了刘邦的圈套，这是他政治上单纯幼稚的表现。项羽与刘邦在战场上和战场下有过多次较量。战场上项羽胜多败少，他取胜靠勇力、靠战术和气势。战场下是刘邦胜多败少，刘邦取胜靠欺骗、阴谋和诈术。虽然刘邦最终赢得了胜利，但是他的出尔反尔，为人的阴险狡诈，为后人所不齿；项羽虽然失败了，但是他输了战场不输人格，丢了天下不丢气节。项羽做人的光明磊落，坦荡真诚，赢得了后人的普遍尊重与赞扬。他虽然失败了，但他是矗立在人们心中永远不倒的丰碑，是人们心中永远的英雄。他的道德人格和精神气节给后人以深刻的影响，有着强烈的感召力和道德教化的作用。

（二）敬佩他的精神气节

项羽的精神气节可以用霸气、勇气和义气来概括。这是他最令人敬佩的地方。从他少年时率真的话语"彼可取而代也"，一副舍我其谁

---

1 （汉）司马迁：《史记·项羽本纪》，中华书局，1985，第312页。

的霸气开始显露。"籍长八尺余，力能扛鼎，才气过人，虽吴中子弟皆
已惮籍矣。"[1]这是他年少时又一次初露霸气的锋芒。在会稽起兵，他一
人"击杀数十百人。一府中皆慑伏，莫敢起"[2]，是他霸气的小试牛刀。
钜鹿之战，司马迁是通过侧面烘托来描写项羽的霸气的，"楚战士无不
以一当十，楚兵呼声动天，诸侯军无不人人惴恐。……项羽召见诸侯
将，入辕门，无不膝行而前，莫敢仰视"[3]。先是借楚军"呼声动天"强
烈震撼的声威气势来渲染烘托他的霸气，后是借"诸侯军无不人人惴
恐"的心理反应侧面烘托他的霸气。尤其是诸侯军将领拜见项羽时，
"无不膝行而前，莫敢仰视"，更是把项羽英雄霸气表现得淋漓尽致。

　　项羽的勇气更是处处显露。钜鹿之战他以副将领身份随从宋义救
赵，宋义根本不把他放在眼里，非常轻蔑地表示："夫披坚执锐，义不
如公；坐而运策，公不如义。"[4]他针对项羽特意下了一道命令："猛如
虎，很如羊，贪如狼，强不可使者，皆斩之！"[5]项羽身为副帅，没有起
码的权力和自由，无奈之下，他一不做，二不休，借早晨上朝之机就
势斩下宋义人头，出来马上"出令军中，宋义与齐谋反，楚王阴令羽
诛之"[6]。项羽敢作敢为的勇气和胆识，慑服了一军将士，军中"莫敢枝
梧"。试想，假如项羽没有这样果敢的勇气和决心，先发制人，他很
有可能会被宋义借口除掉，那就根本谈不上帮助赵国解围。项羽的果
断、勇敢和顽强，以及他高超的武艺和才气，慑服了全军上下，不仅
树立起他在军中的威信，也奠定他不可动摇的主帅地位，这是他成功
指挥楚军击破秦军，解除钜鹿之围的基础和前提。项羽在垓下突围，

1　（汉）司马迁：《史记·项羽本纪》，中华书局，1985，第296页。
2　（汉）司马迁：《史记·项羽本纪》，中华书局，1985，第297页。
3　（汉）司马迁：《史记·项羽本纪》，中华书局，1985，第307页。
4　（汉）司马迁：《史记·项羽本纪》，中华书局，1985，第305页。
5　（汉）司马迁：《史记·项羽本纪》，中华书局，1985，第305页。
6　（汉）司马迁：《史记·项羽本纪》，中华书局，1985，第305页。

在四溃山率二十八骑勇士与汉军短兵相接的血肉拼搏，又一次显示了他的勇气和顽强斗志。在四面楚歌中，项羽面对死亡和失败，他决不认输和放弃，没有丝毫的胆怯与畏惧，他依然保持着顽强的勇气和斗志，率领二十八骑斩将、刈旗、溃围来到乌江边，一直到他与乌江亭长告别，自刎，他始终没有低头，没有退缩，表现出"我自横刀向天笑，去留肝胆两昆仑"的从容与镇定。每当人们读到乌江刎别这一段时，无不为项羽顽强的斗志和无所畏惧的勇气而热血沸腾，无不为他的慷慨大义而感动落泪，敬佩之情油然而生。

项羽的义气体现在他的见义勇为、舍生取义和情意深重上。在霸王别姬的情节里，项羽一曲悲歌："力拔山兮气盖世，时不利兮骓不逝。骓不逝兮可奈何，虞兮虞兮奈若何！"[1]让我们看到了他对虞姬的牵挂与担心，他去留两难的矛盾心理，让我们感受到他对虞姬的深情和眷恋难舍之情。这是一个英雄伟丈夫对自己心爱女子的铁血柔情。相比之下，刘邦在项羽欲烹其父时，竟然说出"吾翁即若翁，必欲烹而翁，则幸分我一杯羹"[2]这样毫无人性的话。百姓的心中都有一杆秤，人们道德评价的天平自然会向着项羽倾斜。

项羽从垓下突围来到乌江边，乌江亭长舣船欲渡他过江。过江他可以逃生，但他拒绝了，他说："籍与江东子弟八千人渡江而西，今无一人还，纵江东父兄怜而王我，我何面目见之？纵彼不言，籍独不愧于心乎？"[3]中国人非常看重衣锦还乡，项羽当年定都彭城，就是为了衣锦还乡。他曾经说过："富贵不归故乡，如衣绣夜行，谁知之者！"[4]如今他一人逃命归来，八千子弟无人生还，他愧对江东父老乡亲。再

---

1 （汉）司马迁：《史记·项羽本纪》，中华书局，1985，第333页。

2 （汉）司马迁：《史记·项羽本纪》，中华书局，1985，第328页。

3 （汉）司马迁：《史记·项羽本纪》，中华书局，1985，第336页。

4 （汉）司马迁：《史记·项羽本纪》，中华书局，1985，第315页。

有，亭长船小，只能渡他一人过江，其余随他出生入死，突围到江边的二十六骑兄弟只能被俘送命。项羽是个非常重情义的人，韩信曾评价他"见人恭敬慈爱，言语呕呕，人有疾病，涕泣分食饮"[1]，他对部下分衣推食，爱兵如子。如今让他丢下生死与共的兄弟自己逃生，在他看来是非常可耻和不义的，这不符合他做人的原则和性格。项羽陷入两难抉择，过江他愧对江东父老，有损他的名节，为保名节，他义不过江；不过江他会被俘受辱，有损他的人格尊严，为保气节，他义不受辱。他宁愿站着死，不愿跪着生。生命虽然可贵，但是名节、气节重于生命，最后他以自刎的方式结束生命，他保全了人格，维护了名节和气节，完善了自我的道德。项羽生死关头舍生取义，其大义之举感天动地，震撼人们的心灵，净化人们的灵魂。

（三）对项羽性格缺陷及错误决策的批评

读过《项羽本纪》的人，掩卷之余都在思考他失败的原因，希望能从中吸取教训，引以为戒。无论史学家还是文学家，都在他们的作品中对项羽政治上、军事上所犯的错误做了深入剖析和尖锐批评。唐人汪遵指出项羽"不修仁德合文明，天道如何拟力争"[2]，在诗人看来，"不修仁德"是项羽政治上的重大错误，导致他失民心民意，这是他无法与"天道"相争的原因。清诗人王苏认为项羽"实乃自暴非天亡"[3]，这是针对项羽"天之亡我，非战之罪"的批评。清人李晚芳曰：

> 纪羽由微而盛，由盛而亡，中以义帝为关照。羽未弑帝以前，由裨将而次将，而上将，而诸侯上将军，至分封则为西楚霸王。始以八千而西，俄而二万，俄而六七万，至新丰鸿门则四十万，其兴也勃焉。及弑

---

1 （汉）司马迁：《史记·淮阴侯列传》，中华书局，1985，第2612页。

2 宁业高、孙泉：《大楚剑魂》，湖南文艺出版社，2008，第100页。

3 宁业高、孙泉：《大楚剑魂》，湖南文艺出版社，2008，第169页。

帝则日衰矣。以私意王诸侯，诸侯不服。由是田荣以齐反，陈余以赵反，征九江王而九江王不往，战田横而田横不下，困京索而不能过荥阳，杀薛公而东阿失守，使龙且而龙且击死，委司马、长史而司马、长史败亡。至垓下，所谓四十万者，忽为八百余，二百余，二十八骑，至无一人还，其亡也忽焉。一牧羊儿耳，所系如此，可见名义在人心不可没也。[1]

李晚芳把项羽"由微而盛，由盛而亡"的历史过程做了梳理，指出弑义帝是项羽由盛而亡的转折。项羽所犯的政治错误：一是杀义帝而失人心；二是以私意分封诸侯，导致诸侯不服，纷纷反叛。加上决策错误，用人不当，这些都加速了他的败亡。李晚芳的分析许多地方是切中要害的。元人杨维桢批评项羽："其骠悍滑贼之性，嗜杀如嗜食，……此真天下之桀也。项欲举大事，霸西楚，其可得乎！"[2]杨维桢认为项羽失败是他"骠悍滑贼"和嗜杀成性的必然结果，并将他与桀、纣并举，足以看出后人对他残暴之举极其反感。明人凌稚隆指出："项王非特暴虐不得人心，亦从来无统一天下之志。既灭咸阳，而都彭城；既复彭城，而割荥阳；既割鸿沟，而思东归，殊欲按兵休甲，宛然图伯（霸业）筹画耳。"[3]凌稚隆认为项羽一开始就没有统一天下的打算，所以决策上一错再错，如建都彭城，割荥阳，割鸿沟，思东归等，其心中只想作霸主，而无统一天下作帝王之志，所以其决策都缺乏远见和宏伟大志。

从各类题评、点评、辑评、汇评对项羽胜败得失的反思和剖析看，学者们的批评都体现出强烈的道德教化的色彩，其目的"前事不忘，后事之师"，给后人以警示和教育的作用。

1　韩兆琦：《史记选注集评》，广西师范大学出版社，1996，第45页。

2　韩兆琦：《史记选注集评》，广西师范大学出版社，1996，第43—44页。

3　韩兆琦：《史记选注集评》，广西师范大学出版社，1996，第44页。

四、融入时代元素，推陈出新

项羽文化有悠久的历史，传承至今已有两千年。它的传承与发展始终紧密结合，它的发展又与时代相伴随。项羽文化传承至今而不衰，是因为它不断地融入时代元素，在发展中其内涵不断地丰富与充实，因为富有生机活力，所以才能不断地推陈出新。

1. 形式多样

项羽文化在传承中发展，在发展中不断地推陈出新。其形式由单一的发展变为多种样式。从文体形式看，由历史文献向文学批评、诗歌、词、曲、小说、戏剧、电影、电视剧等多方面发展；从载体形式看，由单一的纸质载体向历史文物和历史遗迹方面发展，到了当代又向胶片载体方面发展，随着电子产品的广泛使用，载体形式正逐步地向计算机、手机方向发展；从学科来看，由历史学科向文学、艺术、旅游等多学科领域扩展。

项羽文化在传承发展中不断地融入时代元素。像唐代是诗歌发展的高峰，也是咏史诗发展的黄金时期，在众多咏史诗中，出现了为数不少的吟咏项羽的诗歌。随着楹联、词、曲、戏剧、小说、电影、电视剧等文学样式的出现，项羽故事或以成语典故的形式被大量地运用于不同形式的文学作品中，或以题材的形式进入诗、词、戏剧、小说、电影、电视剧当中。由于文学、艺术的表现形式不同，项羽故事进入这些领域的时候，要适应不同的表现形式时会有一些改变和创新，同时创作者总是会融入一些时代元素，使其更富有生机和活力，更容易被同时代的读者、观众接受和喜爱。项羽文化正是在借助每一种新的文学、艺术表现形式中得到更广泛的传播和发展的。

2. 在发展中推陈出新

随着时代的发展，最富有中国文化元素的诗歌、散文、辞赋、楹联等文学样式日渐冷落萧条，而融文学与艺术为一体的，受众面更广的戏剧、电影、电视剧却表现出蓬勃的生机和活力。项羽文化适应时代的发展，借助这些新的表现形式走进了艺术领域，焕发出新的生机活力，得到了传承和发展。

中国的戏剧从宋元开始渐趋成熟，之后得到了快速的发展。戏剧的繁荣与群众的爱好和娱乐需求有很大的关系。元明时代的杂剧和传奇戏是中国戏剧的黄金期，戏剧的繁荣离不开高质量的剧本创作，而好剧本得益于丰富的题材文库。元明传奇戏的题材有一部分来源于现实生活，另一部分来源于历史人物和历史故事。在历史剧中有很多故事取材于《史记》，其中一些就是以项羽为题材的戏剧。

项羽形象最早出现在戏剧中是在唐宋时期，如唐末的《樊哙排君难》，宋代的杂剧《霸王剑器》《霸王诸宫调》，金院本的《霸王院本》等。虽然这些作品都已经亡佚，但是给我们传递出一个信息：项羽形象和项羽故事在中国戏剧发展的初期就已经作为题材进入到编剧的视野，不仅是以主角，还以配角的身份出现于唐宋金元的剧本中。这表明项羽文化在文人及普通民众中都有着广泛的基础。现在已经亡佚的元杂剧《霸王别虞姬》《霸王举鼎》都是以项羽为主角的项羽戏。作为配角戏的有《高祖濯足气英布》《萧何月夜追韩信》《兴刘灭项》《陵母伏剑》《火烧纪信》等，在这些剧里，项羽不仅是配角，还是作为被批评或被丑化的形象出现。到元明时期的《汉公卿衣锦还乡》《韩元帅暗度陈仓》，项羽的形象由被贬被丑化逐渐向正面形象发展，但是还存有一些负面形象的痕迹。明代沈采的《千金记》是以韩信为主角表现楚汉相争的传奇戏，但是该剧已经完成了项羽悲剧英雄的形象塑造。全剧共五十出，对项羽人生的几个关键时期"起兵江东""鸿门会宴""别姬自刎"都有详细的表现。《千金记》在项羽戏中具有里程碑的意义，它塑造的项羽正面的悲剧英雄形象对后来的项羽戏有很重要的影响，如清中叶的《楚汉春秋》，近代杨小楼、尚小云的京剧演出本《楚汉争》，梅兰芳的京剧《霸王别姬》等基本都是在《千金记》项羽形象基础上的发展和延伸。除此之外，还有不少地方剧种中有《霸王别姬》的戏，也基本上都是在京剧《霸王别姬》基础上的改编。[1]

当代的影视作品有不少是以项羽为题材的，电影有《西楚霸王》《霸王别姬》《鸿门宴》《楚汉骄雄》《汉刘邦》等，电视剧有《破釜沉舟》《楚汉风云》等。最近据《辽宁日报》报道，大连杂技团排演了大型杂技舞剧《霸王别姬》，它将杂技与舞蹈融合，用新颖的形式诠释古老的项羽故事，是一种创新和尝试。项羽文化正是在不断地推陈出新中得到传承和发展的。

项羽文化随着时代的发展，从戏剧、影视剧又拓展到了各种艺术品、工艺品，如绘画、书法、雕塑、刺绣及各种手工艺品。在饮食方面最著名的菜肴当属"霸王别姬"——水鱼炖鸡。这道菜肴虽然与项羽并无关系，只是取谐音，但是不管怎么说，凡吃这道菜的人或知道项羽"霸王别姬"的故事，不知道的也会通过这道菜了解"霸王别姬"的故事，无形中也传播了项羽文化。还有出自湖北石花酒厂的"石花霸王醉"，曾荣获中国（厦门）食品博览会金奖，酒精度高达70度，号称中国度数最高的酒。"霸王醉"虽然与项羽没有直接关联，但是它对传播项羽文化有一定的辅助作用。

随着中国旅游热的不断升温，以旅游拉动内需，促进本地经济的发展，是许多地方政府的工作思路。各地都在挖掘具有本土文化和风俗特点的旅游题材。项羽曾经生活战斗过的地方，都留下了一些遗址、

---

1 （以上戏剧资料）傅惜华：《元代杂剧全目》，作家出版社，1957。
  徐调孚：《现存元人杂剧书录》，古典文学出版社，1957。
  周贻白：《明人杂剧选》，人民文学出版社，1958。
  阿英：《传奇杂剧卷·晚清文学丛钞》（上下），中华书局，1962。

遗迹、遗物及民间故事、传说等，这些都是开发项羽文化旅游的最好题材。随着项羽影视剧的播映，激发和促进了人们对《史记》、对项羽进一步了解的兴趣。到宿迁、徐州、钜鹿、荥阳、鸿沟、乌江等古城和古战场，实地了解和感受一下当年楚汉相争那种金戈铁马，气吞万里如虎的宏大场面、紧张的气氛，是很多人的心愿。在休闲娱乐中学习，通过旅游增长自己的历史知识，提升自己的文化品位，是游客的一种文化需求。为适应游客的这种需求，各地政府在开发项羽文化旅游方面做了不少的工作，项羽文化带动了当地的旅游发展，取得了较好的成效，提高了当地的知名度，推动了当地经济的发展。

综上所述，项羽文化在传承中发展，在发展中不断地融入时代元素，推陈出新，使其内涵变得丰富而深厚，始终保持着生机与活力。但是，无论项羽文化如何发展变化，项羽灭秦的丰功伟绩及他英勇无畏、舍生取义的光辉形象和基本精神是永远不会改变的，项羽文化给后人的道德感召力和启发教育的意义也是不会改变的。

（原载于《渭南师范学院学报》2013年第7期）

论历代咏项羽诗及其道德评价

历代咏项羽诗属于咏史诗范畴。咏史诗是中国古典诗歌的一个创作题材，它是以古事、古迹或古人为吟咏对象，以总结历史经验，抒发诗人的政治见解或人生感慨，寄托情志为主要内容的诗歌形式。有以史为鉴，借古喻今，以古讽今，用意隐然的作用。诗歌"咏史起于班固，但只咏史事，不联系自己"[1]。文学史上第一首咏史诗是班固吟咏孝女缇萦向汉文帝上书救父之事的《咏史》。诗歌仅咏史事，未联系自己和现实，被钟嵘评为"质木无文"。到了魏晋左思有《咏史》诗八首，开始借咏史针砭时弊，抒发理想与情怀，使咏史诗创作有了较大提升，推动了咏史诗的发展。到中晚唐时期，咏史诗创作进入繁荣期。由于唐王朝的衰落，使文人理想抱负落空，加上身世沉沦，文人们都借古言志，在咏史中表现他们对世事沧桑的思考，表达渴望王朝中兴的愿望。出现了刘禹锡、杜牧、李商隐、胡曾等一批有影响、有成就的咏史诗人。由于咏史诗有以古讽今，借古抒怀的特点，与古典诗歌讲究含蓄蕴藉，比兴用典一脉相通，所以，逐渐地咏史诗成为文人们抒发情怀，借古讽今常用的诗歌形式。

近年来咏史诗的研究逐渐成为热点，出现了一批研究成果。有的从宏观上对咏史诗的发展轨迹作描述和总结，有的对咏史诗作分类，对其特点和规律做理论上的阐释和分析，更多的则是从微观角度对有影响、有成就的咏史诗人进行研究，从过去人们关注较多的刘禹锡、

1　刘大杰：《中国文学发展史》，上海人民出版社，1973，第213页。

杜牧、李商隐、王安石等拓展到胡曾、汪遵、杨维桢、赵翼等过去不太为人们关注的咏史诗人。从他们的生平经历到咏史诗的风格特点都有较系统的研究。这些成果对推动咏史诗研究起到了促进作用。但是，相对而言，对历史人物个案的咏史诗作系统性和整体性的研究明显不足，研究成果也比较少。从历代吟咏项羽诗歌的研究论文看，从 20 世纪至今仅有不到 10 篇，这其中还有一多半是豆腐块的文章，应该说历代咏项羽诗的研究仍有较大的空间可以开拓和挖掘，这也是本文写作的初衷。

一、历代咏项羽诗概貌

我们从现有资料的不完全统计，历代咏项羽诗约在 155 篇以上 [1]（词曲不算），最早的一首为魏晋许真君的《戒怒歌》，诗中写道："楚伯王、周公瑾，匹马乌江空自刎，只因一气殒天年，空使英雄千载忿。" [2] 这首诗主要内容是劝说世人要修身养性，切莫像项羽、周瑜那样暴怒性急，否则伤身伤性。准确地说它还不算是咏项羽诗，但它毕竟是最早在诗中提到项羽史事的诗歌。咏项羽诗，隋代有 1 首，唐代 29 首，五代 6 首，宋代 50 首，元代 12 首，明代 11 首，清代 45 首，近代 1 首。另外有些吟咏虞姬、范增和刘邦的诗，也都涉及项羽，我们没有把这些诗算进去。在咏项羽诗中，以格律诗居多，有五、七言律诗，也有五、七言绝句，还有不少歌行诗和杂诗，也有极少数乐府诗。格律诗居多的主要原因是咏项羽诗都产生于唐以后，这时格律诗已经成熟，并且成为古典诗歌的主要创作形式。在各朝代的咏项羽诗中，以唐宋的诗歌艺

1　本文咏项羽诗歌统计仅以宁业高、孙泉：《大楚剑魂》；宋嗣廉：《历代吟咏〈史记〉人物诗歌选读》；于植元：《中华史诗咏史本事》为据。

2　宁业高、孙泉：《大楚剑魂》，湖南文艺出版社，2008，第 83 页。

术成就最高，这与唐宋的诗歌发展的水平是一致的。

当今有学者将咏史诗划分为三类[1]：

1. 传体咏史诗。它以诗体传述历史，对史实史事的采用多为一人一事，除对历史人物作一般吟咏外，没有更多的议论和寄托[2]。如宋代诗人梅尧臣《宣州杂诗二十首》第七："项籍路由此，力豪闻拔山。八千提楚卒，百二破秦关。陔下围歌合，江头匹马还。却徇诸父老，相见亦何颜。"[3]这首诗简要叙述了项羽由江南起兵，渡江过淮，入关灭秦，到楚汉相争，直至垓下突围，败亡乌江。诗歌以叙事为主，简要概括了项羽的一生。

2. 论体咏史诗。它对史实史事的采用不限于一人一事，对史实叙述掺入作者强烈的主观判断。如唐代诗人许浑《鸿沟》："相持未定各为君，秦政山河此地分。力尽乌江千载后，古沟芳草起寒云。"[4]

3. 比体咏史诗。它蕴含寄托，是在论体咏史诗的基础上的新发展。"诗人对史实史料的撷取，不再刻意求其实，也不着意于作一般的叙述，也不是借助史料作直露的渲泻，而是对史实取其一点，融入情景的描绘，令人生成篇终接混茫的艺术感受。"[5]如唐代诗人李贺的《马诗》："催榜渡乌江，神骓泣向风。君王今解剑，何处逐英雄?"[6]诗人以良马乌骓自比，期望报效明主，却遭遗弃，在悲叹项羽乌骓的英雄失路中，寄寓自己怀才不遇之感。

历代咏项羽诗以传体咏史诗数量居多。其咏史多以简要叙述史事

1　孙立：《论咏史诗的寄托》，《中山大学学报》1997年第1期。

2　孙立：《论咏史诗的寄托》，《中山大学学报》1997年第1期。

3　宁业高、孙泉：《大楚剑魂》，湖南文艺出版社，2008，第108页。

4　宋嗣廉：《历代吟咏〈史记〉人物诗歌选注》，吉林人民出版社，2008，第466页。

5　孙立：《论咏史诗的寄托》，《中山大学学报》1997年第1期。

6　宁业高、孙泉：《大楚剑魂》，湖南文艺出版社，2008，第90页。

为主，常在传述史事之后稍作议论或抒情。如梅尧臣的《项羽》："羽以匹夫勇，起于陇亩中。遂将五诸侯，三年成霸功。天下欲灭秦，无不慕强雄。秦灭责以德，豁达归沛公。自矜奋私智，奔亡竟无终。"[1]

诗人赞扬项羽"起于陇亩中"，"三年成霸功"的丰功伟业，结尾发议论对他"自矜奋私智"，骄傲自大，终至灭亡给予批评。像这样以叙史事为主的传体咏史诗还有不少。宋代诗人司马光《戏下歌》：

> 项王初破函关兵，气压山河风火明。旌旗金鼓四十万，夜泊鸿门期晓战。关东席卷五诸侯，沛公君臣相视愁。幸因项伯谢前过，进谒不敢须臾留。椎牛高会召诸将，宝剑泠泠舞席上。咸阳灰尽义帝迁，分裂九州如指掌。功高意满思东归，韩生受诛不复疑。区区蜀汉迁谪地，纵使倒戈何足为。[2]

这首诗叙述了项羽率军进函谷关以后的一段史事：从四十万大军进关，霸气十足要杀刘邦，到经项伯周旋，鸿门宴上放走刘邦；从火烧咸阳城，先迁义帝后杀之，到分封十八诸侯；从放弃定都关中，到驱赶刘邦至汉中，导致刘邦反戈杀回关中。作为史学家的司马光以冷静的笔调、客观的叙述，总结分析了项羽进关后政治上一次次的错误决策，导致自己一次次陷入被动，为自己的失败埋下了一个个隐患。司马光的咏史诗虽然具有鲜明的政治倾向性，但是与文人的咏史诗更多倾注个人感情色彩不同，在他娓娓道来的史事叙述中，体现出诗人的史学观，以及他对历史理性的思考和冷峻批评，虽然也有警示朝廷的用意，但是与李商隐、杜牧借咏史讽刺唐皇帝昏庸无能的咏史诗有着明显的不同。

咏项羽诗以传体咏史诗居多的原因，一是司马迁对《项羽本纪》

1　宁业高、孙泉：《大楚剑魂》，湖南文艺出版社，2008，第109页。

2　于植元、孙绍华、关纪新：《中华史诗咏史诗本事》，广西民族出版社，2000，第454页。

的叙述生动传神，故事性强，人物形象鲜明，给读者印象深刻，较容易归纳概括；二是这部分诗很多是诗人途经乌江、鸿沟、彭城或某地的项王庙、项王祠的时候，感慨项羽英雄而悲壮的一生即兴而作的，大多未经深思熟虑和精心雕琢，虽然略显粗糙，但是更真实、更自然地再现了诗人当时的心理活动和爱憎情感。

历代咏项羽诗大多饱含强烈、鲜明而深沉的抒情色彩。这些诗感性的色彩多于理性的思考，诗人们在诗中尽情地抒发他们对项羽的敬佩、爱戴、赞扬、惋惜、悲悯、叹息、谴责、批评等各种复杂又矛盾的情感。如明代诗人杨侯胤的《乌江》："长江浪涌楚王台，向晚波光一鉴开。帆逐落霞还上下，人从夕照共徘徊。拔山人去空千古，断项碑残初绿苔。顾客维舟怀往事，临江醵酒不胜哀。"[1]诗人在夕阳下的黄昏来到乌江边，面对滚滚远逝的乌江水，不禁心潮起伏，浮想联翩：遥想当年叱咤风云的西楚霸王金戈铁马，豪气冲天，何等英雄，最终却自刎于乌江。如今"浪花淘尽英雄""人去空千古""是非成败转头空"，只有那长满绿苔的断碑残壁，尚能依稀唤起人们对那段英雄往事的记忆。诗人借助"楚王台""断项碑"，以及流逝的江水、远去的船帆，还有落霞、夕阳这些意象，抒写自己内心挥之不去的感慨与悲伤。像这样的诗还有很多，如唐代诗人胡曾《垓下》："拔山力尽霸图隳，倚剑空歌不逝骓。明月满天天似水，那堪回首别虞姬。"[2]诗歌表达了诗人对项羽深深的惋惜和悲悯的情怀。

一般咏史诗以议论为主，多截取一个历史片断展开议论，在议论中表达对历史沧桑的感慨，或借古讽今，较少抒情。那为什么咏项羽诗饱含强烈的抒情色彩呢？这应该得益于司马迁的原著。司马迁对项

1 宁业高、孙泉：《大楚剑魂》，湖南文艺出版社，2008，第143页。
2 宋嗣廉：《历代吟咏〈史记〉人物诗歌选读》，吉林人民出版社，2008，第467页。

羽史事的叙述生动感人，饱含强烈的抒情性，给每一个读者深深的感动和感染。像钜鹿之战、鸿门宴、霸王别姬、乌江自刎，每一个情节和场面都深深印在读者脑海中，诗人们一旦接触到与项羽有关的纪念物、场地或事物等信息时，储存在他们记忆中的项羽事随同他们的情感一起喷涌而出，自然地把自己对项羽的爱与怨，敬与叹，哀与惋，悲与惜等复杂情感倾注于诗中。

　　吟咏项羽的论体咏史诗虽然少于传体咏史诗。但是有不少精品之作。论体咏史诗，是诗人在述史时融入自己强烈的主观判断，史为己用，叙史不是重点，重点在史的基础上展开议论，阐明自己的观点和立场，所谓的借古人酒杯浇胸中块垒。如唐代杜牧的《题乌江亭》："胜败兵家事不期，包羞忍耻是男儿。江东子弟多才俊，卷土重来未可知。"[1]这是杜牧在会昌四年（844）九月，由黄州刺史迁任池州刺史时，游历乌江亭，睹物思人，感慨项羽当年为顾及面子，羞愧不肯过江，丧失了"卷土重来"，东山再起的机会。杜牧一针见血地指出不能忍辱负重，输不起是项羽的性格弱点。提出了真男儿，大丈夫应该"包羞忍耻"，能屈能伸。其实这首诗向世人昭示了一种人生哲理，即以平常心看待"胜败兵家事"，只有这样才能最终成就事业。但是未必人人都能读懂杜牧诗的深意，宋人胡仔就批评说："牧之于题咏，好异于人。至《题乌江亭》则好异而叛于理。项氏以八千人渡江，败亡之余，无一还者，其失人心为甚，谁肯复附之，其不能卷土重来决矣。"[2]王安石在《题乌江项王庙诗》里表达了与胡仔同样的观点："百战疲劳壮士哀，中原一败势难回。江东弟子今虽在，肯为君王卷土来？"[3]王安石以政治家的眼光看到了长年战乱不休，使百姓向往和平安宁的生活，楚

1　于植元、孙绍华、关纪新：《中华史诗咏史诗本事》，广西民族出版社，2000，第171页。
2　（宋）胡仔：《苕溪渔隐丛话后集》（卷15），人民文学出版社，1962，第108页。
3　于植元、孙绍华、关纪新：《中华史诗咏史诗本事》，广西民族出版社，2000，第457页。

军士兵长年转战南北，身心疲惫，渴望与家人团聚，早已是士气低落，萌生厌战之心。人心所向昭示了楚军"败势难回"，所以项羽即使过江，江东子弟未必肯追随他卷土重来。元人方回《题吴山长文英野舟》："世多汉水昭王事，谁辨乌江亭长心？君知此处真堪托？天下无波可得深。"[1]"谁辨乌江亭长心"一句颇值得玩味。据《项羽本纪》记载，项羽从垓下突围后，"至阴陵，迷失道，问一田父，田父绐曰：'左'。左，乃陷大泽中。以故汉追及之"[2]。方回认为乌江亭长舣船待渡，力邀项羽上船渡江，是否怀有与田父同样的用心呢？是要救项王，还是害项王呢？一切都是未知。方回的观点在后世读者中具有一定的代表性。宋人刘子翚曾曰："羽所以去垓下者，犹冀得脱也，乃为田父所绐，陷于大泽；亭长之言甚甘，安知不出田父之计耶？羽意谓丈夫途穷宁战死，不忍为亭长所执，故托以江东父老所言为解耳。使羽果无东渡意，岂引兵至此哉！"[3]刘子翚的分析符合逻辑，以项羽猜忌多疑的性格和刚被田父陷害欺骗的情况推测，这一想法不无道理。他们的观点为我们假设了项羽上船之后的另一种结局。从咏史诗的发展层次和创作水平看，传体咏史诗是第一层次，论体咏史诗为第二层次，比体咏史诗则是第三层次。在咏项羽诗中，比体咏史诗数量最少。这种情况符合金字塔的形状，塔底最大，塔尖最小。虽然这部分诗少，但都是精品。如宋代女词人李清照的《夏日绝句》："生当作人杰，死亦为鬼雄。至今思项羽，不肯过江东。"[4]诗人在歌颂项羽义不过江的英雄壮举的同时，表达了自己对南宋朝廷的讽刺与愤怒。李清照的家乡在山东济南，在金兵入侵中原之时，由于南宋朝廷的软弱无能，妥协投降，偏安江南一

1　宁业高、孙泉：《大楚剑魂》，湖南文艺出版社，2008，第133页。

2　（汉）司马迁：《史记·项羽本纪》，中华书局，1985，第334页。

3　韩兆琦：《史记笺证·项羽本纪》，江西人民出版社，2005，第636页。

4　于植元、孙绍华、关纪新：《中华史诗咏史诗本事》，广西民族出版社，2000，第459页。

隅，至使北方地区，包括李清照的家乡都遭受金兵铁蹄的践踏和蹂躏。诗人通过赞扬项羽义不过江，不愿忍辱偷生苟活，来寄寓她对南宋朝廷软弱自私的谴责和嘲讽，表达她迫切地期望朝廷能够渡江北伐，收复中原失地的强烈愿望。

二、道德评价之一："不修仁德"，终至败亡

中国古代的知识分子自幼接受的是儒家传统教育，所以儒家传统的道德观给他们的影响是根深蒂固的，并直接影响着他们的人生观、世界观、道德观的形成。许多人不仅把儒家思想作为他们安身立命的根本，而且把它作为他们评判历史、认识世人的道德准则。孔子思想的理论核心是"仁"。孟子发挥了孔子的思想，提出了仁政思想。孟子曰："人皆有不忍人之心。先王有不忍人之心，斯有不忍人之政矣；以不忍人之心，行不忍人之政，治天下可运之掌上。"[1]孟子所说的"不忍人之心"即同情怜悯之心。在孟子看来，一个统治者有了同情体恤百姓的仁爱之心，才会行仁政；只有行仁政，才能统一天下。孟子的这种仁政思想一直影响着中国的知识分子，成为他们衡量事物、评判历史人物及古今统治者的道德标准。

综观历代咏项羽诗，我们可以看到，诗人们在总结分析项羽失败原因时，对他道德人格的分析评价多于政治军事的分析。基于儒家仁政爱民的政治思想和道德观念，人们在诗中表现出强烈的主观情感和鲜明的道德倾向，诗人批评项羽最多的是他"不修仁德"的暴力行为，并指出这是导致项羽失败的根本原因。有的诗人还将刘邦与项羽在政治、道德上进行对比，如宋代张耒《项羽》："沛公百战保咸阳，自古

---

1 《诸子集成·孟子正义·公孙丑上》，上海书店出版社，1994，第138页。

柔仁伏暴强。慷慨悲歌君勿恨，拔山盖世故应亡。"[1]诗歌描写刘邦进咸阳"乃封秦重宝财物府库，还军霸上"[2]，与民约法三章，安抚秦地百姓，接受子婴投降；而"项羽引兵西屠咸阳，杀秦降王子婴，烧秦宫室，火三月不灭；收其货宝妇女而东"[3]。两者对比之下，表现了刘邦以柔仁之政得到民心，也得到了天下，并以柔仁之术降伏了强暴的项羽，项羽纵有拔山盖世之勇，但是他的暴力政治注定了他败亡的命运。元侯克中《项羽》："破釜沉舟北渡河，英雄到此尽消磨。入关不解除秦法，失路徒劳怨楚歌。敌国岂专韩信勇，谋臣唯一范增多。子婴见杀怀王死，却叹虞兮奈若何。"[4]诗人充分肯定了项羽钜鹿之战的历史功勋，对他"入关不解除秦法"及杀子婴和楚怀王的暴力行径提出了批评，讽刺他猜忌多疑，不能重用谋士范增。特别耐人寻味的是诗人将项羽残忍杀害子婴和楚怀王，与他忧虑虞姬的生死归宿做对比，讽刺他有小爱而无大爱。对于项羽杀秦降王子婴的深层原因，日本学者泷川资言有过深入的分析，他认为"项羽楚人，既失其祖，又失其季父，怨秦入骨。其入咸阳，犹伍子胥入郢，杀王屠民，烧宫殿以快其心者，谓之无深谋远虑可也，谓之残虐非道者，未解重瞳子心事"[5]，客观地说出项羽与刘邦不同，他与秦王朝有着深仇大恨。如果说项羽杀子婴，火烧咸阳是事出有因，那么楚怀王的被杀纯属无辜，清人张玉书在《谒项王庙》诗里也讽刺项羽"万户轻身赠故人，一死何颜见义帝？"[6]"万户轻身赠故人"是指项羽在乌江边看到追来的汉军中有故人吕马童，就对他说："'吾闻汉购我头千金，邑万户，吾为若德。'乃自刎而死。"[7]

1　宋嗣廉：《历代吟咏〈史记〉人物诗歌选读》，吉林人民出版社，2008，第470页。
2　（汉）司马迁：《史记·高祖本纪》，中华书局，1985，第362页。
3　（汉）司马迁：《史记·项羽本纪》，中华书局，1985，第315页。
4　宋嗣廉：《历代吟咏〈史记〉人物诗歌选读》，吉林人民出版社，2008，第477页。
5　［日］泷川资言：《史记会注考证》，文学古籍刊行社，1955，第565页。
6　宁业高、孙泉：《大楚剑魂》，湖南文艺出版社，2008，第152页。
7　（汉）司马迁：《史记·项羽本纪》，中华书局，1985，第336页。

诗人怀疑项羽赠首级的慷慨之举，在他看来若项羽真重情义的话，又何必杀害自己的君主义帝呢？虽然你不怕死，但你不怕九泉之下见到义帝吗？你又有"何颜"见义帝呢？

元于石《读史》："今来古往一封疆，虎斗龙争几帝王。百二山河秦地险，八千子弟楚天亡。朝廷有道自多助，仁义行师岂恃强。往事废兴何处问，寒烟衰草满斜阳。"[1]诗人指出自古"虎斗龙争"有几人能称帝称王，"恃强"未必能有天下，"有道自多助"，只有"仁义行师"，才能得到天下。诗人以儒家仁政思想观照历史，解读历史，感悟到人世间的世事沧桑，王朝兴废，世事变迁是历史的必然规律，而永恒不变的是人心的向背和仁政思想的延续永存。

宋陈普《咏史·项羽》：

其二：试手襄城意未怡，赤城稍觉味如饴。必亡定死终无救，断自朱殷海岱时。

其四：倚强恃力却诬天，一样人心万万年。广武十条逃得过，乌江政自不须船。

其五：枭性狼心变有常，青齐仍复似咸阳。遗黎到处无余类，欲为何人作霸王？[2]

陈普咏项羽组诗有五首，这里选三首，诗人通过对项羽在反秦斗争和楚汉战争中一些史事的记叙和议论，对他的一些暴行进行批评和谴责。据《史记》记载，项羽在反秦战斗中曾率军攻襄城，"襄城无遗类，皆坑之，诸所过无不残灭"[3]，在新安城南又坑秦降卒二十万。后在镇压齐国田荣反叛时，"烧夷齐城郭室屋，皆坑田荣降卒，系虏其老

1 于植元、孙绍华、关纪新：《中华史诗咏史诗本事》，广西民族出版社，2000，第613页。
2 宁业高、孙泉：《大楚剑魂》，湖南文艺出版社，2008，第126页。
3 （汉）司马迁：《史记·高祖本纪》，中华书局，1985，第356页。

弱妇女，……多所残灭"[1]。诗人提出了项羽虽然"倚强恃力"，但终未得天下，临死"却诬天"，说"天亡我，非用兵之罪也"，由此悲叹项羽至死不悟"得人心方能得天下"之真理。虽然历史在不断地发展变化，但是"一样人心万万年"，这是千古不变的定律。以孟子为代表的儒家一贯倡导以德服人的"王道"政治，反对以力服人的"霸道"政治。项羽的反秦斗争是打着诛暴秦的旗帜号令天下的，他是正义之师的代表，理应受到人们的拥护与爱戴，但是他以暴力镇压手无寸铁的百姓，与儒家仁政爱民的思想背道而驰，自然受到诗人的谴责与批评。诗人用了一些讽刺、谴责的句子，如"试手襄城意未怡，赤城稍觉味如饴""倚力恃强""枭性狼心"等来表达对项羽的残暴行为的批判和不满。诗人站在历史的高度，对项羽及以暴力征服天下的统治者提出了一个令人深思的问题："遗黎到处无余类，欲为何人作霸王？"借此来规劝和警戒统治者。我们从中看到了诗人对儒家仁政爱民思想的深深向往与崇敬之心。

唐汪遵《乌江》："不修仁德合文明，天道如何拟力争。隔岸故乡归不得，十年空负拔山名。"[2]诗人从道德的层面来揭示项羽的败亡，指出项羽"不修仁德"，最终导致他失败的命运。诗中所说的"天道"，指的是"天意""天命"，它代表着人心的向背和历史发展的规律，在诗人看来这种规律不可抗拒。诗人为我们提供了项羽不愿渡江东的另一种解释，因"不修仁德"，使项羽毁掉了自己的一世英名，辜负了家乡的父老乡亲，所以面对隔岸故乡，项羽不敢归，也无颜归。诗中表达了普天之下的百姓对仁政理想的渴望和追求。

唐代僧人释归仁《题楚庙》："羞容难更返江东，谁问从来百战功。

1　（汉）司马迁：《史记·项羽本纪》，中华书局，1985，第321页。

2　宁业高、孙泉：《大楚剑魂》，湖南文艺出版社，2008，第100页。

天地有心归道德，山河无力为英雄。芦花尚识霜戈白，海日犹思火阵红。也是男儿成败事，不须惆怅对西风。"[1]在释归仁看来，项羽纵有百战之功，上天却并不眷顾他，有心让天下归顺了有道德的刘邦。项羽是反秦义军的英雄，虽然英雄随着历史已逝去，但是历史遗迹尚存，它唤起了人们的记忆。诗人睹物思古，思绪展开翅膀，超越时空，在纵论古今中指点江山。那原野中飘舞的芦花和西沉的落日，仿佛让人们看到了当年那如霜的刀剑和染着鲜血的战场。出身佛门的释归仁以慈悲为怀，评点历史人物，谈论古今英雄，更是以仁爱之心作为评价的标准。

综观历代咏项羽诗，我们发现从道德的视角批评项羽缺乏仁政爱民之心，谴责他暴力行为的多数为宋、元两朝诗人。这其中深层的原因就是他们或者亲身经历，或者耳闻了辽、金、元军队南下侵略中原时的各种残暴行径，对项羽由胜利走向失败有了更多的思考，逝去的历史与当下的现实社会紧密地融合在一起，他们希望借着对项羽失败原因的总结思考，给当朝统治者以警示作用，也寄寓了他们对统治者仁政爱民政治的祈盼。

三、道德评价之二：舍生取义，虽败犹荣

"义"是一个很宽泛的道德概念，又是道德范畴的主体和核心，它常常是人们评判一件事情或评价一个人时使用频率最高的一个词，人们对某件事或某个人作褒贬评价时，常用"义"或"不义"来概括之。"义"作为道德的核心，与其他词组合又能反映出道德范畴的多层次性及多种内涵，如道义、信义、忠义、情义、侠义、仕义、恩义等等。[2]

1　宁业高、孙泉：《大楚剑魂》，湖南文艺出版社，2008，第106页。

2　杨宁宁：《在"义"的视阈下看项羽的道德错位》，《广西民族大学学报》2009年第1期。

当年项羽从垓下突围到乌江边，乌江亭长舣船欲渡项羽过江，但是项羽拒绝了，他说："籍与江东子弟八千人渡江而西，今无一人还，纵江东父兄怜而王我，我何面目见之？纵彼不言，籍独不愧于心乎？"[1] 最后选择了自刎。项羽视人格、尊严和名节高于生命，为保名节，他义不过江；为保气节，他义不受辱，最终选择自杀。他以自己的生命实践了儒家"杀身成仁""舍生取义"的道德信条。他宁死不屈，义重如山的精神品格，感动着无数的后人。人们在诗歌中表达对他深深的敬佩与感动。

唐人胡曾《乌江》："争帝图王势已倾，八千兵散楚歌声。乌江不是无船渡，耻向东吴再起兵。"[2]胡曾用四句诗概括了当年项羽乌江自刎的情景，表达着对他无限的敬仰与同情，分析了项羽当时耻于过江的心理活动，展现了项羽义重如山，视名节重于生命的人格之美。郑振铎曾评价胡曾的咏史诗："他能以浅近之辞，表达历史上可歌可泣之事，……为的是颇能谐合一般民众的口味，故得以传诵不休。"[3]胡曾的咏史诗虽然不像杜牧那么别出新意，也没有李商隐的隐然寄托，但是因为通俗易懂，加上概括史事性强，所以从唐五代至明清，被作为儿童训蒙读物，影响广泛。

唐汪遵《乌江》："兵散弓残挫虎威，单枪匹马突重围。英雄去尽羞容在，看却江东不得归。"[4]汪遵在诗里以简练之笔描述了项羽转战南北的征战生涯，特别突出表现他在时局不利，"兵散弓残"的形势下仍然百折不挠地"单枪匹马突重围"，赞扬他顽强不屈的斗志，感慨他英雄末路之时为了维护尊严和气节的人生选择，表达了对项羽的无限敬

1　（汉）司马迁：《史记·项羽本纪》，中华书局，1985，第336页。

2　宁业高、孙泉：《大楚剑魂》，湖南文艺出版社，2008，第99页。

3　羊玉祥：《古诗文鉴赏方法》，巴蜀书社，1995，第38页。

4　宁业高、孙泉：《大楚剑魂》，湖南文艺出版社，2008，第100页。

佩与无尽的叹息。

宋贺铸《题项羽庙三首》其二："楚都陈迹久灰埃，一曲虞兮尚寄哀。不作偷生渡江计，可须千里更西来？"[1]贺铸在诗中对项羽不愿渡江而苟全性命的人生选择提出了质疑，"不作偷生渡江计，可须千里更西来？"诗人认为项羽本来是要渡江的，否则不会从垓下突围千里而来（实际上只有三至四百里左右，诗人是夸张写法）。从司马迁《项羽本纪》叙述的情形看，当时项羽是半夜南下突围，并不一定有渡江之打算，只因夜黑风高，后有追兵，一路狂奔，到阴陵迷失道，又被田父骗，叫他向左拐，于是陷于大泽中。可以推测从大泽摆脱困境跑出来时，已经完全不是项羽当初选择的突围线路了，所以被追兵逼到乌江边也是不得已，此时项羽才面临是否渡江的生死抉择。以此看贺铸的看法并不成立，但可以作为解读项羽的又一种答案。

宋李清照《夏日绝句》："生当作人杰，死亦为鬼雄。至今思项羽，不肯过江东。"[2]宋陆游《秋晚杂兴》："逐鹿心虽壮，乘骓势已穷。终全盖世气，绝意走江东。"[3]这两首诗都有一种悲壮、豪放、激昂、深沉的风格。陆游与李清照都是生活在北宋灭亡，南宋初建时期，只是李清照比陆游年长约四十岁。他们共同经历了北宋灭亡，中原沦陷，国土丧失的耻辱剧痛，都痛恨南宋朝廷妥协投降，放弃北伐，收复中原的政策。所以在他们心中，南宋朝廷满足于过江偏安江南，享受快乐人生与项羽的宁愿"死亦为鬼雄"，也决不过江苟全性命的人生选择形成了鲜明对比。项羽的高大伟岸反衬了南宋朝廷的卑躬屈节及渺小。他们鄙视南宋朝廷的自私软弱，贪生怕死，高歌赞扬项羽在面临生与义的抉择之时，舍生取义，慷慨赴难的人格与气节。对项羽有一种心向

1　宁业高、孙泉:《大楚剑魂》，湖南文艺出版社，2008，第113页。

2　于植元、孙绍华、关纪新:《中华史诗咏史诗本事》，广西民族出版社，2000，第459页。

3　宁业高、孙泉:《大楚剑魂》，湖南文艺出版社，2008，第121页。

往之的崇拜之情。可以说他们是将自己的情感注入项羽的身上，借项羽之事述心中之情。

清阎尔梅《乌江浦》："阴陵道左困英雄，骓马长嘶万里风。成败何妨争面目，不随亭长渡江东。"[1]阎尔梅是明清之际诗人，在"清军入关主政后，他参加弘光政权，坚持抗清活动，散尽家财，结交豪士，立志复明，两次被清军抓获，意志不屈。"[2]由于诗人经历特殊，所以他在诗中寄寓了言志抒怀之意，对项羽"阴陵道左困英雄"有几分沉痛与惋惜，在赞美其英雄气概中，对项羽义不过江的选择给予高度肯定和赞扬，借此表达自己不屈不挠的抗清意志和誓死赴难的决心。

清颜光猷《赞霸王坟》："四面楚歌霸业移，乌江战败有谁知。鲁人尚自终臣节，闭户弦诵拒汉师。"[3]这首诗是吟咏《项羽本纪》结尾记录的一件事："项王已死，楚地皆降汉，独鲁不下。汉乃引天下兵欲屠之，为其守礼义，为主死节，乃持项王头视鲁，鲁父兄乃降。始，楚怀王初封项籍为鲁公，及其死，鲁最后下，故以鲁公礼葬项王谷城。"[4]

此事表现出鲁人对项羽的一片赤诚忠心，其忠肝义胆真乃可歌可泣耶！所以清人史珥评价说："鲁不急下，动汉王'守礼义，为主死节'之褒，羽得此颇不寂寞。'"[5]据介绍，颜光猷所赞的霸王坟：

> 是谓曲阜五泉庄墓，其俗称"霸王坟"，位于曲阜西周鲁国故城东北角之东。乾隆《曲阜县志》记载："在鲁城东里许，俗称为霸王冢。"当地的"古城大冢"。《阙里文献考》记载："曲阜城东北有古冢，俗名霸王头，相传为项羽首处云。"[6]

1 宁业高、孙泉：《大楚剑魂》，湖南文艺出版社，2008，第145页。
2 宁业高、孙泉：《大楚剑魂》，湖南文艺出版社，2008，第145页。
3 宁业高、孙泉：《大楚剑魂》，湖南文艺出版社，2008，第153页。
4 （汉）司马迁：《史记·项羽本纪》，中华书局，1985，第337—338页。
5 韩兆琦：《史记笺证·项羽本纪》，江西人民出版社，2005，第638页。
6 宁业高、孙泉：《大楚剑魂》，湖南文艺出版社，2008，第154页。

　　颜光猷是春秋时期孔子最贤能的弟子之一颜子的第六十七代孙，曲阜人，清康熙年间的进士，为清官员。因为颜光猷是曲阜人，曲阜是西周鲁国都，孔子的故里，礼仪之邦。当年家乡的百姓为项王守礼义，守死节，义不降汉的故事，想必诗人不仅从《史记》中了解，也会从父老乡亲的口述传说，民间故事中知晓。可以推测，诗人不止一次地到过霸王坟前祭奠，他感慨项羽为了气节义不过江的壮举，更敬佩故乡父老乡亲对项王的忠义之举，他们用生命践行了儒家"杀身成仁""舍生取义"的道德信条。

　　清汪绍焻《项王》："骓马虞兮可奈何，汉军四面楚人歌。乌江耻学鸿门遁，亭长无劳劝渡河。"[1]诗人讽刺刘邦鸿门宴上贪生怕死，半途逃亡的可耻行为，赞扬项羽对心爱女子虞姬和爱骑的难舍深情，用诗意的语言诠释了末路英雄的儿女情长，以及情深义重的侠骨柔情。诗歌为后人道出了乌江亭长苦劝项羽过江未果的真正原因，是因为项羽若渡江则有偷生逃亡之嫌，他不齿于鸿门宴上刘邦的偷生逃亡之举，为了维护自己的名节，也为那份对虞姬和骓马的难舍深情，所以义不过江，慷慨赴死。钱穆对项羽"乌江刎别"给予热烈的礼赞："临终慷慨，此情此义亦可长留天地间，获后世之同情矣。此亦一成功，非失败。"[2]同样的感动，同样的精彩，可谓异曲同工。

　　清钱泳《乌江项王庙》："不渡江东忍自亡，天心人事本难量。英雄已足称千古，香火还留祭一方。丛木秋风余杀气，鬼磷墓雨落星光。我来羡棹寒塘晚，惟听江流悲未央。"[3]诗歌在赞扬项羽"杀身成仁""不渡江东忍自亡"的大义之举时，也表达了对世事难料的无奈。"天心人事本难量"，应指项羽渡江后的结局难以预料，江东父老是否会拥戴

1　宁业高、孙泉：《大楚剑魂》，湖南文艺出版社，2008，第156页。
2　韩兆琦：《史记笺证·项羽本纪》，江西人民出版社，2005，第643页。
3　宁业高、孙泉：《大楚剑魂》，湖南文艺出版社，2008，第163页。

他为王？江东子弟是否愿与他卷土重来？再有乌江亭长是否会像田父那样骗他上船陷他于绝境，一切都难以预测。"英雄已足称千古"是对项羽义不过江，自刎乌江人生选择的高度肯定，项羽此举不仅成就了他英雄的美名，并将流芳千古。诗的后半部分通过写景来抒情，借"丛木秋风""鬼磷墓雨""羲棹寒塘""江流"等意象，抒发诗人深深的悲悯之情。

通过对历代咏项羽诗总体情况的总结分析，使我们对咏项羽诗的情况有了较全面深入的了解。诗人们站在历史的高度，从道德的视角对项羽的人生做了透彻的分析阐释，他们批评了项羽的暴力行为，指出仁政爱民思想的缺失是导致项羽失败的真正原因。他们赞美和敬佩项羽舍生取义的人生选择。从中我们感受到了儒家思想对中国知识分子影响之深远，也感受到了项羽在中国知识分子心目中留下的永远是一种复杂矛盾的心理和情感。但不容置疑的是，项羽早已在诗人心目中树立起了一座永远不倒的英雄丰碑。

（原载于《学术论坛》2010年第11期）

第三章

司马迁的食客观念与食客

古代的"食客"定义与身份辨析

"食客"最初产生于春秋战国时期。这是一个特殊的群体。说他们特殊，是因为从职业的角度看，他们非工非农、非士非商。从经济学的角度看，他们是社会的边缘人，但是他们中的许多人却活跃在当时的政治、外交舞台，如李斯、商鞅、蔺相如、毛遂等。而吕不韦的食客更是集体著述了《吕氏春秋》一书，显示了他们在思想上、政治上深邃的见解和扎实的理论功底，无论在当时还是对后世都产生了重要影响。虽然后来每一个朝代都有食客出现，但是其人数和影响力较之春秋战国时期要小得多。所以说春秋战国的食客更具有代表性。"食客"虽然曾经有过辉煌的历史，但是一直以来却没有得到学术界的广泛关注和重视，至今为止研究专著仅有一部，研究论文只是在20世纪80年代有过两篇。这不能不说是一件令人遗憾的事情。

一、辞书对食客的定义

人们对"食客"概念的理解，古今存在着一定的差异。今人对"食客"的理解基本上把它限定在饮食方面，如《餐桌细节中，做个有"礼"的食客》《吸引众多食客的天津圆满素食林》《何不清查"极品食客"》。这是刊登在近期的几个刊物上的几篇文章标题，我们从中可以看出今人对"食客"的理解大致指的是会食者，好食者，或者能食者。

古代的"食客"又有"舍人，客，门客，门下客，门人，门子"等称呼。《辞海》对"食客"解释为："古代寄食于豪门贵族家并为之服务的门客。"[1]《辞源》解释为："①寄食于富贵之家并为之所用的门客。②饮食店的顾客。"[2]《现代汉语词典》的解释："①古代寄食在贵族官僚家里，为主人策划、奔走的人。②饮食店的顾客。"[3]由此看三者意思相近。而"舍人、客、门客、门下客、门人、门子"等词在《辞源》《辞海》里的解释基本都归结到"食客"上，如《辞源》"门人：①弟子。②即门客。""门客：①谓门下之食客。②宋人称塾师为门客。""门下士：①指门客。②门生。"[4]如《辞海》"门人：①门生，弟子。②食客、门客。""门子：①卿大夫的嫡子。②门下士；食客。""门客：门下客；食客。"[5]这里不一一列举。归纳几部词典的解释，作为食客应该符合两个条件，一是寄食于富贵人家；二是为所寄食者服务。所以说，食客最显著的特征是其依附性、非生产性、非自由性和非官方性。

二、食客的另一层含义

笔者以为几部词典对"食客"概念的解释是不完整的。事实上"食

1　辞海编辑委员会：《辞海》，上海辞书出版社，1982，第839页。

2　广东、广西、湖南、河南辞源修订组，商务印书馆编辑部：《辞源》，商务印书馆，1988，第1862页。

3　中国社会科学院语言研究所词典编辑室：《现代汉语词典》，商务印书馆，1998，第1147页。

4　广东、广西、湖南、河南辞源修订组，商务印书馆编辑部：《辞源》，商务印书馆，1988，第1758—1760页。

5　辞海编辑委员会：《辞海》，上海辞书出版社，1982，第875页。

客"还有另一层含义是几部词典没有表述出来的，即"借助权贵来寻找升官发财的机会"。也就是说食客具有很强的投机性。《史记·春申君列传》记载：李园听说楚考烈王无子，就想把自己的妹妹进献给楚王，以达到他步入仕途的目的。于是他主动投到春申君门下作食客。一天他故意请假晚归，回来后春申君问其原因，他告之齐王派使者来要娶其妹，陪客所以晚归。春申君问："送过聘礼了吗？"李园说："没有。"春申君马上要见其妹，李园借机将妹妹送给春申君。当李园得知妹妹怀有春申君的孩子后，让她说服春申君把自己献给楚王。她说：

> "今妾自知有身矣，而人莫知。妾幸君未久，诚以君之重而进妾于楚王，王必幸妾；妾赖天有子男，则是君之子为王也，楚国尽可得，孰与身临不测之罪乎？"春申君大然之，乃出李园女弟，谨舍而言之楚王。楚王召入幸之，遂生子男，立为太子，以李园女弟为王后。楚王贵李园，园用事。[1]

一切都按照李园的计划进行，妹妹做了王后，他做了国舅。只是春申君没有想到"螳螂捕蝉，黄雀在后"，由于李园怕春申君泄密，又怕太子继位后春申君更得势，所以他暗养杀手，在楚考烈王去世后，先下手为强，派人把春申君杀掉。从李园做食客的动机来看，他投靠春申君不仅仅是像其他食客那样为了升官发财，他有更大的野心，他觊觎的是国舅和丞相的位置，他投机钻营的欲望和手段是超乎常人的，甚至比一般食客更阴险更残忍。

《史记·李斯列传》记载：李斯少年时看到"厕中鼠"和"仓中鼠"由于处境不同，受到人们不同的对待，由此感叹："诟莫大于卑贱，而悲莫甚于穷困。"[2]由此他立志要做人上人。首先，他跟随荀卿学帝王之

---

1 （汉）司马迁:《史记·春申君列传》，中华书局，1985，第2397页。
2 （汉）司马迁:《史记·李斯列传》，中华书局，1985，第2539页。

术。学成之后他辞别荀卿说："今秦王欲吞天下，称帝而治，此布衣驰
骛之时而游说者之秋也。处卑贱之位而计不为者，此禽鹿视肉，人面
而能强行者耳。"[1]李斯认为，当今秦国欲吞天下，正是贫寒之士驰骋天
下，游说诸侯的最好时机，若处卑贱之位仍袖手旁观，没有什么打算
的话，就像是只知道吃现成肉的禽兽一样，实际上是长着人样却无人
的志向和本领。在他看来那些身处卑贱却非议世俗，厌恶名利的士人，
标榜自己与世无争，实际上非常虚伪，是假扮清高。为此，他像猎鹰
一样地捕捉时机，最后他捕捉到了秦国丞相吕不韦这个大猎物，于是
投其门下做食客。果然吕不韦没有让他失望，推荐他作了秦宫廷的宿
卫侍从官，最后他逐渐爬到了秦国丞相的位置，实现了他的梦想。司
马迁非常真实而详尽地展现了李斯投机钻营、依附权贵的心理世界。
虽然卑鄙，虽然丑陋，但是却折射出了食客们投机钻营背后那种渴望
改变自己社会地位，改变自己命运的努力和抗争。

　　春秋战国的食客流动性很大，因此食客身份不是一成不变的，可
以说食客投机钻营的特性决定了他们身份的不稳定性。受各种因素的
影响，食客的身份常常发生改变，李斯、范雎由食客一变而成为秦国
丞相就是最好的说明。蔺相如原来是赵国宦者令缪贤门下的食客。一
次秦国听说赵国有楚和氏璧，让人带书给赵王，表示愿以十五城交换
和氏璧。在给与不给，如何给又不受骗不被欺的问题上，赵王及朝廷
大臣都感到非常棘手，拿不出一个两全其美的计策。在这关键时刻，
蔺相如经缪贤推荐作了赵王的使臣，带着和氏璧出使秦国，在秦廷上
与秦王斗智斗勇，终于不辱使命，不负众望，完璧归赵。"相如既归，
赵王以为贤大夫使不辱於诸侯，拜相如为上大夫。"[2]后来蔺相如又随赵
王到渑池与秦王相会，在酒会上蔺相如有胆有识，有勇有谋，与秦王

1　（汉）司马迁：《史记·李斯列传》，中华书局，1985，第2539页。
2　（汉）司马迁：《史记·廉颇蔺相如列传》，中华书局，1985，第2441页。

针锋相对，为赵王挽回了面子，维护了赵国的尊严，回国后被赵王拜为上卿大夫，位居廉颇之右。他在赵国不仅成了权倾一时的人物，而且不少人纷纷投到他的门下做食客，他从昔日的食客一跃成为供养、招揽食客的新权贵。

再看豫让，人们只知道他是一个刺客。据《史记·刺客列传》记载："豫让者，晋人也，故尝事范氏及中行氏，而无所知名。去而事智伯，智伯甚尊宠之。"[1]豫让最初投到晋国六卿大夫中的范氏和中行氏门下为食客。但是"无所知名"，没有得到他们的赏识和重用，豫让很失望，又投到晋国六卿大夫之一的智伯门下为食客。"智伯甚尊宠之。""甚"是一个程度副词，表明智伯对豫让不是一般的好，而是非常之好。"尊"表明智伯对豫让非常尊重，不因他食客的身份而轻视他，不因他几易其主而怀疑他的忠诚。这里的"宠"是"使荣耀"的意思。据《吕氏春秋·不侵篇》记载，豫让曾对其友说：

> 范氏、中行氏，我寒而不我衣，我饥而不我食，而时使我与千人共其养，是众人畜我也。……至于智氏则不然，出则乘我以车，入则足我以养。众人广朝，而必加礼于吾所，是国士畜我也，夫国士畜我者，我亦国士事之。[2]

由于智伯对豫让的尊宠和器重超出了一般人，待遇优厚，谦恭有礼，把他当国士看待，所以豫让感到非常的"荣耀"。当智伯被晋国卿大夫赵襄子灭掉后，豫让发誓要为智伯报仇，杀掉赵襄子，他才由一个食客转变为刺客。

上述几位食客的经历可以说明，"食客"这一概念的完整表述应该是："古代寄食于权贵家，并为之服务，通过他们寻找升官发财机会的门客。"

1　（汉）司马迁：《史记·刺客列传》，中华书局，1985，第2519页。

2　（秦）吕不韦等：《吕氏春秋集释·不侵篇》，许维遹校释，中华书局，2009，第271页。

三、食客身份辨析

在明确"食客"概念之后，我们就可以对食客身份进行界定了。之所以要对食客身份进行界定，是因为常常看到一些文章或论著将一些不是食客的人当成食客，如李珺平的《春秋战国门客文化与秦汉致用文艺观》一书，对食客的界定非常宽泛，他不仅将侯嬴、朱亥等当成食客，甚至将秦汉时的刘邦、项羽都划入食客行列。究其原因，一是因为在《史记》等史料中，介绍某人身份时有时只说"事某某"；二是有的人因为与战国四公子关系密切，常被人误当成食客。人们对食客身份产生歧义的主要原因是对食客概念和食客特征认识比较模糊，所以我们有必要对一些食客身份进行界定。《史记·魏公子列传》对侯嬴是这样介绍的："魏有隐士曰侯嬴，年七十，家贫，为大梁夷门监者。公子闻之，往请，欲厚遗之。不肯受，曰：'臣修身洁行数十年，终不以监门困故而受公子财。'"[1]可见侯嬴既没有寄食信陵君家，也没有受他供养，更没有想通过信陵君在仕途上谋求发展的企图。他对信陵君之所以倾心相助，肝胆相照，是因为感激信陵君对他的知遇之恩。再看朱亥，他虽然舍命为信陵君效力，但他也不是食客。《信陵君列传》记载，当信陵君请朱亥随军救赵，帮助对付晋鄙时，"朱亥笑曰：'臣乃市井鼓刀屠者，而公子亲数存之，所以不报谢者，以为小礼无所用。今公子有急，此乃臣效命之秋也。'"[2]可见，朱亥是以屠宰为生的，没有寄食于信陵君。他之所以慷慨相助，是因为他把信陵君视为知己好友，加之他本来就有豪爽任侠的性格。再有毛公、薛公，他们都是赵国的处士。"处士"即有德行而隐居不仕的人。毛公混迹于赌徒中，薛

1　（汉）司马迁：《史记·魏公子列传》，中华书局，1985，第2378页。

2　（汉）司马迁：《史记·魏公子列传》，中华书局，1985，第2381页。

公则藏于卖酒者的行列。由此可见，侯嬴等人都没有寄食权贵，而且自食其力，并且仕途上都不求发展，所以不能算是食客。而刘邦、项羽更是从未寄食于权贵家，更不能算作食客了。

再看商鞅，商鞅早年的身份是学术界争议较大的一个问题。《史记·商君列传》叙述："鞅少好刑名之学，事魏相公叔座为中庶子。"[1]人们对商鞅身份产生分歧，主要集中在对"中庶子"的不同理解，日本学者泷川资言的《史记会注考证》里引中井积德的观点，他认为："魏相之家非公族，中庶子，舍人之称贵者"[2]，又引冈白驹的观点，他指出"自战国以来，大夫之家，有中庶子，有舍人"[3]。韩兆琦在《史记选注集评》里对"中庶子"的解释是"官名，战国时为大夫家掌家事者。高于舍人"[4]。张大可在《史记新注》里对"中庶子"的解释是"官名，掌卿大夫家族事务"[5]。笔者以为中井的解释更合理，中庶子即为食客中地位较高的一类。因为丞相并非属于宗亲王室公族，为其管理家务事的应由丞相负责其酬劳薪水。所以中庶子还是属于舍人一类，只是地位高于舍人。由此看商鞅最初也是食客出身，他寄食公叔座处，为公叔掌管家事。

由于食客在春秋战国时期是一个对当时政治、军事、外交影响很大的特殊群体，阅读史料会常常接触到这个问题，所以弄清食客定义与食客身份，有助于我们对史料的正确理解和把握。

（原载于《阅读与写作》2006年第6期）

1　（汉）司马迁：《史记·商君列传》，中华书局，1985，第2227页。
2　［日］泷川资言：《史记会注考证·商君列传》，文学古籍刊行社，1955，第3398页。
3　［日］泷川资言：《史记会注考证·商君列传》，文学古籍刊行社，1955，第3398页。
4　韩兆琦：《史记选注集评》，广西师范大学出版社，1996，第230页。
5　张大可：《史记新注·商君列传》，华文出版社，2000，第1369页。

社会变迁条件下的春秋战国食客群体

"食客"曾经是春秋战国时期一个非常活跃的群体，他们对当时的政治、军事和外交都有着重要影响，可谓"一怒而诸侯惧，安居而天下熄"。[1]他们对社会有敏锐的观察力和感受力，对思想和政治体制有深刻的认识和思考。他们的思想和主张无论在当时还是对后世都产生了重要影响。遗憾的是，至今学术界对春秋战国"食客"研究关注甚少，他们仅是在人们研究战国四君子时被作为陪衬提及。值得关注的是2001年出版的李珺平教授的《春秋战国门客文化与秦汉致用文艺观》一书，书中分析了春秋战国门客文化以及他们对秦汉致用文艺观形成的影响。但是李著中有些观点值得商榷，例如对门客概念的界定过于宽泛等。

"食客"还有"舍人，客，门客，门下客，门人，门子"等多种称呼。据《史记》等史书记载，战国时期的信陵君、孟尝君、平原君、春申君及吕不韦门下都号称食客数千。供养这么多的食客必须具备一定的条件。首先，要有雄厚的经济实力，否则难以承担几千人的衣食住行。其次，供养食客的权贵要有一定的政治资本，不仅要与君主有特殊的密切关系，还要在社会上有较高的声誉，否则权贵再富有，没有政治资本或名声不好，也招揽不到那么多的食客。是什么原因使得春秋战国时期涌现出这么庞大的食客群体，并且在当时产生重要的影响呢？

1　杨伯峻译注：《孟子译注·滕文公章句下》，中华书局，2006，第140页。

一、食客产生的社会环境

（一）旧有的社会体制被打乱，催生了食客群体

春秋战国时代，是中国历史上一个急剧变化的时代，是一个动荡不安的时代，也是一个群雄争霸的时代。在那个时代，一些旧有的社会体制被打乱，周王朝建立之初的那种"溥天之下，莫非王土，率土之滨，莫非王臣"[1]的神圣王室权威已是名存实亡。

> 从西周中叶开始，周初安排妥当的社会结构已经在悄悄地发生着变化，特别是到了战国时代，那种由周天子按照血缘远近从天子、诸侯、卿大夫、士到庶民安排好的等级制度已经基本上瓦解，宗子与君主合一的宗法国家也不再存在。不仅周初如棋子一样散布在中原大地的数以千计的诸侯小国已被吞并殆尽，即使春秋时代的强宗巨室也大多绝迹于战国间的政治舞台。[2]

曾雄踞春秋五霸之位的吴国、越国及晋国，到了战国时期已不复存在。正所谓"君子之泽，五世而斩；小人之泽，五世而斩"[3]。一方面一些旧的王公贵族在逐渐衰亡，甚至消失；同时一些新的权贵势力又在逐渐兴起。从《史记》看，商鞅、范雎、蔺相如、李斯等早年都有过食客的经历，他们都是在社会变革动荡的大潮中，通过个人奋斗，由食客跃升为新权贵的。可见"在不同家族的势力的更替中，新的社会结构逐渐取代了旧有的社会秩序"[4]。而另一方面，"在社会的变革中

1　高亨：《诗经今注》，上海古籍出版社，1980，第315页。

2　王学泰：《游民文化与中国社会》，学苑出版社，1999，第39页。

3　《诸子集成·孟子正义·离娄下》，上海书店出版社，1994，第340页。

4　王学泰：《游民文化与中国社会》，学苑出版社，1999，第39页。

各个阶层的人们都有可能被抛到社会的底层，进入流浪者的队伍"[1]。这些都加剧了卿大夫们的危机意识，他们既要辅助君王抵御外敌入侵，保卫国家，又要巩固自己在本国的政治地位。因此，他们都求贤若渴，急需各种人才辅助自己，以获得更大的利益，也为了向对手或其君王显示自己的实力。于是通过养客进而达到用客的目的，成为他们的一种必然选择。一时间权贵们养客用客蔚然成风，甚至竞相招揽，互相攀比，由此催生了食客群体。

（二）人才选拔机制的多元化，派生出了食客群体

宗法制社会的特点是按身份划分的等级制，身份等级的固定化和外在化，身份等级的世袭制。这些特点决定了人的身份等级先天注定，世代相传，不可更改。"所谓的'血而优则仕'，'血而劣则隶'，即使是自由民也是世代相传很难改变其身份的。"[2]

但是随着旧的社会体制被打乱，宗法等级制社会的解体，原有的世卿世禄的官吏选拔制度也遭到冲击。诸子百家的争鸣也在理论上对人才选拔发出了各自不同的声音和见解。管仲就提出："君之所审者三：一曰德不当其位，二曰功不当其禄，三曰能不当其官。……故国有德义未明于朝者，则不可加于尊位；功力未见于国者，则不可授与重禄；临事不信于民者，则不可使任大官。"[3]明确提出把"德""功""能"作为君主考察其臣下的主要标准。范雎也提出了"劳大者其禄厚，功多者其爵尊"[4]，主张以军功和劳绩作为考察人才，赏功赐爵的重要依据。这些理论主张加上李悝、吴起、商鞅在魏、楚、秦等国推行的变法，都实行"食有劳而禄有功"的政策，使得当时官员的任免升降不再完

1　王学泰：《游民文化与中国社会》，学苑出版社，1999，第39页。

2　王学泰：《游民文化与中国社会》，学苑出版社，1999，第34页。

3　《诸子集成·管子校正·立政》，上海书店出版社，1994，第9页。

4　张清常、王延栋：《战国策笺注》，南开大学出版社，1994，第124页。

全依靠血缘世袭，呈现出多元化的趋势。例如有立功、献策、举荐、亲亲、招聘、买卖等多种途径。多种人才选拔的方式，无疑打破了过去世袭制的传统，对于出身寒门又渴望立功扬名的人来说是非常令人振奋的。

世卿世禄制虽然在当时受到了冲击，但是，所谓的百足之虫，死而不僵。各国权贵不仅在血缘上与君主有着千丝万缕的密切联系，而且政治上与君主也有着特殊关系。像孟尝君与齐湣王是堂兄弟，他几次出任齐国丞相。平原君是赵惠文王之弟，赵孝成王之叔，三次出任赵国丞相。信陵君是魏昭王的小儿子，魏安釐王的弟弟。春申君是辅助考烈王继任王位的有功之臣，为此他出任楚相二十多年。吕不韦为秦庄襄王的继位立下汗马功劳，历任秦庄襄王和秦王政两代君王的丞相十多年，并且在秦王政成年亲政前，是秦国政治上的实权人物。正因如此，他们能够左右本国的政治，能够影响君王的决策，能够决定一些官员的任免升降。食客们正是看到了权贵身上的独特资源和利用价值，才有所选择地投入到这些权贵门下。

由于春秋战国动荡不安的形势，使得大国吞并小国，强国欺凌弱国的情况不断发生。就是在各诸侯国中，大夫互相兼并，甚至蚕食王室的事情也时有发生，像田氏代齐、三家分晋的现实都加重了各诸侯王和卿大夫们的危机感。如何在这残酷的政治斗争中求生存求发展，是权贵们面临的严峻问题。于是在家族血缘之外更大范围地寻找更多的良将贤才来帮助自己，是他们的共同选择。另一方面人才选拔的多样化，激发了寒门之士步入仕途，立功扬名的勇气和决心。他们深知要实现其理想，必须依靠权贵的举荐，于是纷纷投到权贵的门下，这种两相遇合的现实催生了食客群体。

（三）人们观念意识的转变，逐步接纳了食客群体

在宗法制时代，人们有着很强的国家观念和宗族观念，视家国为一体，因此人员流动，人才交流的现象较少。但是随着旧的社会秩序被破坏，宗法制的解体，许多小国被大国吞并已不复存在，人们的国家意识日渐淡化，人们的道德观念受到了强烈的冲击，各种观念意识、理想信念也随之发生变化。一方面儒家学者们在极力地弘扬"富贵不能淫，贫贱不能移，威武不能屈"[1]的伦理道德观；另一方面人们又感叹"人生世上，势位富贵盖可忽乎哉"[2]因此投机钻营谋取富贵之事，"朝秦暮楚""楚材晋用"之人比比皆是。像屈原那样"受命不迁""横而不流""深固难徙"，坚定不移地固守信念和理想的爱国者在当时已是凤毛麟角。更多的人看重的是为我所用，有奶便是娘的处世之道。只要能升官发财，能立功扬名，可以不择手段。像吴起为了能做鲁国的将军，率鲁军与齐军作战，不惜杀妻（其妻为齐人）以示自己对齐国绝无私情。商鞅率秦军伐魏，以欺诈手段杀死了自己当年的好友——魏军将领公子卬。这种种违背伦理，违反道德的现象人们已见怪不怪。人们在感叹世风日下的同时，对各种各样的处世之道和人生哲学，或者以一种比较理性的态度去看待、去适应；或者以一种无奈的态度去习惯、去接受；或者以一种崇尚的心理去学习、去效仿。

长期以来形成的血统论观念开始受到人们的怀疑和否定，人们以"王侯将相，宁有种乎？"的呐喊向血统论发起了挑战。为了出人头地，为了获取功名富贵，一些人可谓绞尽脑汁，不择手段。楚国春申君食客李园，先把自己的妹妹送给春申君，又借春申君之手把妹妹送给楚考烈王，最后终于实现了他当国舅的梦想。其手段套路与吕不韦如出一辙。

1　《诸子集成·孟子正义·滕文公下》，上海书店出版社，1994，第246页。

2　张清常、王延栋：《战国策笺注·秦策一·苏秦始将连横说秦惠王》，南开大学出版社，1994，第66页。

二、食客向权贵的转化

食客作为一个特殊群体流动性很大，具有不稳定性。对一些人来说，食客身份并不是固定不变的，有的人经过个人奋斗上升到士的阶层，有的逐渐分化为侠客、刺客、说客、游民等等。造成食客身份角色转换的原因有多种。

第一，权贵举荐。这是最常见的一种。人们常说"机遇偏爱有准备的头脑"。虽然机遇带有一定的偶然性，但是如果一个人具备了才智和勇气，那么他就会比别人更容易捕捉到机遇，或者在机遇来临时更有可能得到机遇的青睐。蔺相如就是在秦国向赵国强索和氏璧的危机关头，被主人举荐给赵王作为出使秦国的使者的。他最终不负众望，在和秦王的对峙中有勇有谋，不辱使命，完璧归赵。他不仅在赵国成了权倾一时的人物，位居廉颇之右，而且成了招揽供养食客的新权贵。他的经历说明，危险与机遇并存，对别人来说出使秦国是一件非常棘手的事情，既危险，又难以完成，但是对蔺相如来说却是一个机遇。假如他是个平庸之辈，不会得到缪贤的推荐，即使推荐了，他也无法完成使命，甚至赴秦可能踏上的是一条不归路。再有李斯，他跟荀子学习了帝王之术后，到秦国投到丞相吕不韦门下做食客。经吕不韦的推荐，他作了秦王嬴政的侍从官，逐渐升为长史、卿大夫，最后做了秦国丞相。

第二，自我推荐。有时食客的自我推荐会有意想不到的结果。人们常说"酒好不怕巷子深"，但是有时候酒好也怕巷子深。如果怀抱才能却不积极地寻找机会展现自己，即使是金子也会被掩埋在沙子中。《史记·平原君列传》记载，赵国邯郸被秦军包围时，平原君欲率二十人到楚国求救，结果仅得十九人，他门下食客毛遂自荐，愿随同前往。

但是平原君说：

> "夫贤士之处世也，譬若锥之处囊中，其末立见。今先生处胜之门
> 下三年于此矣，左右未有所称诵，胜未有所闻，是先生无所有也。先生
> 不能，先生留。"毛遂曰："臣乃今日请处囊中耳。使遂蚤得处囊中，乃颖
> 脱而出，非特其末见而已。"[1]

平原君以毛遂到他府上三年，没有任何突出的表现为由拒绝了他，
但是毛遂据理力争：假如你给我机会，我早就脱颖而出了。于是平原
君带着他到了楚国。平原君与楚王谈论合纵之事，但是从早晨谈到中
午，楚王仍没有合纵之意。毛遂按剑上前对楚王曰："今十步之内，王
不得恃楚国之众也，王之命悬于遂手。"[2]迫使楚王与赵国合纵结盟。平
原君归来对毛遂的大智大勇称赞不已，他说：

> "胜相士多者千人，寡者百数，自以为不失天下之士，今乃于毛先
> 生而失之也。毛先生一至楚，而使赵重于九鼎大吕。毛先生以三寸之舌，
> 强于百万之师。胜不敢复相士。"遂以为上客。[3]

毛遂自荐脱颖而出的经历说明，机遇常常是可遇不可求的，只有
自己不断地去争取，努力地去创造，机遇才会惠顾这些有准备的人。
如果说毛遂主动要求出使是他善于抓住机遇，那么他持剑挟迫楚王与
赵国合纵结盟，可以说是他为自己创造的机遇。

第三，主动寻找。人们都知道商鞅变法对秦国富国强兵的巨大贡
献，但是他早年的食客经历却鲜为人知。《史记·商君列传》记载，商
鞅最初在魏相公叔座家中为食客，替他掌管家中事务。

1　（汉）司马迁：《史记·平原君列传》，中华书局，1985，第2366页。
2　（汉）司马迁：《史记·平原君列传》，中华书局，1985，第2367页。
3　（汉）司马迁：《史记·平原君列传》，中华书局，1985，第2368页。

公叔座知其贤，未及进。会座病，魏惠王亲往问病，曰："公叔病有如不可讳，将奈社稷何？"公叔曰："座之中庶子公孙鞅，年虽少，有奇才，愿王举国而听之。"王嘿然。王且去，座屏人言曰："王即不听用鞅，必杀之，无令出境。"王许诺而去。公叔座召鞅谢曰："今者王问可以为相者，我言若，王色不许我。我方先君后臣，因谓王即弗用鞅，当杀之。王许我。汝可疾去矣，且见禽。"鞅曰："彼王不能用君之言任臣，又安能用君之言杀臣乎？"卒不去。[1]

商鞅认为既然魏王不接受公叔座的意见用他，也不会采纳他的意见杀他，因此他没有离去。公叔座死后，商鞅为了寻求发展的机会才离开了魏国。他听说秦孝公招纳贤士，于是西入秦国，通过孝公宠臣景监的引荐，见到了秦孝公。商鞅向秦孝公提出了变法革新的主张，得到秦孝公的大力支持，并任用他为秦相。商鞅得到了商于十五邑的封地，显贵之极。当商鞅率秦军攻破魏国军队，魏国被迫割河西之地向秦国求和时，魏惠王曰："寡人恨不用公叔座之言也。"[2]范雎和商鞅一样，早年也做过食客。他在权贵家并没有得到展露才华的机会，还因被怀疑私通齐国受到酷刑。范雎和商鞅在权贵家都没有机会展露才华，但是他们没有放弃努力，也不把自己拴死在一棵树上，而是毅然选择离开，积极地另求发展。巧的是他们俩都曾在魏国当食客，又都离开魏国到秦国另谋发展，最后凭着自己的才华和努力，都做了秦国的丞相。

第四，意外事件。春秋战国时代充满着机遇也充满着危险，在这样一个危机四伏，变幻莫测的时代，无论是君王还是权贵，都有可能被汹涌的浪潮推向顶峰，也有可能被摔入低谷或是被淹没在茫茫大海中。可以说一切都是不可测的。权贵遭殃，其食客的命运也随之改变，

1　（汉）司马迁：《史记·商君列传》，中华书局，1985，第2227页。
2　（汉）司马迁：《史记·商君列传》，中华书局，1985，第2233页。

正所谓覆巢之下无完卵。豫让原来是晋国卿大夫智伯门下的食客。由于卿大夫之间的矛盾斗争，智伯被赵襄子灭族，豫让为了报答智伯的知遇之恩，发誓要为他报仇，自此他由食客转变为刺客。冯谖原来在孟尝君门下默默无闻，当孟尝君被齐湣王废除相位时，其他食客看到孟尝君大势已去，纷纷离去另攀高枝。正所谓的患难见真情，冯谖不仅对孟尝君不离不弃，还独自一人到秦国游说秦王："'使齐重于天下者，孟尝君也。今齐王以毁废之，其心怨，必背齐；背齐入秦，则齐国之情，人事之诚，尽委之秦，齐地可得也。'……秦王大悦，乃遣车十乘黄金百镒以迎孟尝君。"[1]冯谖又先辞行回到齐国，游说齐王："今臣窃闻秦遣使车十乘载黄金百镒以迎孟尝君。孟尝君不西则已，西入相秦则天下归之，……王何不先秦使之未到，复孟尝君，而益与之邑以谢之？孟尝君必喜而受之。秦虽强国，岂可以请人相而迎之哉！折秦之谋，而绝其霸强之略。"[2]最后使得齐王"召孟尝君而复其相位，而与其故邑之地，又益以千户"[3]。当孟尝君重新为齐相后，冯谖又继续替孟尝君营造三窟。

蔺相如、毛遂、李斯等人的经历，非常真实地记录了食客由卑贱到高贵的身份转换过程。他们的成功既有个人的胆识、才智和勇气，也有机遇。不可否认也有像李斯、李园那样靠着投机钻营取富贵的。每个人成功的背后，都有一番曲折、艰难、不平凡的奋斗历史。但是能够像他们这样在逆境中发愤图强、成就功名的，在食客群体中毕竟只是极少的一部分，他们是千万个食客的杰出代表。像孟尝君门下的魏子，平原君门下的李同，春申君门下的朱英等食客，也有过人的才华和杰出的表现，司马迁在《史记》中借四位公子列传将他们记录了

1　（汉）司马迁：《史记·孟尝君列传》，中华书局，1985，第2361页。

2　（汉）司马迁：《史记·孟尝君列传》，中华书局，1985，第2361—2362页。

3　（汉）司马迁：《史记·孟尝君列传》，中华书局，1985，第2362页。

下来。司马迁在四公子列传中用了大量的篇幅来写他们的招客、养客、爱客、用客，实际上他是借四公子之名来写食客的故事，来反映春秋战国时期群雄争霸，人才优胜劣汰的历史。可以说孟尝君等四位公子能够美名传后世，完全是因为有了食客的烘托陪衬。有的食客在《史记》中没有被记下姓名，但是，他们的人生就像彩虹一般，虽然仅有短暂的美丽，却也实现了他们的理想抱负，显示了他们的人生价值。更多的食客则是默默无闻终其一身。对于已经跃升为权贵或士阶层的食客而言，他们早年的食客经历，对他们的人生观、世界观和思想性格的形成都有着至关重要的影响。

三、食客复杂多变的性格

食客作为一个特殊的群体，来源广泛，成分复杂，有鸡鸣狗盗之徒，有穷困落魄之士，有没落贵族，有酒色之徒，有侠客勇士，等等。食客成分的复杂性，决定了他们性格的复杂多变，甚至一些人身上出现了二律背反的性格倾向。

（一）忍辱负重，成就功名

食客寄食性和非生产性的特点，决定了他们必须受人供养的性质。寄人篱下，凡事总得低头。由于他们托身权贵的主要目的不仅仅是为了求得一饭之食，而是抱着升官发财的梦想。因此，为了达到目的，他们不惜忍受屈辱，忍受歧视，忍受苦难。冯谖初到孟尝君门下时，作为下等客被安排在下舍。孟尝君及其他食客看他一副落魄"无能""无好"的样子，都以貌取人，非常歧视他。当他因"食无鱼""出无车"而一再提出要求时，其他食客不仅鄙视他，甚至厌恶他。范雎早年"欲事魏王，家贫无以自资，乃先事魏中大夫须贾"[1]，范雎作为须贾的食客，曾随须贾一起出使齐国。因齐宣王听说范雎口才很好，"乃使人赐雎金十斤及牛酒，雎辞谢不敢受。须贾知之，大怒，以为雎持魏国阴事告齐，故得此馈。……既归，心怒雎，以告魏相。"[2]魏国丞相魏齐得知后暴怒，让他的舍人鞭挞范雎，打断了他的肋骨和牙齿，被人丢到厕所中，宾客喝醉酒后朝他身上撒尿，肆意地践踏羞辱他。最后，他在看守的帮助下逃出魏国。这段经历成为他发愤图强，忍辱成就功名的原动力。

　　食客不仅要忍受来自社会的各种歧视、羞辱，还要忍受主人和其他食客的虐待与嘲讽。并不是每个权贵都像战国四公子那样礼贤下士，诚恳待客的。就是四公子也不是对每个食客都那么友善、谦恭和器重的，一切都是因人而异。能够得到礼遇和厚爱的食客毕竟只是少数，所谓的上等客才有这样的待遇，大多数食客的境遇大概与豫让在范氏、中行氏家的境况差不多。人们在看到少数食客功成名就后的辉煌时，是否注意到他们曾经怎样的忍辱负重？

（二）侠义报恩，忠心耿耿

　　报恩作为中国传统的伦理道德观念，一直以来以一种集体无意识的形式渗透于人们的思想意识中，影响着人们的生活，规范着人们的行为。这种思想意识和道德观念又常通过文学作品，民间歌谣和谚语、警句格言等形式向子孙后代传递着，不断地强化着。"谁言寸草心，报得三春晖"，这是教育儿女要报答父母的养育之恩。"滴水之恩当涌泉相报"，这是要求受恩者哪怕得到过别人的一点点好处，都要牢记在心，有机会都要十倍、百倍地回报恩人。"结草衔环"则表达了古人受

1　（汉）司马迁：《史记·范雎蔡列传》，中华书局，1985，第2401页。

2　（汉）司马迁：《史记·范雎蔡列传》，中华书局，1985，第2401页。

恩深重，至死也要报答的思想。人们常常把报恩与讲信义、重情义联系在一起。知恩图报是每一个人立足社会的起码的道德规范和行为准则。如果一个人知恩不报或者是不知感恩的话，常常被人们视为无情无义，不仅会受到世人的唾弃和谴责，骂他们"忘恩负义"，还会冠以"中山狼"之恶名。

作为食客这样一个群体，寄食在权贵家，依赖权贵的供养而生活，受其恩惠自然就要为其服务，这是对食客起码的要求和规定，也是食客应尽的义务，这不能算真正意义上的报恩。这里说的食客报恩，指的是主人在遭遇不幸或是落难之后，食客不考虑个人利益或安危，奋不顾身地为主人做事，回报主人。《史记·赵世家》记载"赵氏孤儿"的故事，其中舍身救孤儿的公孙杵臼就是赵朔家的食客。为救孤儿，公孙杵臼牺牲了自己的性命。程婴与公孙杵臼一片忠心、侠义报恩的壮举通过《史记》被世代流传了下来。事实上"赵氏孤儿"这一事件在《春秋》《左传》《国语》等史书中均无记载。对于一般的后人来说，这一事件的真实性已无人去追究，几千年来它感动后人的是程婴和公孙杵臼侠义报恩的忠肝义胆和赵氏孤儿最终复仇成功的大团圆结局。

《战国策·齐三》记载，孟尝君有一舍人，私下里与他的姬妾偷情，这在常人看来"为君舍人，而内与夫人相爱，亦甚不义矣！"[1]是大逆不道的。手下人将这一情况报告给孟尝君，建议将偷情者杀之。但是孟尝君认为："爱美之心人皆有之"，这不是那舍人的错，他将这事搁置一边，不再理会。一年后，孟尝君叫来那位舍人，将他推荐给卫国国君，让他到卫国君处做事。那位舍人到卫国后很受卫君器重。不久，齐、卫两国关系恶化，卫君打算联合各诸侯兵攻打齐国。被孟尝君举荐到卫国的舍人对卫君说："孟尝君不知道我不贤，欺骗您向您举荐我。

1　诸祖耿：《战国策集注汇考·齐三·孟尝君舍人有与君之夫人相爱者》，江苏古籍出版社，1985，第575页。

我听说齐、卫两国君主曾经歃血为盟：齐、卫两国后世无相攻伐。若有攻伐者，将不得好死。现在大王您要约天下之兵以攻齐，这是违背先君盟约而欺骗孟尝君的做法。希望您不要伐齐，若能接受我的意见最好，不行，我将以死谏君，血染您的衣襟。"卫君听了那位舍人的话，停止了伐齐的计划。人们对此称赞说："孟尝君可谓善为事矣！转祸为功！"[1] 孟尝君以他宽大的胸襟宽恕了舍人的过错，并且巧妙机智地处理了这件事情。他以自己的人格魅力得到了舍人的尊重和敬佩，最终在他遇到危险的时候，得到舍人以死谏言的回报。

对食客而言，忠于主人，回报主人是他们立身处世的基本原则和应尽的义务。正所谓"疾风知劲草，患难见真情"。《史记·孟尝君列传》记载："其舍人魏子为孟尝君收邑入，三反而不致一人。孟尝君问之，对曰：'有贤者，窃假与之，以故不致入。'孟尝君怒而退魏子。"[2] 几年后，有人诽谤诋毁孟尝君欲造反，遭到齐湣王的怀疑，孟尝君只得出逃。魏子及曾得到孟尝君免租之贤人听说后，上书齐王说明孟尝君没有谋反，并在宫门前自杀以示孟尝君的清白。他们的忠诚义举感动了齐王，经查证他们说的情况属实，齐王召回孟尝君，恢复其相位。

豫让对主人智伯的忠心与报恩是所有食客中最感人的。当年豫让在智伯门下为食客时，智伯尊宠他是出于对他的敬仰与爱才，而不像公子光对专诸、严仲子对聂政、太子丹对荆轲那样，带有很强的目的性，向他们施恩就是为了借躯复仇。所以豫让对智伯一片赤诚之心连他的敌人赵襄子都被感动了。假如智伯地下有知，该是何等的感动和欣慰呀！虽然豫让出师未捷身先死，但是他的侠义报恩得到司马迁和后人的敬佩和赞扬。

1　诸祖耿：《战国策集注汇考·齐三·孟尝君舍人有与君之夫人相爱者》，江苏古籍出版社，1985年，第575—577页。

2　（汉）司马迁：《史记·孟尝君列传》，中华书局，1985，第2356—2357页。

（三）追名逐利，重义轻生

"义"与"利"本是互相矛盾，互不相容的两种伦理道德观念和行为方式。孔子就曾经说过"君子喻于义，小人喻于利"[1]。人们常把"义"和"利"对立起来，作为划分君子和小人的标准。由此人们耻于言"利"，唯恐一言"利"就被视为小人。事实上，人要在世上生存就离不开"利"，关键在于如何获利，获利的手段和途径是否符合道义。只要获"利"是取之有道，不违背道义又有何不可呢？相反，有的人为了出人头地或升官发财，一面不择手段地谋"利"，一面却作出一副耻于言利的样子，这才是地地道道的伪君子。

食客们既逐"利"又讲"义"，"义"和"利"这一对矛盾在他们身上得到了协调统一。食客寄食权贵家，希望"好风凭借力，送我上青云"，通过权贵的举荐和帮助步入仕途，以获取更大的财富和名利，其追名逐利之心昭然若揭。但是在获"利"要损害"义"的情况下，大多数食客会舍"利"而取"义"。像前面提到的魏子、豫让、公孙杵臼等，在"义"与"利"发生冲突时，都舍"利"取"义"。当然，也有一些食客在面对"义"与"利"的抉择时，会取"利"而舍"义"。像商鞅率秦军伐魏，以欺诈手段杀死了当年的好友，魏军将领公子卬。李斯为了保住丞相位，不惜出卖灵魂和良心，与赵高一起在秦始皇去世后合谋篡改遗诏，扶助胡亥做了二世皇，成为千古罪人。由于商鞅和李斯在人生的关键时刻取利而舍义，所以尽管他们在政治上贡献很大，功勋卓著，但是在《史记》里被司马迁放在了较低的位置，并且给予很低的评价也就不足为奇了。

1　《诸子集成·论语正义·里仁》，上海书店出版社，1994，第82页。

（四）投机钻营、趋炎附势

春秋战国时期，构成社会主体的除贵族之外，就是士农工商，所谓的四民。食客这一群体在社会上处于一种边缘人的状态，因此他们迫切地希望融入主流社会，希望改变自己这种不上不下的尴尬处境。更重要的是他们渴望立功扬名，渴望升官发财。于是他们寄食权贵家，试图走捷径而达到取富贵之目的。因此投机钻营，趋炎附势是他们最典型的性格特征。所以，食客在一些是非问题上，有时候没有什么坚定的政治立场和鲜明的是非观念，常常是"有奶便是娘"。为了达到升官发财、步入仕途的目的，他们想方设法依附权贵，千方百计投机钻营。

这些人虽然卑贱，但是却反映出食客投机钻营背后，那种渴望改变自己的社会地位、改变自己命运的抗争。所以在李斯看来"久处卑贱之位，困苦之地，非世而恶利，自托于无为，此非士之情也"[1]。他非常鄙视那些身处卑贱却非议世俗，厌恶名利的士人，标榜自己与世无争，实际上非常虚伪，是假扮清高。《史记·孟尝君列传》记载：

> 齐王惑于秦、楚之毁，以为孟尝君名高其主而擅齐国之权，遂废孟尝君。诸客见孟尝君废，皆去。……后召而复之，冯谖迎之。未到，孟尝君太息叹曰："文常好客，遇客无所敢失，食客三千有余人，先生所知也。客见文一日废，皆背文而去，莫顾文者。今赖先生得复其位，客亦有何面目复见文乎？如复见文者，必唾其面而大辱之。"冯谖结辔下拜。孟尝君下车接之，曰："先生为客谢乎？"冯谖曰："非为客谢也，为君之言失。夫物有必至，事有固然，君知之乎？"孟尝君曰："愚不知所谓也。"曰："生者必有死，物之必至也；富贵多士，贫贱寡友，事之固然也。君独不见夫趋市（朝）者乎？明旦，侧肩争门而入；日暮之后，过市朝者掉臂而不顾。非好朝而恶暮，所期物忘其中。今君失位，宾客皆去，不足

1　（汉）司马迁：《史记·李斯列传》，中华书局，1985，第2539—2540页。

以怨士而徒绝宾客之路。愿君遇客如故。"[1]

孟尝君的食客在他失去相位后纷纷离他而去，虽然孟尝君的封邑收入能够养活这众多食客，但是食客们深知，随着孟尝君的失势，他在齐王面前已经没有话语权，这就意味着孟尝君帮助他们、举荐他们获得一官半职的可能性几乎为零，所以他们选择离去，最后仅剩冯谖一人。当孟尝君官复原职，他们重新看到了希望，又相继回来。对于这些投机性极强的势利食客，连一向"好客，遇客无所敢失"的孟尝君也非常愤怒和厌恶，声言对复返之客"必唾其面而大辱之"。但是冯谖作为食客，他深明食客的处世之道，为孟尝君分析了食客选择主人的基本想法和初衷。他给孟尝君作了一个形象的比喻：他得势为齐相时，犹如早晨的集市，商品众多，所以人们争相购买，对于食客来说就是机会很多；他失势了就如傍晚的市场，空荡无物，于食客而言则是仕途上已毫无机会，所以，人们自然就不再光顾。冯谖的话道出了当时食客与权贵相处的投机心态：追名逐利，为我所用，以商品交换的原则来衡量处理与主人的关系。他把当时食客渴望名利富贵，渴望立身扬名的本质内涵揭示了出来。司马迁意味深长地借冯谖之口说道："生者必有死，物之必至也；富贵多士，贫贱寡友，事之固然。"他为我们揭示了事物发展的一些必然规律，反映了司马迁因世态炎凉而总结出的某种人生哲理，其中深含着他的人生感悟。

同样的情况在战国名将廉颇的身上又一次出现。《史记·廉颇蔺相如列传》记载，廉颇在长平之战中因为与赵王意见不合，被赵王罢免职位。廉颇失势之后，其门下食客都离他而去。五年之后，廉颇被重新起用，率赵军与燕军作战。

1　（汉）司马迁：《史记·孟尝君列传》，中华书局，1985，第2361—2362页。

廉颇之免长平归也，失势之时，故客尽去。及复用为将，客又复至。廉颇曰："客退矣！"客曰："吁！君何见之晚也？夫天下以市道交，君有势，我则从君，君无势则去，此固其理也，有何怨乎？"[1]

廉颇的食客把主客关系看成市场上的买卖关系，聚散离合随利益而定。你有利可图我选择你，就如我到市场上选择于我有用的商品；你无权无势，就是无利可图之商品，我只能弃之。这位食客把商品经济学的原理运用到主客交往之中，其"市道交"之理论与冯谖的"趣市"分析如出一辙。可见这种依附权贵，投机取富贵的心理在食客中非常普遍。司马迁有意识地将食客这种投机心理暴露出来。

《史记·平津侯主父列传》记载：

> 上拜主父为齐相。至齐，遍召昆弟宾客，散五百金予之，数之曰："始吾贫时，昆弟不我衣食，宾客不我内门；今吾相齐，诸君迎我或千里。吾与诸君绝矣，毋复入偃之门！"
>
> ……
>
> 主父方贵幸时，宾客以千数；及其族死，无一人收者，唯独洨孔车收葬之。[2]

《史记·汲郑列传》载：

> 太史公曰："夫以汲、郑之贤，有势则宾客十倍，无势则否，况众人乎！下邽翟公有言，始翟公为廷尉，宾客阗门；及废，门外可设雀罗。翟公复为廷尉，宾客欲往，翟公乃大署其门曰：'一死一生，乃知交情。一贫一富，乃知交态。一贵一贱，交情乃见。'汲、郑亦云，悲夫！"[3]

一个人在官场上的仕宦沉浮，起起落落是常事，通过周围人对他

1　（汉）司马迁：《史记·廉颇蔺相如列传》，中华书局，1985，第2448页。

2　（汉）司马迁：《史记·平津侯主父列传》，中华书局，1985，第2962页。

3　（汉）司马迁：《史记·汲郑列传》，中华书局，1985，第3113—3114页。

的升迁、贬谪之后绝然不同的态度，使人性中真、善、美和假、恶、丑的本性充分暴露出来。食客与主人聚散离合，都取决于主人权势的强弱与地位的高低。对大多数食客而言，忠诚只是相对的，而投机却是绝对的。当主人落魄失势时，众多的食客如同鸟兽散，仍然坚定地选择留守在主人身边的只是极少数的食客。正因为像冯谖、浇孔车这样忠诚的食客太少了，人们对这些忠诚者心生敬意。主父偃的食客浇孔车在主父全家被灭族之后，毅然为他"收葬之"。此举连汉武帝都被感动，赞扬他"孔车长者也"。

　　一个人的一生经历的事情很多，留给后人可记录的事情也会很多，写人物传记是不可能全部都写进去的，这就存在一个剪裁取舍的问题，选择什么材料写进史书中，体现出作者的思想感情和他的价值取向。司马迁因为李陵事件而遭遇宫刑，在他遭受不幸，身陷囹圄之时，他像一个溺水的求生者，渴望着有人对他伸出救援之手，可是"交游莫救，左右亲近不为一言"。[1]残酷的现实对他是个极大的触动，他感慨良多，其思想认识和价值观也发生了转变。他对于世态炎凉，人情冷暖有了比常人更为深刻的认识。所以每当他叙述笔下的历史人物遭遇坎坷不幸时，他都会特别地关注周围人对他笔下主人公的态度和反映，会将那些投机者的丑恶嘴脸暴露出来，以此鞭挞、谴责那些势利小人，也颂扬赞美那些对主人忠心耿耿的食客。

　　钱钟书指出："马迁于炎凉世态，如言之不足，故重言之者，殆别有怀抱而陈古刺今，借浇块垒欤。"[2]他对司马迁在《廉颇蔺相如列传》《孟尝君列传》《魏其武安侯列传》《汲郑列传》《平津侯主父列传》等篇中对食客的投机与背叛的情况不厌其烦，屡屡言之评议道："再三言此，

<hr />

1　（汉）班固：《汉书·司马迁传》，中华书局，1996，第2730页。

2　钱钟书：《管锥编》第一册，中华书局，1999，第357页。

感慨系之。"[1]

(五) 自卑自傲，敏感多疑

食客由于低贱贫寒的出身，使他们比一般的人更自卑自傲，更敏感多疑。这种性格有时在食客身上达到一种极至的程度。《孟尝君列传》记载："孟尝君曾待客夜食，有一人蔽火光。客怒，以饭不等，辍食辞去。孟尝君起，自持其饭比之。客惭，自刭。"[2]这位食客误以为孟尝君在待客上有高低贵贱之别，认为这是对他的侮辱和歧视，因此愤而"辍食辞去"。表面看食客的敏感多疑是因为他的自尊与自傲，实际上隐藏在内心深处的是他的自卑和自贱。当他明白是一场误会时，他不是像常人那样道歉，而是以自杀这种极端的方式来向孟尝君谢罪。由此可见，贫贱让他们的心灵受到了扭曲，使他们比常人更自尊自傲，他们用这种表面的自尊自傲来掩饰内心的自卑自贱。这种二律背反的性格使他们在处理问题时容易走极端，不考虑后果。

特殊的身份和地位使食客比任何人都更在意别人对他的态度和待遇，他们不能容忍别人对他们任何一点无礼和歧视。《史记·平原君虞卿列传》记载，平原君有一个跛脚人的邻居，每当他走过平原君楼下时，平原君的美人就在楼上大笑不止。一天，跛脚人来到平原君家，对平原君说："臣闻君之喜士，士不远千里而至者，以君能贵士而贱妾也。臣不幸有疲癃之病，而君之后宫临而笑臣，臣愿得笑臣者头。"[3]平原君笑着答应。但是过后他并没有斩下美人头，还嘲笑那位跛脚者。渐渐地他发现他的食客有一半已离去，他非常奇怪，自以为平日里待客不薄，为何食客纷纷离去呢？一个食客告诉他："以君之不杀笑躄

1　钱钟书：《管锥编》第一册，中华书局，1999，第318页。

2　(汉)司马迁：《史记·孟尝君列传》，中华书局，1985，第2354页。

3　(汉)司马迁：《史记·平原君虞卿列传》，中华书局，1985，第2365页。

者，以君为爱色而贱士，士即去耳。"[1] 平原君于是斩了美人头，亲自上跛脚邻居家中谢罪。离去的食客又渐渐回来一些。事实上美人与跛脚人之间的矛盾纠葛和平原君的爱士与贱士并无直接联系，因为跛脚人既非平原君食客，又非贤士。但是跛脚人为了让平原君斩美人头，有意将他与美人的矛盾和平原君的爱士与贱士联系起来，从而误导食客，以为平原君不斩美人头就是"爱色而贱士"，是对他们的羞辱与蔑视，他们深感人格尊严受到了侮辱和伤害，失望之余他们选择离去，另择明主。

食客这种自卑自傲又敏感多疑的心理性格，是由他们低贱的出身和卑微的地位所决定的，并且常常以一种"润物细无声"的集体无意识形式扩散、渗透于每一个食客的思想意识中，影响、支配着他们的言行。他们比常人更渴望得到人们的理解和尊重，得到社会的承认和接纳。尽管他们寄食权贵家，但是他们有自己的人格尊严，有自己做人的道义和信条，一旦他们认为人格尊严受到损害，他们会誓死捍卫，甚至毫不犹豫地舍弃一些宝贵的东西。他们视人格尊严重于生命。《礼记·檀弓下》记载：

> 齐大饥，黔敖为食於路，以待饥者而食之。有饥者，蒙袂辑屦，贸贸然来。黔敖左奉食，右执饮，曰："嗟来食。"扬其目而视之，曰："予唯不食嗟来之食，以至於斯也。"从而谢焉，终不食而死。[2]

由此"不食嗟来之食"成为贫贱者和食客们崇尚的气节和道义。对此孟子曾感慨万千，他说："一箪食，一豆羹，得之则生，弗得则死。呼尔而与之，行道之人弗受，蹴尔而与之，乞人不屑也。"[3] 孟子的话道

1　（汉）司马迁：《史记·平原君虞卿列传》，中华书局，1985，第2365页。

2　（清）阮元校刻：《十三经注疏·礼记·檀弓下》，中华书局，1996，第86页。

3　《诸子集成·孟子正义·告子上》，上海书店出版社，1994，第462页。

出了卑贱者和乞食者共同的心理，那就是人格尊严高于生命，神圣不可侵犯。

（六）虚荣市侩，鼠肚鸡肠

食客群体来源广泛，人员成分复杂，决定了这些人在素质、品德上鱼龙混杂。一些食客喜欢攀比，好炫耀，以此来填补他们的自卑感，满足他们的虚荣心。《史记·春申君列传》记载："平原君使人于春申君，春申君舍之于上舍。赵使欲夸楚，为瑇瑁簪，刀剑室以珠玉饰之，请命春申君客。春申君客三千余人，其上客皆蹑珠履以见赵使，赵使大惭。"[1]平原君食客本想到春申君府上比富炫耀一番，没想到春申君的食客一个个锦衣玉食，满身的珠光宝气，令平原君食客大为惭愧。

不同权贵门下的食客要攀比，要斗富，似乎可以理解。可是处在同一个权贵家里的食客，也要攀比，也要炫耀。由于食客太多，所以权贵一般根据食客的才能和贡献的大小，将他们分为上、中、下三等，分别给予不同等级的待遇。这就使上等客在中、下等客面前有了骄傲炫耀的资本，同时也在食客心里播下了竞争和歧视的种子。冯谖初到孟尝君门下时，因贫穷，遭到了其他食客的厌恶和鄙视。当孟尝君让他由下客升格为上客时，冯谖"乘其车，揭其剑，过其友曰：'孟尝君客我。'"[2]那种兴奋、满足和骄傲、炫耀的神情洋溢在他的脸上。他的自豪和炫耀不单是因为做了孟尝君的食客，而是做了上客，他要让朋友看到他食有鱼，出有车，过上了富贵人的生活。《史记·孟尝君列传》记载："孟尝君过赵，赵平原君客之。赵人闻孟尝君贤，出观之，皆笑曰：'始以薛公为魁然也，今视之，乃眇小丈夫耳。'孟尝君闻之，怒。

1　（汉）司马迁：《史记·春申君列传》，中华书局，1985，第2395页。
2　张清常、王延栋：《战国策笺注·齐策四·齐人有冯谖者》，南开大学出版社，1994，第264页。

客与俱者下，斫击杀数百人，遂灭一县以去。"[1]

孟尝君因身材矮小被赵人嘲笑，恼羞成怒，纵容其客追杀嘲笑者。食客追杀赵人，不仅是为了执行主人的命令，还因为他们感到自尊心受到了伤害，嘲笑主人就是嘲笑他们，他们的荣誉与主人的荣誉紧密相连，一损俱损，一荣俱荣，伤害主人的面子就是伤害他们的面子，所以他们决不能容忍。在这种虚荣心的驱使下，他们丧失了理性，丧失了判断是非的能力，竟然让赵国的几百条生命冤死在他们的手中。由此可见，虚荣市侩之心发展到极致就会变为狭隘，会演变为报复。可以说虚荣市侩之心是产生狭隘报复的催化剂，而狭隘与报复又是一对孪生姐妹。报复的产生常常是狭隘之心引发的。范雎当年在须贾门下为食客，曾受到严刑的处罚。这段受辱的经历，让他刻骨铭心。当他作了秦国丞相之后，狭隘之心使他开始了对须贾和魏齐的疯狂报复。他对出使秦国的须贾极尽羞辱和嘲讽，并将他驱赶回国。又通过秦王向收留魏齐的平原君和赵王下了最后通牒："王之弟在秦，范君之仇魏齐在平原君之家。王使人疾持其头来；不然，吾举兵而伐赵，又不出王之弟于关。"[2]最后逼得魏齐走投无路，自杀身亡。

食客在封建社会虽然每个时代都有，但是以春秋战国时期的人数最多，影响最大。这是因为动乱的社会和活跃的思想成为催生他们成长的土壤和条件。随着秦汉王朝封建专制制度的建立，食客开始走向衰落。

西汉初期，权贵们仍延续着战国养客之余风，像"吴濞、淮南皆招宾客以千数。外戚大臣魏其、武安之属竞逐于京师"[3]。由于在人才选拔任用上汉承秦制，更强调"劳大者其禄厚，功多者其爵尊"，在军中

---

1 （汉）司马迁：《史记·孟尝君列传》，中华书局，1985，第2355页。

2 （汉）司马迁：《史记·范雎蔡泽列传》，中华书局，1985，第2416页。

3 （汉）班固：《汉书·游侠列传》，中华书局，1996，第3698页。

严格实行论功行赏。军功不够，哪怕是外戚也与封侯无缘，像著名将军李广虽与匈奴交战45年，终因军功不够，始终未能封侯。官吏任用的规范化、制度化，使食客们企图通过非正常的途径达到仕途晋升之目的已经比较困难。

另一方面由于食客的怂恿、帮助，王侯之间经常发生矛盾冲突，有时甚至激化各王侯对朝廷的不满与矛盾。像汉初吴楚七国的叛乱，淮南王刘安的谋反等事件，食客在其中的影响都是不容忽视的。由此，朝廷逐渐意识到食客已成为危害中央朝廷的一大隐患，成为危害社会安定的一大毒瘤。自文帝、景帝开始打击食客，到汉武帝对招养食客的权贵更是痛恨有加，所以掀起了中央朝廷严厉打击食客、游侠的第一次高潮。像魏其侯窦婴与太仆灌夫被杀，历来人们都以为是他们与国舅田蚡矛盾所致，其实更深层次的原因是"自魏其、武安之厚宾客，天子常切齿"[1]。所以田蚡在朝廷辩论中的一番话道出了武帝心中的忧虑："魏其、灌夫日夜招聚天下豪桀壮士与论议，腹诽而心谤，不仰视天而俯画地，辟倪两宫间，幸天下有变，而欲有大功。"[2]这就促使武帝下了杀魏其、灌夫的决心。至成帝之时，由于养客之风又渐起，于是出现了第二次打击削弱食客的高潮。自此食客一蹶不振，彻底走向衰落。虽然在唐朝后期藩镇势力猖獗之时，各地藩镇也大量招揽食客，但是无论在人数上还是社会影响上，都不可能与春秋战国时期相比。可以说中央集权制的建立及不断完善是导致食客衰亡的根本原因。

（原载于《思想战线》2006年第3期）

1 （汉）司马迁：《史记·卫将军骠骑列传》，中华书局，1985，第2946页。
2 （汉）司马迁：《史记·魏其武安侯列传》，中华书局，1985，第2851页。

食客文学集团与食客文学

古代食客又有门客、门人、舍人、宾客、客等多种称呼，他们以寄食权贵，服务权贵，借助权贵寻找升官发财的途径为主要特征。食客始于春秋，兴于战国，分化、转型于秦汉。以往学术界研究较多的是战国四君子养客、用客以及食客的性质、活动等方面的情况。对食客文学集团及食客文学创作情况，还没有人去关注和研究，本文在此抛砖引玉，希望引起学术界重视。

一、由政治向学术转型

食客投身权贵门下，是希望在政治上出人头地，步入仕途。他们积极地投身于各种政治活动，为主人出谋划策、斡旋，为君王出使他国。因为食客的奔走和努力，有时能够改变当时的政治格局和外交形势，改变一些权贵的升迁废黜。食客在当时的社会影响可以用"一怒而诸侯惧，安居而天下息"[1]来形容。许多食客因为他们为君王和权贵的特殊贡献，被君王封赏赐爵，步入仕途，如蔺相如、毛遂等，成为新权贵，完成了他们由食客向权贵的身份、角色的转变。

汉代是食客转变、分化和衰落的历史转折期。食客由春秋战国时的兴盛、壮大到秦汉开始出现分化的趋势。这种分化、转变与当时社会由动乱纷争走向统一稳定有着密切的关系。西汉前期，延续着战国

---

[1] 《诸子集成·孟子正义·滕文公下》，上海书店出版社，1994，第244页。

养客之风，许多诸侯王和朝廷大臣仍以养客为时尚，其门下都聚集了众多的食客。从数量来看，西汉食客并不比战国少，但是从社会影响力来看，食客已经大不如前了。食客的活动和影响开始由政治转向思想学术及文学领域。

秦、汉时期，君与臣在食客的问题上出现了截然相反的态度。对朝廷来说，食客成为威胁朝廷安全的危险分子；对权贵而言，食客成为他们对付朝廷的中坚分子，抗衡中央的军事力量。当权贵与朝廷发生矛盾冲突，充当马前卒的一定是食客。所谓养兵千日，用兵一时。最突出的例子就是发生在战国末期秦国的嫪毐事件。嫪毐是秦王嬴政母亲的情人。他与太后生了两个儿子。因为得到太后宠幸，"赏赐甚厚，事皆决于嫪毐。嫪毐家童数千人，诸客求宦为嫪毐舍人千馀人"。[1]在秦王政九年（前238），嬴政成年将亲政时，恰好嫪毐被人告发。

> 毐作乱而觉，矫王御玺及太后玺以发县卒及卫卒、官骑、戎翟君公、舍人，将欲攻蕲年宫为乱。王知之，令相国昌平君、昌文君发卒攻毐。战咸阳，斩首数百……。车裂以徇，灭其宗。及其舍人，轻者为鬼薪。及夺爵迁蜀四千馀家。[2]

嫪毐谋反虽被镇压，但是他凭借数千食客的强大势力敢于与君王抗衡的事实给秦王敲响了警钟。嬴政是一个非常崇尚并身体力行君主专制的君王，他不能容忍王权旁落，或者遭遇威胁的情况发生，所以打击铲除食客势力成为当务之急。在嫪毐事件的第二年，即秦王政十年（前237），秦王"大索，逐客"[3]，在国中下了逐客令。后来因为"李斯上书说，乃止逐客令"[4]。以往谈到秦王逐客，都依据《史记·李斯列

1　（汉）司马迁：《史记·吕不韦列传》，中华书局，1985，第2511页。

2　（汉）司马迁：《史记·秦始皇本纪》，中华书局，1985，第227页。

3　（汉）司马迁：《史记·秦始皇本纪》，中华书局，1985，第230页。

4　（汉）司马迁：《史记·秦始皇本纪》，中华书局，1985，第230页。

传》所载，因韩国人郑国修水渠的间谍事件引发。但是根据《史记·秦始皇本纪》记载来看，秦王政的逐客与嫪毐事件有直接的因果关系。并不像《李斯列传》说是因为郑国间谍案。而且《秦始皇本纪》没有提到郑国修水渠的间谍事件，说明秦王逐客与郑国间谍案无关。另外，《史记·河渠书》载有郑国修渠的间谍事件，但只字未提秦王逐客。《史记·六国年表》记载郑国修渠的时间是在秦王政元年（前246），而逐客是在王政十年，两事间隔近十年，时间上也不对。如果说逐客与郑国间谍案有关的话，那么秦王不会等十年之后再逐客，那样意义就不大了。由此推断秦王逐客与郑国间谍案无关。

到汉代国家统一，天下太平。如果说春秋战国的社会动乱是食客产生的基础和发展的条件，那么，随着西汉王朝的建立，社会由动乱趋于稳定，由分裂变为统一。社会发生了转型，政治制度发生了改变。由春秋战国的分封制、宗法制为主要内容的政治制度，向秦汉封建君主专制的中央集权制转变。这些转变使食客原有的生存环境发生改变，生存环境的改变直接影响到食客未来发展方向的改变。

汉王朝政权建立之后，社会对人才的需求，由过去对政治、军事、外交人才的需求转向对经济、管理方面的需求。社会需求的改变，直接影响到食客的转变。原来怀抱政治理想，渴望在政治上有所作为、出人头地的食客，政治热情大为受挫。另一方面是社会环境的改变。社会的安宁和谐以及规范有序的社会秩序，改变了人们对英雄、偶像崇拜的标准和要求。人们不再欣赏和崇拜那些乱世中脱颖而出的英雄，不再推崇和敬仰那些纵横捭阖、朝秦暮楚的游说食客。曾经倍受赞扬的食客不再受到世人的追捧和舆论的赞扬。到汉代，食客的地位和社会声誉较之战国时期已经是江河日下，呈现衰落趋势。

在西汉，食客虽然能够在权贵门下找到立足之地，谋得一职，但是他们对社会和朝廷的影响力及重要性已经大不如前，他们受到了世人的冷遇。社会环境的改变和理想的破灭，在食客心中产生了巨大的落差，同时也促使他们改变自己，以适应社会的需要。这个改变就是由对政治的参与和干预转向对历史及学术的思考、研究与总结。这种由政治型向学术型转化的倾向，在战国末期秦国丞相吕不韦的食客中已经初露端倪。这种转变既有主人吕不韦的导向作用，也有秦王嬴政对食客干预政治的排斥，秦王下令逐客，就已经是一个信号。

西汉在政治体制上是汉承秦制，仍然延续秦王朝君主专制的政治制度。战国时期那种民主、自由、开放、活跃的政治氛围已经被君主专制所取代。为了适应环境和制度的改变，为了迎合帝王、诸侯王及权贵对文学及学术经典的喜爱和重视，食客们投其所好，将自己的兴趣爱好、聪明才智和理想抱负由政治、外交转向对学术经典的研究。

西汉社会统一，政治趋于稳定，诸侯王不可能像战国时期那样致力于开疆拓土的政治、外交事业。他们将精力转向经济、文化、享乐方面。"此时的诸侯国，还有养士的遗风。大国诸侯多礼贤下士，延揽人才。当时诸侯国的宾客除在政治、邦交方面发挥一定的作用之外，更多的人则将注意力转移到文学方面。"[1]西汉上层社会的一个显著特征是诸侯王及朝廷大臣都有较高的文化修养和学术造诣。从高祖刘邦到汉武帝，对楚文化和楚文学都极其热爱。朝廷在思想学术领域，从西汉初期对黄老之学的推崇，到武帝时期对儒学的积极倡导，都得到诸侯王及朝臣的积极响应。朝廷广开献书之路，设立太学，大力扶持和倡导对道家、儒学经典的讲习、研究与传播。朝廷在选拔任用人才时，注重招选任用在道家或儒学经典研究上造诣深厚者，或者招选那些贤

1　袁行霈主编：《中国文学史》卷1，高等教育出版社，2000，第185页。

良的文学之士。汉武帝时期，"上方向文学，招俊乂，以广儒墨"[1]。以学问高者优先录用。当时公孙弘前往应征，"太常令所征儒士各对策，百余人，弘策居下。策奏，天子擢弘对为第一"[2]。本来公孙弘在应试者中位列末尾，但是到汉武帝那儿，却被擢拔为第一，遂拜为博士，后又升为丞相。主父偃"学长短纵横之术，晚乃学《易》《春秋》、百家言"[3]。他因上书武帝言《推恩令》等事宜，深得武帝赏识，拜为郎中，"一岁中四迁偃"[4]。可见汉武帝在选拔人才方面有自己的考核标准和评价体系。朝廷对学术和文学的重视，促进了食客的文学创作和文学集团的产生。

二、食客文学集团

最早的文学集团始于食客，这大概出乎很多人的意料。一个文学集团的形成，是因为这个集团成员之间有一些共同的东西：如人生经历、理想抱负、志趣喜好、文学观念、审美追求等。这些共同的东西像纽带一样把文人联系在一起。文人们常在一起切磋交流，互相唱和，一起创作，鉴赏、评点佳作，针砭时弊。加上有影响力和号召力的领袖人物的出现，进而很自然地将这些有共同特点的文人聚集在一起，形成文学集团。

第一个文学集团是战国末期秦国丞相吕不韦的食客文学集团。到西汉又有梁王文学集团、刘安文学集团等。这些文学集团的共同特点是其成员都是食客。他们是因为投身主人门下为食客而聚集到一起。

1　（汉）司马迁:《史记·平津侯主父列传》，中华书局，1985，第2963页。
2　（汉）司马迁:《史记·平津侯主父列传》，中华书局，1985，第2949页。
3　（汉）司马迁:《史记·平津侯主父列传》，中华书局，1985，第2953页。
4　（汉）司马迁:《史记·平津侯主父列传》，中华书局，1985，第2960页。

这种文学集团与后来的建安文学集团、竹林七贤、兰亭唱和、竞陵八友等文学集团有所不同。

什么样的组织称得上"文学集团"？他们有哪些特点？周晓琳对文学集团有如下定义：

> 所谓"文学集团"，顾名思义，是由数位文人聚集而成的文学团体。这个团体必须同时满足以下四个条件：其一，它首先是一个文人聚合体，具有自己经常性的聚会活动。……那些即使生活在同一时代，并且有着相近审美趣味的作家，如果缺少相互之间的文学联系和经常性活动，就应当排除在外。其次，文学创作应当成为联结诸位个体的主要纽带或重要因素，集团成员需有共同的文学活动（常常表现为多同题作品和相互赠答之作）、相近的创作倾向以及较为突出的文学成就，正是这一点将文学集团与一般文人的政治集团或思想集团区别开来。其三，集团的存在与活动具有时空限制性，集团成员之间的文学活动通常以特定的地域为共同的空间背景，并且他们应该生活在大致相同的时代（其主要文学活动应该发生在其主要成员均在世之时）。……其四，文学集团在其形成与存续过程中应有领袖人物发挥组织、感召、凝聚的作用，并对整个集团审美趣味、文学风格的形成产生举足轻重的影响。[1]

以周晓琳对"文学集团"的定义来看，食客文学集团基本上符合上述条件，唯一不同的是这个集团的成员最初集结在一起的目的是为政治而非文学，他们文学创作的初衷也是为了政治的需要。这种情况的出现与当时的社会现实和文学自身发展有着必然的联系。

由于汉代还没有区分文学和非文学的界限，汉代文人皓首穷经积极从事或钻研的是学术或是经学的研究，而非文学。从食客文学集团集体创作的《吕氏春秋》和《淮南子》来看，他们是在主人的主持或招集下进行的集体创作，其目的是阐述、传播主人的政治思想和治国

1　周晓琳：《中古文学集团考辨》，《西华师范大学学报》2009年第4期。

纲要。无论是吕不韦还是刘安，都希望通过他们编撰的书籍来影响他们年青的君王，从而影响君王治国方略的制定和实施，从中很明显地看出他们的政治意图。这种情况是符合中国文学一直强调的"文以载道"的基本精神的。

所谓"食客文学集团"，是指那些出身平民，有着较高文学修养、学识及学术造诣，集思想和文学家品格于一身的食客，在其主人的组织和指导下，进行文学创作，或是集体从事有目的、有计划、有步骤的学术书籍的编撰工作。食客文学集团成员并不包含所有在其权贵门下的食客，只有在主人招集下进行集体的学术或文学写作的食客，才能视为食客文学集团的成员。反过来说，某个食客文学集团并不涵盖其门下的所有食客。

食客文学集团与后世各种文学集团相比，有一些不同。就是这些人的身份都是食客或宾客，他们受权贵供养，与权贵之间形成一种供养和依附关系，所以他们在政治和经济上都有一定的从属性，这种从属的性质决定了他们身上缺少一般文人学者的独立、自由、洒脱和豪放的性情，多了几分委婉、圆滑、屈从、谨小慎微。作家身份角色的不同自然会影响他们的文学创作。

（一）吕不韦文学集团

据《史记·吕不韦传》载：

> 当是时，魏有信陵君，楚有春申君，赵有平原君，齐有孟尝君，皆下士喜宾客以相倾。吕不韦以秦之强，羞不如，亦招致士，厚遇之，至食客三千人。是时诸侯多辩士，如荀卿之徒，著书布天下。吕不韦乃使其客人人著所闻，集论以为八览、六论、十二纪，二十余万言。以为备

天地万物古今之事，号曰《吕氏春秋》。[1]

从记载看，吕不韦招揽食客并组织他们写书的目的，是与其他诸侯国在政治影响和文化方面进行竞争。而《史记·秦始皇本纪》却另有说法：吕不韦"招致宾客游士，欲以并天下"[2]。这里直接点出吕不韦招致食客是为秦国的统一天下做准备。他令宾客撰写《吕氏春秋》，目的是在思想舆论上为秦国统一天下造声势，是出于政治的需要而非文学的目的。对于秦国未来的发展，秦统一天下后建立什么样的政权，吕不韦有自己的思考和设想。他思想活跃，有开放包容的胸襟，加上他丞相的特殊身份，使一些思想活跃、积极进取，有追求和抱负，又有较高学术造诣的文人知识分子纷纷聚集到他的门下。

吕不韦是主人，又是《吕氏春秋》写作的主持人。由于该书是一部有计划、有目的编撰的书籍，在创作当中，必然会有分工协作，统筹计划和安排。可以推想食客在写作的时候，彼此经常会有思想的沟通与交流，写作的讨论和评议，甚至互相批评等活动。当时正处于战国百家争鸣的时期，食客之间为写书互相展开探讨、交流和争辩是完全有可能的。这些都可以视为早期文学集团活动的萌芽。虽然这些活动与后世文学集团作家的相互唱和、评议的文学批评活动有一定的距离，但是，我们可以把它视为文学集团活动的起源和发端。食客正是在这样的文学活动中逐渐地形成了文学集团。当时虽然没有文学集团的叫法，但是他们的活动和创作都已经符合了文学集团的基本特征，所以把参与写作《吕氏春秋》的食客称为吕不韦文学集团，应该是无可争议的。

中国文学的自觉和文、笔之分，是到魏晋时期才出现的，所以吕

1 （汉）司马迁：《史记·吕不韦传》，中华书局，1985，第2510页。
2 （汉）司马迁：《史记·秦始皇本纪》，中华书局，1985，第223页。

不韦文学集团并不像魏晋时期的文学集团那样，文学创作及文学活动的特征那么鲜明突出。这不仅反映出早期文学集团的创作活动的最初状态，还说明最初文学集团的形成与政治及政治活动是密切相关的。

从吕不韦文学集团创作的《吕氏春秋》来看，食客们开始由对政治、外交的兴趣和影响，转移到对思想学术及文学的兴趣上。吕不韦文学集团和《吕氏春秋》对后世食客的发展转变起着一个导向性的重要作用。它的问世，是食客文学集团集体创作的结晶，是食客文学集团集体活动的历史见证，它在中国文学史上具有特殊的意义。

（二）梁王文学集团

西汉时期，延续战国的养客之风，王侯贵族招纳食客风气日盛，成为一种时尚。像刘邦的儿子吴王刘濞、楚王刘交、齐王刘肥、淮南王刘长；文帝的儿子太子刘启、梁王刘武；景帝的儿子河间献王刘德、鲁恭王刘余，还有刘邦之孙淮南王刘安等，纷纷开馆延客。徐复观指出：

> 两汉承先秦余绪，游士之风尚盛。此即诸侯王及富贵者门下的宾客。宾客之品类不齐，多随主人之所好而类集。但有一共同特点，他们都是社会上比较富有活力的一群。诸侯王中若有好学自修之人，则其所集者多在学术上有某种成就之士；于是宾客之所集，常成为某种学术的活动中心，亦为名誉流布之集中点。[1]

由于喜爱文学或学术，西汉一些诸侯王礼贤下士，延揽才华横溢的食客，有意识地招纳那些富有学术思想或文学才华的宾客。"由于藩国诸侯和汉初文人们的共同努力，大约在汉景帝时已经形成了颇具规模的文人集团。"[2]其中以梁王刘武和淮南王刘安的食客文学集团最具影

---

[1] 徐复观：《两汉思想史》卷1，华东师范大学出版社，2004，第107页。
[2] 刘向斌：《试论汉初文人集团的地域成因》，《青海社会科学》2008年第1期。

响力。另外还有河间献王刘德的文学集团，吴王刘濞的文学集团。河间文学集团以研究、讲授儒家经典为主，由于史料缺乏，我们无法了解到该集团文学活动的情况。吴国文学集团的几个主要成员枚乘、邹阳、严忌早期的文学创作活动是在这里开始的，但是后来因为吴王谋反，枚乘、邹阳等人劝谏无果，才离开吴王，投到梁王门下，成为梁王文学集团的主要成员。

"汉初几位诸侯王以文才取士，聚集在他们周围的辞赋家则是以文会友。他们置酒高会，游赏唱和，汉初作家群体首先在几位诸侯王那里生成。"[1]正所谓"物以类聚，人以群分"，梁王刘武因为喜好文学，他招揽的宾客多以文学著称。唐代顾况曾言："梁孝王时，四方游士邹生、枚叟、相如之徒，朝夕晏处，更唱迭和。天寒水冻，酒作诗滴，是有文雅之台。"[2]

顾况所言情况，"说明了梁孝王艺术旨趣，为众多文人幕僚所倾心，诚如高适说'梁王昔全盛，宾客复多才'，在此文雅之台，邹阳、枚乘、枚皋、司马相如、羊胜、公孙诡、路乔如、丁宽、韩安国等人充分展示了他们的文学天才"[3]。梁王为其文学集团成员创造了良好的文化氛围，使他们感到自由、舒适和惬意。他为这些文学家提供了适合于展现他们文学才华的广阔天地，使他们在这个特殊、宽松的环境里人尽其才，创作出优秀的文学佳篇。

梁王文学集团的食客没有留下集体创作的佳篇，但是，其集团成员许多都成为著名的文学家，像邹阳、枚乘、枚皋、司马相如等。他们创作的散文和汉赋代表了西汉文学的最高成就。像枚乘的《七发》标志着汉大赋的正式形成，司马相如的《子虚赋》《上林赋》代表了汉

1　袁行霈主编：《中国文学史》卷1，高等教育出版社，2000，第157页。
2　（唐）顾况：《宋州刺史厅壁记》，《全唐文》卷529，中华书局，1983，第5371页。
3　跃进：《梁孝王集团的文学想象》，《深圳大学学报》2008年第1期。

大赋的最高成就。他们的作品在汉赋发展史上都具有里程碑的意义，而他们都是梁王文学集团的主要成员。可以说梁王文学集团代表了汉代文学的最高成就，他们创造了汉代文学的辉煌，他们的作品在中国文学史上具有较高的地位和影响。

据《西京杂记》卷四"忘忧馆七赋"条记载：梁孝王与诸文士枚乘、路乔如、公孙诡、羊胜、邹阳、公孙乘、韩安国等游于忘忧之馆，使各人为赋，枚乘为《柳赋》，路乔如为《鹤赋》，公孙诡为《文鹿赋》，邹阳为《酒赋》，公孙乘为《月赋》，羊胜为《屏风赋》，韩安国作《几赋》，不成，邹阳代作。[1]

一些文学史对这组汉赋作品多有怀疑，也有学者认为："《西京杂记》所记述的梁孝王宾客作赋事，虽然不能一定说确有其事，但是其文化背景还是很有可能的。"[2]这一看法是比较客观，合乎实际的。我们对这组赋的真实性可以打问号，但是梁王文学集团的文学活动应当是客观存在，真实可信的。

梁王文学集团的特点：一是名人多，佳作多，许多成员在当时已经是名满天下的文学家，如枚乘、司马相如、邹阳等；二是其文人有是非观念，有独立的政治见解，有强烈的社会责任感。他们忠于主人，更忠于朝廷。像邹阳、枚乘最初都在吴王刘濞门下为食客，但是当他们发觉吴王有谋反企图时，不是一味愚忠地帮助主子策划。他们出于对朝廷的忠诚，对主子的负责，对吴王是委婉、诚恳地劝谏，动之以情、晓之以理。当劝说无效时，他们都毅然选择离开，另择明主。

韩安国两次为主子梁王排忧解难，更体现出他鲜明的是非观念和强烈的责任意识。梁王因为"出入游戏，僭于天子。天子闻之，心弗

1　（汉）刘歆：《西京杂记》卷4，程毅中点校，中华书局，1985，第26—28页。

2　跃进：《梁孝王集团的文学想象》，《深圳大学学报》2008年第1期。

善也。太后知帝不善，乃怒梁使者，弗见，案责王所为"[1]。韩安国以梁使身份去拜见梁王的姐姐长公主，陈述"梁王为人子之孝，为人臣之忠"[2]，在吴楚七国叛乱时，梁王毅然为朝廷解忧，令军队击却吴楚，使"吴楚以故兵不敢西，而卒破亡"[3]。一再强调，朝廷击破吴楚，"梁王之力也"[4]。在此基础上，说明梁王僭越行为，不过是夸耀于诸侯，"令天下尽知太后、帝爱之也"[5]。并无过多的非分之想，更无藐视朝廷之念。语词诚恳，娓娓道来，说服了长公主。通过长公主的疏通，解开了太后和景帝的心结，"其后梁王益亲欢"[6]。

　　袁盎曾反对让梁王做景帝的接班人，为此梁王派人刺死袁盎及其他议臣十余人。事后梁王将该事件的主谋，他的食客公孙诡和羊胜藏匿府内，躲避朝廷搜捕。韩安国明辨是非，不是一味地愚忠，对梁王所犯的错误不包庇怂恿，他诚恳耐心地劝说梁王，以太上皇与高皇帝及景帝与太子刘荣的事为例，说明"治天下终不以私乱公"[7]，指出他"犯上禁，桡明法"[8]性质非常严重。使梁王认识到自己错误的严重性，交出刺杀事件的主使，向朝廷谢罪，使事件得以圆满解决。在朝廷与主子处于矛盾对立的情况下，韩安国能够做到对主子负责，对朝廷尽忠，将矛盾化解，体现出他明辨是非，善于化解矛盾的能力和水平，非常难得。

1　（汉）司马迁：《史记·韩长孺列传》，中华书局，1985，第2857—2858页。
2　（汉）司马迁：《史记·韩长孺列传》，中华书局，1985，第2858页。
3　（汉）司马迁：《史记·韩长孺列传》，中华书局，1985，第2858页。
4　（汉）司马迁：《史记·韩长孺列传》，中华书局，1985，第2858页。
5　（汉）司马迁：《史记·韩长孺列传》，中华书局，1985，第2858页。
6　（汉）司马迁：《史记·韩长孺列传》，中华书局，1985，第2858页。
7　（汉）司马迁：《史记·韩长孺列传》，中华书局，1985，第2860页。
8　（汉）司马迁：《史记·韩长孺列传》，中华书局，1985，第2860页。

（三）刘安文学集团

刘安父刘长是刘邦的少子。刘长因犯罪被文帝流放蜀郡，途中绝食而死，当时刘安才五六岁。特殊的身世和家庭对刘安有一定的影响。

> 淮南王安为人好书，鼓琴，不喜弋猎狗马驰骋，亦欲以行阴德拊循百姓，流名誉。招致宾客方术之士数千人，作为《内书》二十一篇，《外书》甚众，又有《中篇》八卷，言神仙黄白之术，亦二十余万言。时武帝方好艺文，以安属为诸父，辩博善为文辞，甚尊重之，每为报书及赐，常召司马相如等视草乃遣。初，安入朝，献所作《内篇》，新出，上爱祕之。使为《离骚传》，且受诏，日食时上。[1]

从这段史料来看，刘安有着学者、文人的气质，他不像其他诸侯王热衷于政治，或醉心于奢华生活。他拥有一块封地，却没有精力和兴趣去经营它。他喜爱读书、鼓琴，热衷于学术研究，著作颇丰，据《汉书·艺文志》载，淮南王作有赋八十二篇[2]，可见刘安的文学才华非同一般。

武帝曾让刘安写一篇《离骚传》。早晨下诏，刘安才思敏捷，接到诏书后不久即完成。他写的《离骚传》颇含深意，"借屈原之冤，以明自己之志。其叙述中所流露的'信而见疑，忠而被谤'的烦冤悲愤之情，不仅是表白屈原，实际是表明他自己。这正是把他处境的困惑，及心理的危机感，向一位新即位的青年皇帝的投诉"[3]。刘安是借他人酒杯，浇胸中块垒，将身世之悲、心中之哀、处境之艰都倾泻于文中。

刘安博大精深的思想和礼贤下士的爱才之举，吸引了数千宾客聚集他的府上。据《汉书·伍被传》载："淮南王安好术学，折节下士，

---

1 （汉）班固:《汉书·淮南衡山济北王传》，中华书局，1996，第2145页。

2 （汉）班固:《汉书·艺文志》，中华书局，1996，第1747页。

3 徐复观:《两汉思想史》卷2，华东师范大学出版社，2004，第112页。

招致英隽以百数。"[1]估计在他数千食客中，以学术见长的文学英俊有百数之众。据此推测刘安文学集团的成员当有"百数之众"，具体承担《淮南子》写作的应当出自"百数之众"。高诱《淮南注叙》记录了刘安文学集团的一些活动情况：刘安"与苏飞、李尚、左吴、田由、雷被、毛被、伍被、晋昌等八人，及诸儒大山、小山之徒，共讲论道德，总统仁义，而著此书。其旨近老子，淡泊无为，蹈虚守静"[2]。可见，刘安对其文学集团的参与、指导、关心和帮助要超过吕不韦和梁孝王。吕不韦因为是秦丞相，日理万机，对其文学集团的活动及文学创作的关心和帮助，主要在思想理论的宏观指导和物质条件提供保障上。梁王对其成员是礼贤下士，人格上予以尊重和信任，提供优越的物质条件和宽松自由的创作环境。刘安不同，他是亲自参与文学集团的活动。他与食客经常谈论学术，点评时政，思想碰撞出智慧的火花。他们谈论时局政治，谈论文学，在切磋交流中不断提升各自的文学修养和学术品味，提高他们文学创作的水平。

刘安亲自主持和召集集团成员集体创作了"其旨近老子，淡泊无为，蹈虚守静"，集思想学术与文学为一体的《淮南子》。据《汉书·艺文志》记载："淮南王群臣赋四十四篇。"[3]估计这"群臣"应该大部分或者全部是刘安的食客。这四十四篇赋的篇名现在无法知道，但是它说明刘安文学集团的文学创作成绩斐然。这些赋的作者，有部分可能也是《淮南子》的作者。

一个时代、一个社会的文学繁荣，往往与这个时代、社会是否出现庞大的文学集团有关；一个文学集团的出现，往往需要一个能够为集团提供文学活动所需的物质与精神条件的人物出现；一个文学集团的存在、

---

1 （汉）班固：《汉书·伍被传》，中华书局，1996，第2167页。

2 《诸子集成·淮南子注》，上海书店出版社，1986，第1页。

3 （汉）班固：《汉书·艺文志》，中华书局，1996，第1747页。

发展及其影响力的大小，往往与一个是否具有稳定的政治环境、良好的社会秩序和这个集团盟主的政治权力、经济实力、文学爱好、为人笃厚的程度有关。[1]

从吕不韦到刘安不过百年时间，就产生了三个在中国文学史上产生深远影响的食客文学集团，他们对汉代文学繁荣做出了巨大的贡献，他们成为中国古代文学集团的萌芽和发端。食客文学集团对魏晋南北朝文学的影响最直接，据一些学者统计，仅魏晋南北朝各种文学集团就有十多个。食客文学集团对中国文学的发展，对中国文学批评的建立、发展和成熟都有着重要的影响。

三、食客文学

（一）食客文学创作

食客集体创作的作品有《吕氏春秋》《淮南子》。两书有诸多共同之处：其一，都是食客文学集团有计划、有目的的集体创作。其二，都吸收融合了诸子各家思想学说，体现出多元的思想内涵。这是因为食客来源广泛，有的受诸子各派的影响，有的本身就属诸子某家弟子，他们将自己学派的思想表现于书中是再自然不过的了。加上食客本身就思想活跃，有锐意进取、敢于改革创新的精神，敢于破除条条框框的约束，不墨守成规。其三，融哲学、历史与文学为一体，延续了先秦文学文、史、哲不分的特点，同时又表现出文、史开始逐步分离的趋势。两书的内容非常丰富，前人已有不少的研究成果，这里不再赘述。

1　普慧:《齐梁三大文学集团的构成及其盟主的作用》,《社会科学战线》1998年第2期。

食客个人作品含他们早年做食客时的作品，及从政后的作品。

1. 散文

李斯是最早有名字记录的食客作家。他现存作品主要是散文，有《谏逐客书》《督责书》《上书言赵高》《狱中上书》及7篇刻石文。《谏逐客书》是其代表作，刘勰对它评价很高："李斯之止逐客，并顺情入机，动言中务，虽批逆鳞，而功成计合，此上书之善说也。"[1]这篇文章言辞恳切，以理劝人，以情动人，有战国纵横家的风格，对汉大赋有一定的影响。文章打动了秦王，使他收回了逐客令。

李斯7篇刻石文，是他在始皇二十八年到三十七年（前219–前210）随秦始皇登泰山、会稽山作的。6篇见于《史记·秦始皇本纪》，另一篇《峄山刻石文》见于清代李兆洛的《骈体文钞》卷一。关于此文，《史记·秦始皇本纪》曾有提到："二十八年，始皇东行郡县，上邹峄山。立石，与鲁诸儒生议，刻石颂秦德。"[2]李兆洛曰："此文《史记》独不载，然其词固非后人所能伪也。"[3]其言极是。这些刻石文内容基本上是对秦始皇业绩、功德的颂扬。结构除琅琊刻石外，基本三句一章，每句四言，韵脚也是三句为基本单位，显然受《诗经》四言诗的影响。语言严谨、庄重、典雅。"李斯刻石文采用的基本都是平铺直叙的笔法，很少运用比喻，在极其有限的运用比喻的地方，都继承了先秦文学所奠定的原型，从中可以看出他与前代文学的渊源关系。"[4]

《督责书》《狱中骂秦二世》《狱中上书》几篇散文是李斯后期作品，作于秦二世之时。《督责书》作于秦二世元年（前209），是阿谀奉承的违心之作，食客特有的依附、取媚、巴结、讨好、阿谀奉承的特

1　黄霖:《文心雕龙汇评》，上海古籍出版社，2005，第69页。

2　（汉）司马迁:《史记·秦始皇本纪》，中华书局，1985，第242页。

3　（清）李兆洛选辑:《骈体文钞》，上海书店，1988，第1页。

4　付志红:《李斯作品的文学观照》，《延边大学学报》2006年第1期。

性，在这篇文章里表现得淋漓尽致。文章表现了一个委曲求全又卑鄙无耻的御用文人和媚臣的形象。《狱中骂秦二世》是李斯从丞相变为阶下囚时写的。他一改过去奉迎取媚的态度，批评中有劝诫，语重心长中显露出真情实感。《狱中上书》是李斯在狱中写给赵高的。他用正话反说的手法，表明自己为秦国的发展壮大立下汗马功劳。由于身份角色的转换和处境的不同，文章反而写得真情流露，写出了他内心的真切感受。

邹阳现存作品有《上吴王书》和《狱中上梁王书》。《上吴王书》是邹阳对吴王刘濞试图谋反的规劝。食客的身份，使他以委婉曲折的方式进行劝说，常用隐语，意在言外。邹阳"为人有智略，忼慨不苟合，介于羊胜、公孙诡之间。胜等疾阳，恶之孝王。孝王怒，下阳吏，将杀之。阳客游以谗见禽，恐死而负累，乃从狱中上书"[1]。

这是邹阳写作《狱中上梁王书》的背景，当时他遭人妒忌诬陷，被下狱，写了《狱中上梁王书》。在文中他"据事以类义，援古以证今"[2]。文章比物连类，词多偶俪，语言铺张扬厉，文采飞扬，真挚动人。梁王看后"使人出之，卒为上客"[3]。该文引证史事50多处，涉及人名100个，用事"是这篇文章典范的表达方式之一，它对后世隶事用典手法的成型具有重要的影响。而这种影响的意义并非只现于表达形态方面。更重要的是，它为文学散文观念化的形成提供了新的思想方向"[4]。有学者认为："自李斯《谏逐客书》始点缀华词，自邹阳《狱中上梁王书》始叠陈故事，是骈体之渐萌也。"[5]吴汝纶也说："此体乃邹生所创，其源出于风骚，隶事至多而以俊气举之，后人无继之者，由是分为骈

1　（汉）班固：《汉书·贾邹枚路传》，中华书局，1996，第2343页。

2　周振甫：《文心雕龙今译·事类》，中华书局，2012，第339页。

3　（汉）司马迁：《史记·鲁仲连邹阳列传》，中华书局，1985，第2478页。

4　刘国斌：《邹阳〈狱中上梁王书〉的用事与文学散文的产生》，《黄石理工学院学报》2011年第5期。

5　《四库全书总目提要·四六法海》，中华书局，1965，第1719页。

体矣。"[1]由此可见，骈体文与食客和食客文学还有着渊源关系。

枚乘的散文《谏吴王书》写于吴王刘濞将反未反时，他以隐语微讽的方式劝诫吴王谋逆之举不可为，若为之的恶果。指陈利害，旁敲侧击，言辞恳切，态度鲜明。他的劝诫没有得到吴王的采纳。吴王刘濞造反爆发之后，他又《上书重谏吴王》。这一次他直截了当向吴王指出，"举吴兵以訾于汉，譬犹蝇蚋之附群牛，腐肉之齿利剑，锋接必无事矣"[2]。反叛朝廷，无疑是以卵击石，吴王应当悬崖勒马，停止叛乱。文中体现出他对时局冷静的分析判断，为维护国家统一那种强烈的忧患意识，对汉朝廷的耿耿忠心。枚乘文章"以文辞著名"可谓名副其实。

司马相如散文有《喻巴蜀檄》《难蜀父老》《谏猎疏》《封禅文》。其散文具有赋体风格，在汉代散文史上较有影响。《喻巴蜀檄》作于武帝元光二年（前133）。当时"会唐蒙使略通夜郎西僰中，发巴蜀吏卒千人，郡又多为发转漕万馀人，用兴法诛其渠帅，巴蜀民大惊恐。上闻之，乃使相如责唐蒙，因喻告巴蜀民以非上意"[3]。汉武帝派司马相如出使巴蜀，调查事件原委，安抚民众。文章本着实事求是的态度，既体谅民众诉求，又维护国家的基本利益和大政方针，以情动人，以理服人，使将要扩大的事态得以平息，体现了司马相如的应变能力和处置复杂问题的水平。《难蜀父老》作于元光六年（前129）。武帝再次大规模征发巴蜀民众修南夷路，引发民众不满。公孙弘奉命出使归来，"盛毁西南夷无所用"[4]。当时汉匈战争已经持续几年，国力难以支撑，公孙弘主张暂停开发西南夷，武帝不仅不接受，还让司马相如驳斥公孙

1　吴孟复、蒋立甫主编：《古文辞类纂评注》(中)，安徽教育出版社，2004，第868页。

2　(汉)班固：《汉书·贾邹枚路传》，中华书局，1996，第2362页。

3　(汉)司马迁：《史记·司马相如列传》，中华书局，1985，第3044页。

4　(汉)司马迁：《史记·平津侯主父列传》，中华书局，1985，第2950页。

弘。司马相如为此写了此文。文章体现出食客文学家托辞讽谏、左右逢源的特点。他假托巴蜀长老为民请命，以使者语气驳公孙弘"通西南夷不为用"的论调，骨子里却赞同他的建议，停止修建通往西南夷的道路，全力对付匈奴。《谏猎疏》见于《史记·司马相如列传》，"是时天子方好自击熊彘，驰逐野兽，相如上疏谏之"[1]。劝谏武帝不要因一时的乐趣而忽视突发的祸患，指出"祸固多藏于隐微而发于人之所忽者也"[2]，提醒武帝射猎要防患于未然。武帝接受了他的意见。《封禅文》是司马相如的绝笔之文，该文直接促进了汉武帝封禅典礼的进行，是古代唯一一篇阐述封禅意义的文献，有极高的历史价值。

2. 辞赋

汉代最著名的两位辞赋家都曾是梁王的食客。枚乘是西汉著名的辞赋家。《汉书·艺文志》著录他有赋九篇，今存《七发》《柳赋》《菟园赋》，但是后两篇的真伪尚存争议。他的作品在汉赋的发展史上还具有里程碑的意义。《七发》的内容是写楚太子有病，吴客前往探视，以主客问答的形式铺写展开。作品意在劝诫贵族放弃奢华享乐生活，以精神修养取代物质欲望，从物质享受超越到精神享受。《七发》对山川景物的描写极尽铺陈。

音乐是一种抽象艺术，它丰富的内涵和优美的韵律很难用文字来描写。《七发》有200字描述音乐，对音乐的描写体现出很高的表现力和感染力。后世许多表现音乐的作品都受它影响。《七发》在多方面开拓文学题材，如观涛、狩猎、车马的描写前所未有，开"劝百讽一"之先河。《七发》的成功，使它受到众多文人的追捧和效仿，主客问答体逐渐成为汉赋一种常见的表现形式，它脱离了楚辞抒情咏怀的传统，

---

1 （汉）司马迁：《史记·司马相如列传》，中华书局，1985，第3053页。

2 （汉）司马迁：《史记·司马相如列传》，中华书局，1985，第3054页。

转变为以铺陈写物为中心的高度散文化文体。体现出由骚体赋向汉大赋转变的特点。它"标志着汉赋体制的正式确立，自此以后以七段成篇的赋成为一种专门文体，号称'七体'，各朝作家时有摹拟"[1]。刘勰称赞"枚乘摛艳，首制《七发》，腴辞云构，夸丽风骇"[2]，"自《七发》以下，作者继踵，观枚氏首唱，信独拔而伟丽矣"[3]。《七发》写作时间，传统观点认为写于其在梁孝王处时。但赵逵夫、刘跃进认为写于在吴王处时。

> 宋代以来的学者多以为《七发》为在吴王处所作。这样的理解，也同《七发》中所谓的"吴客"之称相符合，如果是在吴楚之乱以后所作，当时曾经从吴王濞游者唯恐洗刷不尽同叛逆者的关系，尽管枚乘以进谏吴王二书受到朝廷的嘉奖，恐亦不至于以作为吴王门客往问楚太子疾的事为题材而著为文章。所以《七发》作于枚乘在吴王濞处的时候，可以肯定。[4]

从枚乘早年曾为吴王食客来推测，赋中的吴客不一定是虚构人物，很可能就是作者本人，是作者作为食客外交出使的场景再现。枚乘在做吴王食客时，曾代表吴王探视生病的楚太子，出于使命所需和食客的特殊身份，他探病之时借机委婉劝谏楚太子，使命完成，《七发》也孕育产生。

司马相如是汉大赋的代表作家，《汉书·艺文志》录他作赋29篇，《史记·司马相如列传》载录4篇，《子虚赋》《上林赋》(《史记·司马相如列传》《汉书·司马相如传》所载均合二为一，即《天子游猎赋》，到《文选》又被一分为二)、《大人赋》《哀秦二世赋》。《昭明文选》有《长

1　袁行霈主编:《中国文学史》卷1，高等教育出版社，2000，第188页。
2　周振甫:《文心雕龙今译》，中华书局，2012，第124页。
3　周振甫:《文心雕龙今译》，中华书局，2012，第127页。
4　赵逵夫:《〈七发〉与枚乘生平新探》，《西北师范大学学报》1999年第1期。

门赋》,《初学记》《古文苑》中有《美人赋》,两赋都有序文,皆言司马相如作。但是两赋的真伪尚存争议。

《子虚赋》《上林赋》内容是以楚子虚与齐乌有及亡是公三人的对话,描写诸侯王及天子田猎之盛。《子虚》是司马相如在梁孝王门下为客时写的,故以梁园作为参照物。《上林》是被汉武帝招后所写,故以上林苑作为参照物。两赋通过盛赞诸侯王与天子苑囿的广大,物产的丰饶,田猎场面的壮观,来体现诸侯国的实力与强大,而天子之强盛又在诸侯之上。两赋显示出相互的攀比炫耀,争强好胜的心理。这种心理极其符合食客的心理特征。司马相如的食客身份和经历使他在表现这种心理时如鱼得水,恰到好处。《上林赋》借描写天子上林苑之巨丽和游猎之盛乐,来说明"齐楚之事,又乌足道乎?"通过天子对田猎与仁政关系的认识,说明天子在治国问题上要高于齐楚等诸侯。赋的最后讽谏不是指向天子,而是针对诸侯不知诸侯之礼。两赋的主旨是为了歌颂、炫耀诸侯王和天子的声威、气势和宏大伟业。它突破了过去中国文学传统的怨怒讽谏的主题表现。这种主题表现与作者司马相如的食客身份有着密切关系。因为食客的从属性和服务性,他在汉赋创作时把这种服务意识体现于作品中,变成为一种"润色鸿业",取悦君王的歌功颂德的主题表现了。由于他先为梁王之客,所以写于此时的《子虚赋》是对诸侯王的颂扬、夸耀。当他成为天子宾客之后,《上林赋》自然变成了对天子的赞美与夸耀了。

> (汉武帝)作为一位好大喜功的封建帝王,他更喜欢润色鸿业的作品。这在其对赋的欣赏活动中体现得尤为突出。……《上林赋》重在贬诸侯而扬天子……对这篇"宣上德"之作,汉武帝读后"大悦"……面对赋的颂美与讽喻,汉武帝更关注的是前者,这也是古代帝王的普遍心理。[1]

---

1 龙文玲:《汉武帝与西汉文学》,社会科学文献出版社,2007,第43—44页。

据《西京杂记》记载，邹阳作有《酒赋》《几赋》，但是真伪目前尚未确定。还有枚皋，《汉书·艺文志》记载他作有赋120篇，现在已经一篇不存。文献资料的缺乏，使我们对枚皋的文学成就难以做出恰当的评价，这是非常遗憾的。《汉书·艺文志》著录"淮南王群臣赋四十四篇"。东汉王逸《楚辞章句》收录有淮南小山作的赋《招隐士》。从中可以看出食客作赋的成就及影响。

（二）食客文学的特点

食客文学经历了春秋战国的口头文学和秦汉时期的书面文学两个阶段。春秋战国时期的食客许多都肩负着为主人或君王出使、斡旋的政治使命，他们游说时，常根据形势的需要和现场的情况，临场发挥，逐渐地练就了他们极强的应变能力和能言善辩的语言表现力。一般来说，游说诸侯要求临场发挥、随机应变，所以即时性、现场性、随意性更强些。为了能够让对方接受自己的思想和主张，食客往往危言耸听，故弄玄虚。所以久而久之，人人练就了极强的应变能力和能言善辩的语言表现力。他们在游说论辩中卖弄、表现自己的学识与才华，也存在着炫耀、攀比、好表现、好面子的心理特点。这些特征被《战国策》《史记》等文献记录下来，经记录者的加工润色，既不是纯粹的食客口头文学，也不是食客的书面文学，只能把它看作食客历史活动的记录。

到秦汉时期，随着食客政治、外交活动的大大减少，食客失去了展现才能的舞台。由于君主专制和中央集权的加强，诸侯王的政治权力不断地被削弱。从天子到诸侯王都逐渐地将兴趣由政治转向学术，统治者开始对学术重视起来。食客也把人生的重心和兴趣放到学术的钻研和创作上。他们由过去用口头表达思想和主张，变为用文字来表达。各种议论时政，劝谏主人和天子的想法、主张也由过去拼嘴上功夫，变为比文章功夫了。食客文学创作正是在这样形势的转变下形成的。

食客文学（书面文学）的特点有这么几个方面：

第一，规讽劝谏的责任意识，出谋划策的服务意识。食客文学体现出一种强烈的关心国事、讽喻劝诫的积极参与意识。食客创作无论是散文还是汉赋，创作目的都是向主人或天子进谏、劝讽，而非抒发个人感怀。所以食客文学更多表现的是食客对主人的讽喻劝诫，对国事的高度关注与关心，而没有后世文学，尤其是诗歌的那种感怀伤时、怀才不遇的情怀和基调。

第二，铺排夸张的表现形式，攀比炫耀的宣传意识和争强好胜的虚荣心理。无论是食客的散文还是辞赋，都大量地运用铺排夸张的表现手法，这背后折射出食客强烈的攀比炫耀的主观动机，争强好胜的虚荣心理。由于食客与主人的关系是一荣俱荣、一损俱损的利益关系，所以他们夸赞炫耀主人的背后，体现的是他们爱面子、好表现的心理诉求。而这种好表现，既是为了宣传和表现主人的实力、权势，也是为了表现自己的才华和能力。食客这种爱宣传、好表现的特点，无意识中形成了秦汉文学铺排夸张的特点。

其三，语言华丽，词采繁复。食客文学由战国时地注重口头表现转为秦汉时地注重文笔表现，它极大地丰富了文学作品的词汇，锻炼了文章的语言词句。尤其是食客在汉赋中对宫殿建筑、山川景物、田猎场面及都市生活的描写，虽然有堆砌辞藻、好用生僻字词的不足，但是它对促进文学语言的发展，启发人们的文学想象力和文学表现力是有积极意义的。

其四，文体以散文和辞赋为主，没有诗歌，这与创作者食客的特殊身份有很大关系。食客为主人的服务性决定了他们有责任和义务为主人出谋划策，对主人的行为过失和错误有提醒、劝说、告诫的责任和义务。所以食客文学创作的目的和宗旨，是以为主人的政治前途和未来发展起谋划的帮助作用。基于这些因素，食客选择了最适合的文学表现样式——说理散文和汉赋。

其五，缜密的逻辑性，清晰的条理性，多彩的文学性。食客文学无论是散文还是辞赋，都是以文字表达的书面形式给天子或主人以进谏和劝讽，这使食客在写作时有更多的时间思考和谋篇布局。所以其散文体现出缜密的逻辑性特点，像《吕氏春秋》和《淮南子》两部书在写作之前就对书稿的编撰做过详细的计划和安排，所以从两书的结构和篇目就可以看出结构层次的清晰，相互之间又有一定的关系。

（三）食客文学的艺术风格

1. 奇妙的神话故事

神话是远古历史的回音，现今我们对远古时代的认识和了解，很多来自神话。神话为我们保存了大量珍贵而丰富的历史文献资料，它记录了中华民族幼年时期美丽奇妙的幻想，蕴含着丰富的文学艺术的元素。先秦的诸子散文已经出现不少美丽奇幻的神话故事，以《庄子》最为突出。《吕氏春秋》和《淮南子》继承了诸子散文运用神话说理论事的传统，变得生动活泼、趣味横生，给人一种奇幻怪异、神秘灵动的感觉。

> 有侁氏女子採桑，得婴儿于空山之中，献之其君。其君令烰人养之，察其所以然，曰："其母居伊水之上，孕，梦有神告之曰：'臼出水而东走，毋顾。'明日视臼出水，告其邻，东走十里，而顾，其邑尽为水，身因化为空桑。"故命之曰伊尹。[1]

1　（秦）吕不韦等：《吕氏春秋集释·本味》，许维遹校释，中华书局，2010，第310页。

　　这是伊尹降生的神话故事。类似伊尹降生的事迹在郦道元的《水经注》、皇甫谧的《帝王世纪》及《孟子》《古郡制》中也有，以《吕氏春秋》描述最完整，也最神奇、诡异，给人似真似幻的感觉，为伊尹的身世之谜披上朦胧面纱，增添了几分神秘莫测之感。《吕氏春秋》的神话故事常将历史人物神话化，神奇化，神秘化。这不仅是因为这些历史人物距离遥远，缺乏可靠文献记载，重要的是将这些杰出人物神秘化、神话化是统治者强化其权力、树立其威信、愚昧民众的需要，是古代部族社会团结人民、凝聚人心、树立英雄崇拜的需要。

　　《淮南子》的神话许多是我们非常熟悉的，如《览冥训》的"女娲补天"，歌颂女英雄女娲拯救人类于灾难之中。故事原型产生于母系社会时代，大概当时发生地震，引发了一系列火灾和水灾，导致食物匮乏，动物食物链断裂，于是猛兽为害人民。传说为了拯救民众，女娲上补苍天，下治洪水，铲除凶禽猛兽。食客在《淮南子》中对故事做了进一步的加工创作，使其更曲折生动，更详细和完整。这个神话反映了当时人类对自然灾害的认识水平和渴望消除灾害、战胜自然灾害的强烈愿望。《淮南子》女娲的形象具有文学色彩，人们把其他英雄降灾除恶的本领都集中赋予女娲身上，表达了人们对女娲的敬仰与爱戴之情。

　　在上古神话女娲还是创世女神。传说她与伏羲是兄妹，她与伏羲结婚而产生人类。后来女娲禁止兄妹通婚，这反映了中国原始时代由血缘婚发展到族外婚的婚姻状态。《风俗通义》记载女娲为人类建立了婚姻制度，使青年男女互相婚配，繁衍后代，女娲因此又成为婚姻女神。女娲又是造人的始祖，她照着自己的样子用黄土捏人，创造了人类社会。如今的苗族、侗族还把女娲作为本民族始祖加以崇拜。可见《淮南子》为女娲神话的不断丰富和发展传承起了重要的传递作用。

食客文学的神话与诸子散文的神话，有一定的差别：一是故事多取材于历史人物或现实社会，诸子散文尤其是《庄子》中的神话，多取材于自然界的动物、植物。二是它有相对完整的故事情节，许多能够独立成篇。三是它有比较完整、鲜明、生动的人物形象。虽然这些人物形象还不够丰满，性格也不够鲜明，但是比起诸子散文的神话已经进了一大步。四是故事情节比较生动有趣，波澜起伏。食客文学的神话故事对后世叙事文学，尤其是小说的发展有重要的影响。

2. 深邃的寓言故事

食客散文受诸子散文影响，在书中大量运用寓言故事进行说理论证。

> 《庄子》常以寓言代替哲学观点的阐述，用比喻、象征的手法代替逻辑推理的论述。较少直接发表自己的观点，表明自己的态度，而是让读者从奇特荒诞、生动形象的寓言故事中，去体味、领悟其中的哲理。[1]

所以"寓直于诞，寓实于玄"[2]成为庄子散文的主要艺术特征，他使抽象的理论形象化、具体化，对文章主题表达起到了深入浅出、寓意深刻的效果。

食客文学的寓言与诸子散文不同，他们将几个寓言故事构成一组寓言群来论证一个论题，这样使观点得到充分的阐发，使论证更充分有力，增加了文章的生动性和吸引力。据陈蒲清《中国古代寓言史》统计，《吕氏春秋》共有寓言故事300多个。据赵红宇统计，《淮南子》共有寓言故事140多个，主要集中在《道应训》和《人间训》中。

《吕氏春秋·察今》的主旨是论述"因时变法"的重要性。它用"循表夜涉"寓言说明"时不与法俱至"，治世应当"因时制宜"，随着时

1　袁行霈：《中国文学史》卷1，高等教育出版社，2000，第116页。

2　袁津琥注：《艺概注稿》，中华书局，2006，第40页。

代的发展变化，先王之法已经过时，切不可盲目地"法先王之法"。用
"刻舟求剑"寓言说明治世应当"因地制宜"，决不能墨守成规。用"引
婴投江"的寓言说明治世变法要"因人制宜"[1]。三个寓言从不同角度论
证了因时变法的重要性和必要性。通过几个寓言故事使文章阐述的理
论通俗易懂，起到了言简意赅的效果。像《吕氏春秋·贵公》"荆人遗
弓"的寓言，意在说明"天下为公，无所私为"之理。"掩耳盗钟"的
寓言嘲讽了盗钟者自欺欺人的愚蠢行为。这个寓言后来演变为"掩耳
盗铃"的成语典故。"燕雀相乐"告诫人们要居安思危，切不可贪图眼
前的安逸。"高阳应为室"鞭笞了一些人脱离实际瞎指挥的做法。

　　《淮南子·人间训》记载了多个寓言故事。孙叔敖让其子主动请求
封沙石之地，这块地因条件差，引不起别人的兴趣，因此得以保存传
世，这个寓言说明"损之而益"；晋厉公贪欲过度，大肆扩张，最终落
得身死国亡的寓言说明"益之而损"。这两则寓言从正反两面说明任何
事物都具有相对性。"阳虎伤门人"寓言，写阳虎将放他出城的守门人
刺伤，结果"伤者受大赏，而不伤者被重罪"，说明"害之而反利之"
之理。"竖阳谷奉酒"寓言，写楚大将司马子反在战斗间隙口渴难耐，
仆人阳谷好心"奉酒而进之"，结果子反大醉，被楚王怒而斩首，"此
所谓欲利之而反害之"。这组寓言通过正反对比说明"欲以利之适足以
害之；或欲害之乃反以利之"[2]。其实世间许多事物都充满着辩证法，世
人应当以客观的平常心来看待。从诸子散文寓言到《吕氏春秋》到《淮
南子》，清晰地呈现出寓言故事的发展轨迹：取材于自然界的动植物
寓言在逐渐减少，取材于现实生活和历史的寓言逐渐增多；浪漫色彩
在逐渐减少，写实说理成分在逐渐增加。

1　（秦）吕不韦等：《吕氏春秋集释·察今》，许维通校释，中华书局，2010，第392—394页。
2　刘康德：《淮南子直解·人间训》，复旦大学出版社．2001，第978—982页。

3. 丰富多彩的譬喻

食客文学受先秦诸子散文影响，大量运用譬喻阐发事理，使文章浅近易懂，生动活泼，贴切自然。这些譬喻很多取材于现实生活。食客将各种生活经验加以提炼概括加工，将抽象的思想、观点或理论赋予日常的经验中，使譬喻形象生动，寓意深刻。食客文学譬喻的最大特点是"连类喻义"，即博喻，也叫排比用喻。其特点是用几个喻体反复设喻去说明一个本体。王启才将《吕氏春秋》的譬喻分为比喻形状、比喻势能、比喻性行、比喻后果等几种[1]，可谓比喻丰富，种类繁多，体现出食客丰富的想象力和高超的语言驾驭能力。吕书宝从联想角度将《淮南子》的比喻分为相似联想比喻、关系联想比喻、对比联想比喻、类比联想比喻、推测联想比喻、格言警句的比喻[2]，说明食客散文对譬喻的运用已经日趋成熟，达到炉火纯青的程度。

《吕氏春秋·重己》以人不爱倕（能工巧匠）之指而爱己之指，不爱昆山之玉、江汉之珠而爱己之玑作喻，说明自己生命的可贵和重要，教导人们要珍爱生命。《吕氏春秋·察今》为了说明"察己则可以知人，察今则可以知古"，以人们日常的生活经验设喻，运用类比推理和排比用喻的方法，从堂前日月影子的变化，推知阴阳四季之变；从瓶水结冰推知天气变寒、鱼鳖冬藏；从尝一块肉推知一锅之味。在一系列比喻的基础上推出结论"察己知人，察今知古"。《吕氏春秋·荡兵》用"家无怒笞，则竖子婴儿之有过也立见，国无刑罚，则百姓之悟相侵也立见"[3]来比喻"天下无诛伐，则诸侯之相暴也立见"。推导出"义兵"存在的重要性和必要性。文章针对"偃兵"说给予驳斥，用"夫有以饐死者，欲禁天下之食悖。有以乘舟死者，欲禁天下之船悖"。来比喻

1　王启才：《略论〈吕氏春秋〉的文采》，《阜阳师范学院学报》1997年第4期。

2　吕书宝：《论〈淮南子〉的文学价值》，《东北师范大学学报》2007年第2期。

3　（秦）吕不韦等：《吕氏春秋集释·荡兵》，许维遹校释，中华书局，2010，第159页。

"有以用兵丧其国者，欲偃天下之兵悖"[1]的做法是非常错误和糊涂的。用"若孝子之见慈亲也，若饥者之见美食也"[2]比喻百姓对义兵的欢迎和拥护。

《淮南子》的譬喻繁富多彩。《原道训》里用无耳却想调节钟鼓，无眼却喜欢文采比喻一个人空"有经天下之气"，却无治国之心与治国之能，结果"必不胜其任矣"。[3]《说山训》里有用丢羊而得牛，断指而免于砍头比喻人的本性总是争取利益最大化的，争取灾祸最小化的。儒家是崇尚礼义的，却有儒学者不合礼仪地蹲踞于里间；墨家崇尚节俭，主张"非乐"，但是有墨家学者却在朝歌吹竽。《说山训》将这些表里不一的做法，比喻为"欲灭迹而行走雪中，拯溺者而欲无濡"，批评他们"是非所行而行所非"[4]。理论上一套，行动上另一套的虚伪之举。这些比喻是人们日常生活中经常遇到的，给人形象生动、真实贴切之感。像这种"连类喻义"反复阐释说理的情况，在《淮南子》里俯拾即是。刘熙载评价曰："《淮南子》连类喻义，本诸《易》与《庄子》，而奇伟宏富，又能自用其才，虽使与先秦诸子同时，亦足成一家之作。"[5]可以说食客散文在譬喻的运用上继承了诸子散文"连类喻义"的特点，并将其发展到一个更高的层次。

4. 铺张排比、风格迥异的语言

徐复观对《淮南子》语言特点评价曰："刘彦和说汉赋是'极声貌以穷文'，而刘彦和'遂使繁华损枝，膏腴害骨'的对赋的流弊的批评，也未尝不可用在《淮南子》身上。"[6]

1　（秦）吕不韦等：《吕氏春秋集释·荡兵》，许维遹校释，中华书局，2010，第160页。

2　（秦）吕不韦等：《吕氏春秋集释·荡兵》，许维遹校释，中华书局，2010，第162页。

3　刘康德：《淮南子直解·原道训》，复旦大学出版社，2001，第33页。

4　刘康德：《淮南子直解·说山训》，复旦大学出版社，2001，第872页。

5　袁津琥：《艺概注稿·文概》，中华书局，2009，第70页。

6　徐复观：《两汉思想史》卷2，华东师范大学出版社，2004，第116页食客文学语言上铺张排比的运用，从《吕氏春秋》到《淮南子》再到辞赋，呈递进趋势。如《吕氏春秋·重己》：

> 昔先圣王之为苑囿园池也，足以观望劳形而已矣。其为宫室台榭也，足以辟燥湿而已矣。其为舆马衣裘也，足以逸身煖骸而已矣。其为饮食酏醴也，足以适味充虚而已矣。其为声色音乐也，足以安性自娱而已矣。[1]

通过整齐流畅的排比句，从先王日常生活的衣食住行到观赏五个方面，表现他以实用和适度为原则的生活态度，赞美先王节俭、平和的生活态度，对时下贵族追求奢靡放纵的生活予以批评和否定。再看《简选》："凡兵势险阻，欲其便也，兵甲器械，欲其利也，选练角材，欲其精也，统率士民，欲其教也。"[2]

通过排比的句式说明义兵在战斗中需要借助或倚靠的四种条件：险阻的地势、锋利的兵器、精良的武器、训练有素的士兵。这四项条件虽然能助义兵取胜，"不可不为"，但是"时变之应"，则"不足专恃"，所以要客观正确对待之。

《淮南子》用铺排手法描绘"真人"形象，"大泽焚而不能热，河、汉涸而不能寒也，大雷毁山而不能惊也，大风晦日而不能伤也。是故视珍宝珠玉犹石砾也，视至尊穷宠犹行客也，视毛嫱、西施犹倛丑也"[3]。

刘安食客采用铺排的句式，夸张的手法，描绘"真人"具有超乎常人的特异功能，赞美"真人"超凡脱俗的品质。这个"真人"与庄子藐姑射山的"神人"有诸多相似，自然界的一切外物不能伤害他，

1　（秦）吕不韦等：《吕氏春秋集释·重己》，许维遹校释，中华书局，2010，第24页。

2　（秦）吕不韦等：《吕氏春秋集释·简选》，许维遹校释，中华书局，2010，第186页。

3　刘康德：《淮南子直解·精神训》，复旦大学出版社，2001，第314页。

他视名利富贵如粪土。《淮南子》的铺叙排比，句式整齐，体现出他们高超的语言驾驭能力和艺术表现力。

食客文学在辞赋上的语言更加铺排夸张，像《子虚赋》描写云梦泽四周的景致：

> 其东则有蕙圃蘅兰，芷若射干，穹穷菖蒲，江蓠蘪芜，诸蔗猼且。其南则有平原广泽，登降陁靡，案衍壇曼，缘以大江，限以巫山。其高燥则生葴菥苞荔，薛莎青薠。其卑湿则生藏莨蒹葭，东蘠雕胡，莲藕菰芦，菴藺轩芋，众物居之，不可胜图。其西则有涌泉清池，激水推移；外发芙蓉菱华，内隐钜石白沙。其中则有神龟蛟鼍，瑇瑁鼈鼋。其北则有阴林巨树，楩枏豫章，桂椒木蘭，蘗离朱杨，樝梨梬栗，橘柚芬芳。其上则有赤猿蠷蝚，鹓雏孔鸾，腾远射干。其下则有白虎玄豹，蟃蜒貙豻。兕象野犀，穷奇獌狿。[1]

这里借子虚之口，对楚云梦泽壮观浩大的景象作了铺张描绘。他从东西南北，到上下左右，从植物动物，到山川清泉，无不一一收罗其中。既有条不紊，又令人眼花缭乱，目不暇接。《子虚赋》无论是风格还是语言，都与《吕氏春秋》和《淮南子》有诸多的相似痕迹，说明司马相如把食客文学的想象丰富、语言铺排夸张、譬喻的繁复等艺术手法在汉赋上运用到极致。

综上所述，秦汉社会由战国的动乱趋于稳定，由分裂变为统一。社会的转型，政治制度的改变，君主专制的中央集权决定了食客在政治上的无所作为。食客政治前途的无望，导致了食客的分化转型。食客在政治上的不幸却造就了他们文学上的成就。不仅直接影响并促成食客文学集团的产生，同时造就了一大批的食客文学家和食客文学作品，其中不乏影响深远的文学大家枚乘、司马相如，还有在中国文学

1 （汉）司马迁：《史记·司马相如列传》，中华书局，1985，第3004页。

史上占据一席之地的优秀作品《子虚赋》《上林赋》《七发》《吕氏春秋》《淮南子》及《谏逐客书》《狱中上梁王书》等。食客文学家的产生又一次印证了中国文学史上的一个规律，也是屈原、李白、柳宗元等许多文人的共同经历，即文人政治前途的无望能够成就优秀的文学家。

（原载于《渭南师范学院学报》2014年第10期）

第四章

社会万象与人物

从《史记》看西汉酷吏的性格人生

　　《史记·酷吏列传》展现了汉武帝时期酷吏的成败人生，司马迁在文中对酷吏的态度是矛盾的，既肯定他们"据法守正"，"虽惨酷，斯称其位"[1]，忠于朝廷，忠于职守的品质，肯定他们惩治豪强、打击权贵恶霸的功绩，又对酷吏"其好杀伐行威不爱人如此"[2]滥施刑法的恶劣行径进行了谴责和批判。由于司马迁在《酷吏列传》的写作中融入了较多的个人情感，所以《酷吏列传》给后人留下印象深刻的是酷吏的滥施刑法、残害人民，在后世读者的眼中，"酷吏"成为"残暴官吏"的代名词，后人据此将这个词理解为贬义词。究竟该如何认识，如何评价西汉时期的酷吏呢？笔者以为应该从酷吏形成的历史原因及酷吏的性格上去了解认识酷吏。

一、西汉酷吏形成的历史原因

　　酷吏的形成有其特殊的历史原因和政治需要。汉高祖刘邦建立政权之初，由于刚刚经历了楚汉战争，国家正是满目疮痍、百废待兴之时，因此从高祖直至景帝都实行了道家"无为而治"的政策，与民休养生息。这使得社会生产恢复，经济发展，社会稳定。到汉武帝时"汉兴七十余年之间，国家无事，非遇水旱之灾，民则人给家足，都鄙廪庾皆满，而府库余货财。京师之钱累巨万，贯朽而不可校。太仓之粟陈陈相因，充溢露积于外，至腐败不可食"[1]。但是在这经济繁荣、国家富足兴旺的背后却潜伏着各种矛盾和危机。由于当时"网疏而民富，役财骄溢，或至兼并豪党之徒，以武断于乡曲"[2]，法律过于宽疏，使一些富豪以及地方恶霸，倚仗财势，极端骄蛮，横行乡里。多年来由于政策法规的宽松，积累了不少的社会问题。随着时间的推移，这些矛盾和问题日益尖锐突出。

　　其一，各诸侯王势力的扩张与日益强大，对中央政权构成巨大的威胁。刘邦分封诸侯，造成了各诸侯王"宗室有士公卿大夫以下，争于奢侈，室庐舆服僭于上，无限度"[3]。诸侯王及公卿大夫不仅家产及奢华程度超过朝廷，而且其势力不断扩张，形成"诸侯或连城数十，地方千里，缓则骄奢易为淫乱，急则阻其强而合从以逆京师"[4]的局面。他们在自己辖区内拥有军权、财权和人事权，有的诸侯王敢于直接抗衡中央，在景帝三年（前141），终于爆发了吴楚七国叛乱。叛乱虽然被镇压，但是诸侯王对朝廷的威胁并未解除。在武帝元狩元年（前122）又发生了淮南王、衡山王等联合谋反的事件，所以从根本上消除

1　（汉）司马迁：《史记·平准书》，中华书局，1985，第1420页。
2　（汉）司马迁：《史记·平准书》，中华书局，1985，第1420页。
3　（汉）司马迁：《史记·平准书》，中华书局，1985，第1420页。
4　（汉）班固：《汉书·主父偃传》，中华书局，1996，第2802页。

诸侯王对朝廷的威胁，成为汉武帝亟待解决的政治难题。

其二，富商大贾日益壮大的经济实力成为中央朝廷不可轻视的一股力量。汉初实行与民休养生息的政策，使工商业得到快速发展，依靠宽松的经济政策富裕起来的富商大贾们，靠经商、开矿、高利贷等方式积累了大量财富，其经济实力大得惊人，他们"冶铸鬻盐，财或累万金，而不佐公家之急，黎民重困"[1]。凭借雄厚的财力，他们左右着社会经济，控制着一些生产行业，囤积居奇。对上与官府争利，对下抢夺百姓田产。这股经济力量对中央和百姓已构成巨大威胁。加上汉武帝连续多年对匈奴的用兵，对南越的征伐，都需要大量的资金和财力的支持，为此汉武帝采纳了桑弘羊等人的建议，推行了盐铁官营、货币改革、平准均输、算缗告缗等一系列新的经济政策，其目的是通过对现有经济资源的重新分配，达到以所谓"合理"的方式对富商大贾的财富进行有计划有步骤的掠夺，以此来发掘新的经济增长点。朝廷颁布告缗令后，没收富豪的财产，"得民财物以亿计，奴婢以千万数，田大县数百顷，小县百余顷，宅亦如之"[2]。这势必造成与富商大贾的矛盾冲突。那么谁能够为汉武帝实施并完成这些计划呢？酷吏是最好的人选。

其三，战国游侠复仇之风的延续，破坏了正常的社会秩序和国家的安宁。春秋战国由于诸侯混战，社会动荡，游侠复仇盛行一时。人们崇尚行侠仗义，崇尚复仇雪耻，像战国四君子及豫让、荆轲等人，倍受人们的推崇。这种风气一直延续到西汉，像汉初著名的游侠朱家、剧孟、郭解等人以急人之难，替人消灾受到人们的追捧。元朔二年（前127），主父偃向汉武帝提出，"茂陵初立，天下豪桀并兼之家，乱众之

1　（汉）班固：《汉书·食货志》，中华书局，1996，第1162页。
2　（汉）班固：《汉书·食货志》，中华书局，1996，第1170页。

民，皆可徙茂陵，内实京师，外销奸滑"[1]，要迁徙天下豪富三百万以上者到茂陵。游侠郭解家资产本不够格，却被列入迁徙的名单中，大将军卫青出面为他说情，但是武帝却说："布衣权至使将军为言，此其家不贫。"[2]当郭解迁徙之时，"诸公送者出千余万"[3]，由此可见游侠的社会影响力。由于游侠在履行"道义"时常常触犯国家法律，扰乱社会秩序，成为影响国家安全的一个不容忽视的因素。

其四，由于汉文帝时期废除了"连坐法"及酷刑，使得刑法对人们的约束力大为降低，也使战国时期的复仇之风在西汉得不到扼制。像淮南王刘长为母报仇椎杀审食其，李广将军为复仇将曾经阻止他夜行的霸陵尉杀害，霍去病为替卫青复仇，将曾击伤卫青的李广之子李敢射死。尽管他们都触犯了刑法，但是他们的复仇行为最后都得到了皇上的宽恕而不予追究。大概是他们特殊的身份，或许是皇上把复仇与一般犯罪区别对待。对杀人者的宽恕，就是对受害者的不公。这种有法不依、执法不严的现象，不仅严重损害了汉朝廷法律公正的形象，也使复仇之风愈演愈烈。

其五，外戚群体也成为干扰朝廷决策的一个重要因素。外戚是一个特殊的群体，他们倚仗着与皇后、太后的血缘关系，不需要依靠个人奋斗，不必通过世袭就可以获取财富和爵位。但是许多外戚并不因此而满足，他们通过各种方式和手段，来谋取政治上的地位，来获取更多的利益和财富。外戚田蚡仗着国舅的身份，"治宅甲诸第。田园极膏腴，而市买郡县器物相属于道，前堂罗钟鼓，立曲旃；后房妇女以百数。诸侯奉金玉狗马玩好，不可胜数"[4]。尽管田蚡如此富有，他却并

1　（汉）司马迁：《史记·平津侯主父列传》，中华书局，1985，第2961页。

2　（汉）司马迁：《史记·游侠列传》，中华书局，1985，第3187页。

3　（汉）司马迁：《史记·游侠列传》，中华书局，1985，第3187页。

4　（汉）司马迁：《史记·魏其武安侯列传》，中华书局，1985，第2844页。

不满足，还干预朝廷的人事任免，"荐人或起家至二千石，权移主上"[1]，田蚡所为引起汉武帝的强烈不满。他又以扩大宅基地为借口，想侵占国家武库，终至汉武帝忍无可忍，怒斥他"你为什么不把武库也搬回去!"窦婴是窦太后的侄儿，靠着军功和与窦太后的特殊关系，位至丞相，但是他家豢养食客众多，田蚡攻击他"日夜招聚天下豪桀壮士与论议，腹诽而心谤，不仰视天而俯画地，辟倪两宫间，幸天下有变，而欲有大功"[2]。田蚡认为自己不过是贪欲过多而已，不像窦婴豢养食客，聚众腹诽，觊觎朝廷。再有汉武帝继位之初与窦婴、田蚡、赵绾、王臧欲推行儒学，扼制窦太后的权力，遭到窦太后的强烈反对，最后窦婴、田蚡被免职，赵绾、王臧被下狱处死。由此可见外戚对朝廷的干预非同一般。

从上述社会问题看，中央朝廷要解决这些问题，处理诸多顽疾，必须要依靠那些执法严厉，敢于碰硬的大夫，尤其是一些从事刑狱、督察、诉讼工作的大夫。只有不畏强权，忠于朝廷，才能将中央朝廷的政策措施贯彻执行，酷吏正是在这样一个特殊的历史背景下应运而生，被朝廷重用的。

二、复杂多变的酷吏性格

司马迁的《酷吏列传》，除郅都为景帝时期的酷吏外，其余十人皆为武帝一朝，这是汉朝廷国策由"无为"向"多欲"转变的结果。汉武帝为了实现其"多欲"的目标，采取了严酷的刑法和高压的政策，酷吏正是帮他实现这些目标的最佳人选。司马迁将酷吏作为一个特殊

---

1 （汉）司马迁：《史记·魏其武安侯列传》，中华书局，1985，第2844页。
2 （汉）司马迁：《史记·魏其武安侯列传》，中华书局，1985，第2851页。

群体，单独为他们作一类传，自有其良苦的用心。他将酷吏的特征概括为"酷烈为声"，"以恶为治"。实际上每一个酷吏，都有着复杂丰富的性格人生，这里我们只能就其共同的性格特征进行剖析，帮助人们对酷吏有更深入的了解。

酷吏较一般人而言，性格上多刚直强硬，故能执法严厉。司马迁记述的十一位酷吏，大多担任过都尉、中尉（后改为执金吾）、廷尉、御史等职。汉代都尉，据班固《汉书·百官公卿表》记载："主爵中尉，秦官，掌列侯。景帝中六年更名都尉……治内史右地，属官有掌畜令丞。"如淳注曰："《尹翁归传》曰：'豪强有论罪，输掌畜官，使斫莝'"。[1]可见都尉是武职，掌郡中治安和军事。做过都尉的酷吏有宁成、义纵、周阳由、王温舒、尹齐等。中尉也为武职，掌京师治安。"中尉，秦官，掌徼循京师……武帝太初元年（前104）更名执金吾。"如淳注曰："所谓游徼，徼循禁备盗贼也。"[2]做过中尉的酷吏有郅都、宁成、王温舒、赵禹、尹齐、杨仆等。廷尉是掌刑狱的，"廷尉，秦官，掌刑辟"[3]，做过廷尉的酷吏有杜周、王温舒等。御史位次于丞相："御史大夫，秦官，位上卿……掌图籍秘书，外督部刺史，内领侍御史员十五人，受公卿奏事，举劾按章。……侍御史有绣衣直指，出讨奸猾，治大狱。"[4]可知御史掌监察、执法等，做过御史的酷吏有张汤、杜周、王温舒、赵禹、尹齐、杨仆。

从酷吏担任过的职务看，他们从事的都是司法、督察、治安之类的工作，准确地说都是执法官，掌握着决定人生死命运的大权。同时与其打交道的多为罪犯或违法乱纪者。因此他们渐渐养成了刚直强

1　（汉）班固：《汉书·百官公卿表》，中华书局，1996，第736页。
2　（汉）班固：《汉书·百官公卿表》，中华书局，1996，第732—733页。
3　（汉）班固：《汉书·百官公卿表》，中华书局，1996，第730页。
4　（汉）班固：《汉书·百官公卿表》，中华书局，1996，第725—726页。

硬、执法严厉的性格。司马迁在文中多次用"酷烈""严酷""暴酷""酷急""惨酷"等词来表现他们执法的严酷。这些词多少带有贬义或否定的成分，如果用执法"严厉"来表现似乎更客观公正一些。酷吏在查办案子、审判罪犯时，无论是皇族宗室，还是外戚权贵，只要触犯刑法，他们都严惩不贷，像"济南瞯氏宗人三百余家，豪猾，二千石莫能制"[1]。郅都任济南太守后，"至则族灭瞯氏首恶，余皆股栗。居岁余，郡中不拾遗"[2]。由于郅都"行法不避贵戚"[3]，所以景帝称赞他为"忠臣"。张汤查办淮南王、衡山王等人谋反案是"皆穷根本。严助及伍被，上欲释之。汤争曰：'伍被本画反谋，而助亲幸出入禁闼爪牙臣，乃交私诸侯如此，弗诛，后不可治。'于是上可论之"[4]。

严助、伍被都是汉武帝的宠臣，他们都参与了淮南王刘安等人的谋反，所以最初汉武帝想为他们开释，但是张汤查清了伍被起初反对刘安谋反，后又为其谋反出谋划策，继而又告发。无论从道德品质还是刑法层面来看，张汤都意识到伍被这样的人对国家的危害，所以在他据理力争下，武帝只得同意给他们治罪。可见张汤并不完全像司马迁所言，审办案件以皇上意旨为准绳。酷吏执法一个共同特点是不畏强权，不徇私枉法，忠于职守。义纵是靠王太后的关系发迹的，但是他任长安令后，"直法行治，不避贵戚。以捕案太后外孙修成君子仲"[5]。由于义纵查办王太后外孙案不徇私枉法，所以"上以为能，迁为河内都尉。至则族灭其豪穰氏之属，河内道不拾遗"[6]。像尹齐也是"使

1 （汉）司马迁：《史记·酷吏列传》，中华书局，1985，第3133页。
2 （汉）司马迁：《史记·酷吏列传》，中华书局，1985，第3133页。
3 （汉）司马迁：《史记·酷吏列传》，中华书局，1985，第3133页。
4 （汉）司马迁：《史记·酷吏列传》，中华书局，1985，第3139页。
5 （汉）司马迁：《史记·酷吏列传》，中华书局，1985，第3145页。
6 （汉）司马迁：《史记·酷吏列传》，中华书局，1985，第3145页。

督盗贼，所斩伐不避贵戚"[1]。在整篇传记中司马迁曾六次用"上以为能"类似的话来表现武帝对赵禹、张汤、义纵、王温舒、尹齐、杨仆等人执法严厉的肯定、赞赏，并由此提拔、器重他们。执法者只有疾恶如仇，才敢于不畏强权，才能在治理宗室外戚、豪强权贵违法乱纪时秉公执法，才能真正地惩治罪犯，扼制其嚣张气焰，才能巩固中央集权，维护社会稳定，为受欺压凌辱者伸张正义。由于酷吏执法严厉，所以在他们任职的辖区内都是"道不拾遗"，司马迁在文中多次用这个词来表现酷吏治理的显著成效。

忠心耿耿、知恩图报也是酷吏的性格特征。司马迁在列传中比较完整地记叙了酷吏们发迹的历史，十一个酷吏都是贫寒出身，他们没有高门大户的出身背景，没有能够世袭卿相爵位的机会，几乎都是由刀笔吏起步而升至廷尉、御史，位列三公，逐步得到皇上的提拔重用。司马迁在文中六次写道"上以为能"，反复强调武帝对酷吏工作成绩和才能的肯定，这在其他传记中很少看到。这说明酷吏是得到皇上的格外赏识和器重的，真可谓"天子非常赐颜色"。"汤（张汤）尝病，天子至自视病，其隆贵如此。"[2]一个大夫生病，能让皇上亲自探视病情，独享皇上厚爱的唯有张汤。中国传统的儒家思想历来倡导"士为知己者死"，强调"知恩图报"。所以酷吏们对于皇上的知遇之恩是发自内心的感激，是铭刻于心的，他们唯有竭尽全力地效忠朝廷，报答皇上，才不辜负皇上对他们的信任与厚爱。郅都曾坦言"已倍亲而仕，身固当奉职死节官下，终不顾妻子矣"[3]。在汉武帝实行盐铁官营、货币改革、算缗告缗的政策时，张汤是"鉏豪强并兼之家，舞文巧诋以辅法。汤每朝奏事，语国家用，日晏，天子忘食。丞相取充位，天下事皆决于

1　（汉）司马迁：《史记·酷吏列传》，中华书局，1985，第3148—3149页。

2　（汉）司马迁：《史记·酷吏列传》，中华书局，1985，第3141页。

3　（汉）司马迁：《史记·酷吏列传》，中华书局，1985，第3133页。

汤"[1]。可以说张汤在汉武帝一系列经济政策实施过程中，其作用与贡献是巨大的，这一点司马迁也是肯定的。清代文人何焯认为："盐铁出于弘羊，告缗出于杨可，然非倚汤不能取于天子，以酷虐助而成之，故恶皆归之汤。"[2]张汤为汉朝廷和汉武帝的贡献功不可没，却也为此背上恶名。

酷吏大多清廉自律。这类性格的人多廉洁清正、自律性强。在十一位酷吏中，像王温舒、杜周那样聚敛财富，家累千万金的酷吏是少数，多数酷吏可以说非常地清廉自律。郅都"公廉，不发私书，问遗无所受，请寄无所听"[3]。他公正廉洁，不拆私人请托的信，不接受别人馈赠的礼物，也不接受别人请托的事情。赵禹"用廉为令史……府中皆称其廉平……为人廉居。为吏以来，舍毋食客。公卿相造请禹，禹终不报谢，务在绝知友宾客之请，孤立行一意而已"[4]。赵禹为人倨傲，门下不养食客，公卿大夫的造访他一概不回访，以此杜绝各种请托和后门，以影响他办案的公正客观。张汤去世"家产直不过五百金，皆所得奉赐，无他业。昆弟诸子欲厚葬汤，汤母曰：'汤为天子大臣，被污恶言而死，何厚葬乎！'载以牛车，有棺无椁。天子闻之，曰：'非此母不能生此子。'"[5]一个御史大夫，死后家产不过五百金，并且都是皇上的赏赐，丧葬也极其简单，像张汤这样清廉的官员真不多见。所以王先谦曰："欲令汤贫状上闻，冀冤得白也。"[6]最为令人感叹的是尹齐死时，"家直不满五十金"[7]。司马迁尽管对酷吏比较反感，在情感上也

1　（汉）司马迁：《史记·酷吏列传》，中华书局，1985，第3140页。

2　［日］泷川资言：《史记会注考证·酷吏列传》，文学古籍刊行社，1955，第4928页。

3　（汉）司马迁：《史记·酷吏列传》，中华书局，1985，第3133页。

4　（汉）司马迁：《史记·酷吏列传》，中华书局，1985，第3136—3138页。

5　（汉）司马迁：《史记·酷吏列传》，中华书局，1985，第3144页。

6　韩兆琦：《史记笺证·酷吏列传》，江西人民出版社，2005，第6016页。

7　（汉）司马迁：《史记·酷吏列传》，中华书局，1985，第3151页。

很排斥，但是他还是多次肯定了酷吏清廉的可贵品质和严于自律的性格。在文中司马迁多次用"廉"这个词来评价肯定酷吏。

圆滑狡诈、见风使舵是酷吏的又一性格特征。这种性格的人常常表里不一，当面一套，背后一套，口是心非，阿谀善变。客观地说，酷吏们能够得到皇上的赏识，与他们圆滑狡诈、见风使舵的性情为人有着很大的关系，这一点在张汤身上表现得尤为突出。"汤为人多诈，舞智以御人。……收接天下名士大夫，己心内虽不合，然阳浮慕之。"[1]张汤在官场上喜欢玩弄聪明，控制别人。他经常结交各种名流大夫，虽然心里对你不满，却表现出敬佩你的样子。他知道汉武帝喜欢儒术，就找来许多熟悉儒学，读《尚书》《春秋》成绩好的太学生，补充到廷尉府任书吏，以便在审理、判处重大案件时能够引用儒学的经典条文，以提高和显示其廷尉府的儒学水平。张汤在对疑案进行审理，写成判词上奏时，一定要事先替皇上分析其原因，皇上认可了，再拿回来写成判决条文，并做成判例，以此表明皇上的明断。可见他琢磨皇上是颇费心思的，深谙皇上的好恶，并常投其所好，以获取皇上的好感。他在处理案子时，"所治即上意所欲罪，予监史深祸者；即上意所欲释，与监史轻平者。"[2]如果是皇上要深查严惩的案子，张汤就派手段强硬，办案严厉的官员来处理；如果是皇上想开释的案子，他就派办案宽松随便的官员来处理。司马迁评价张汤"以知阴阳，人主与俱上下"[3]，这是说张汤善于察言观色，阿谀人主，懂得掌握说话分寸，始终与人主保持一致。杜周查办案件也是"上所欲挤者，因而陷之；上所欲释者，久系待问而微见其冤狱状"[4]。杜周的做法与张汤如出一辙，所

1 （汉）司马迁：《史记·酷吏列传》，中华书局，1985，第3138页。

2 （汉）司马迁：《史记·酷吏列传》，中华书局，1985，第3139页。

3 （汉）司马迁：《史记·酷吏列传》，中华书局，1985，第3154页。

4 （汉）司马迁：《史记·酷吏列传》，中华书局，1985，第3153页。

以遭到了旁人的批评："'君为天子决平，不循三尺法，专以人主意指为狱。狱者固如是乎？'周曰：'三尺安出哉？前主所是著为律，后主所是疏为令，当时为是，何古之法乎！'"[1]

酷吏把天子的意志当成法律准绳，当作审判案件依据的做法，历来引起人们强烈的不满和愤怒的谴责，它体现了西汉社会人权大于法律的现实。但是我们透过现象对其内在的深层原因进行剖析，不难发现，这其中折射出酷吏们的效忠意识和知恩图报的心理。这是他们唯皇上意志审办案子的真正原因。王温舒圆滑狡诈的做法更是独树一帜，司马迁总结为以恶为治，今人则说他是以毒攻毒。他在广平任都尉时，选择郡中豪勇敢于任事的人为吏，作为他抓捕罪犯的助手，在暗中掌握他们犯罪的情况下不予追究，而把它作为控制他们的一个武器，促使这些人去抓捕别的盗贼，只要能满足他的心意，抓到他想抓的人即可。如果有谁不尽心抓捕或有遗漏的话，那就清算他的老账，杀掉他。一时间"齐赵之郊盗贼不敢近广平，广平声为道不拾遗"[2]。他任中尉后又如法炮制，专用当地豪强恶霸为官吏，让他们为他出谋划策。这些人出的绝招就是，让盗贼恶少匿名举报诬陷人有奸邪，又在基层设立了督办盗贼的长官，以此互相制约。王温舒善于巴结奉迎，"善事有势者；即无势者，视之如奴。有势家，虽有奸如山，弗犯；无势者，贵戚必侵辱"[3]。如果说《酷吏列传》的酷吏分为上中下三等，那么王温舒应列为最下等。

许多酷吏还有处事偏执，好走极端的性格。一般来说这种人较固执己见，敏感多疑，过度警觉，遇事爱猜疑，不信任他人，爱推诿责任，自我批评少，心胸狭隘。酷吏之所以让司马迁反感憎恶，除了他

1 （汉）司马迁：《史记·酷吏列传》，中华书局，1985，第3153页。

2 （汉）司马迁：《史记·酷吏列传》，中华书局，1985，第3147页。

3 （汉）司马迁：《史记·酷吏列传》，中华书局，1985，第3150页。

个人因李陵之祸遭受宫刑，深受酷吏之害外，还与酷吏们的性格及他们人格上的缺陷有着重要关系。酷吏们大多处事偏执，好走极端，这使得他们在处理案件和审办罪犯时，过度警觉，敏感多疑，报着宁可信其有、不可信其无，宁可错杀一千、不可放过一个的心理，常常使用法律过当，或是量刑过重，或是惩办罪犯扩大化，其结果是使许多无辜民众受牵连。像杜周为廷尉时，抓捕二千石的高官不下百余人，一年中报到廷尉府的案件有一千多。有的案件拖了十几年，经过几次赦令后还没能结案，最后大都诬以大逆之罪而灭族。像京师临时设立的监狱，经常关押的犯人达六七万人之多。酷吏个人性格上的弱点影响了他们对案件的处理，对罪犯的甄别判断，使得一些轻犯受重判，一些无辜者受惩罚。像义纵到定襄任太守，将狱中没带刑具的罪犯二百人以及到狱中探视的二百人一起抓捕起来，最后一日之内杀了四百余人，其中二百人为探监的家属。滥杀无辜和手段之残忍真是令人发指。虽然酷吏打击了作奸犯科之人，有效地扼制了各种犯罪，在他们的治理下，其辖区也曾出现过"道不拾遗"的太平景象，但是人们并未因此对酷吏抱有任何的好感，也没能消除对酷吏的恐惧和憎恨，反而感到丧失了生活的安宁和行动的自由，噤若寒蝉。王温舒治理过的广平郡，"郡中毋声，毋敢夜行，野无犬吠之盗"[1]。宁成曾任函谷关都尉，一年后出入函谷关的各郡国官员都说"宁见乳虎，无值宁成之怒"[2]。哺育幼虎的母老虎虽然极其凶狠，但是宁成比母老虎还要凶狠无比。古人所谓"苛政猛于虎"在宁成身上体现得最为充分。义纵担任南阳太守之后，"南阳吏民重足一迹"[3]。这"重足一迹"是形容人们连走路都小心谨慎，不敢双脚并行。非常形象地描写出南阳百姓终日处

1　（汉）司马迁：《史记·酷吏列传》，中华书局，1985，第3148页。
2　（汉）司马迁：《史记·酷吏列传》，中华书局，1985，第3145页。
3　（汉）司马迁：《史记·酷吏列传》，中华书局，1985，第3146页。

于恐惧不安、战战兢兢的紧张状态。

三、悲惨的人生谢幕

司马迁在列传中较详尽地记叙了每个酷吏的人生结局，在十一个酷吏中，被朝廷杀者有郅都、宁成、周阳由、义纵；因罪被朝廷追究而自杀者有张汤、王温舒（被五族）、减宣；病死者有杨仆、尹齐；寿终者仅赵禹、杜周。记录人物的出生来历和命运结局是纪传体的习惯做法，但是司马迁在记叙酷吏的悲剧结局时，却意味深长地特别向世人昭示了恶有恶报的必然结果。古希腊哲学家赫拉克利特曾经说过，"性格决定命运"。一个人有什么样的性格，就决定了他将有什么样的人生和命运。因为"性格是表现在人的态度和行为方面的较稳定的心理特征"[1]。一个人的性格往往决定了他对现实的态度、行为方式和处事方法，因此有时候就决定了他未来的前途和命运。酷吏们悲惨的人生结局虽然与当朝天子的喜怒无常有一定关系，但是这只能说是其偶然性因素，在这偶然性的背后，实际上隐含着其必然性因素，那就是他们的性格使然。酷吏们在仕途上曾经春风得意过，但是昔日的辉煌与末日的悲惨竟有如此强烈的反差，这不能不引起我们深思：我们究竟该如何客观地认识和评价酷吏？造成酷吏悲惨人生的真正原因是什么？应该说性格是一个非常重要的因素。张汤圆滑狡诈，善于阿谀奉迎，喜欢阳奉阴违，玩弄权术。他在为人处事上与众不同。他"通宾客饮食。于故人子弟为吏及贫昆弟，调护之尤厚。其造请诸公，不避寒暑"[2]。但是对于当朝权贵，尤其是得势的权贵，他不但不把他们放在眼里，甚至还有意羞辱欺凌他们，朱买臣和庄助因向朝廷进献《楚辞》

---

1 辞海编辑委员会：《辞海》，上海辞书出版社，1982，第866页。
2 （汉）司马迁：《史记·酷吏列传》，中华书局，1985，第3139页。

而得到宠幸，做了太中大夫。而当时张汤还是小吏，"跪伏使买臣等前。已而汤为廷尉，治淮南狱，排挤庄助，买臣固心望。及汤为御史大夫，买臣以会稽守为主爵都尉，列于九卿。数年，坐法废，守长史，见汤，汤坐床上，丞史遇买臣弗为礼。买臣楚士，深怨，常欲死之"。[1]

张汤这种前卑后倨的态度，以及在淮南王一案上治庄助死罪，使他与朱买臣结下了很深的怨仇。加上他查办权贵案子时，"皆穷根本"，这就得罪了很多权贵。由于他树敌太多，最后连自己也栽了进去。御史中丞李文与张汤有隙，暗中从文书档案中查找能中伤他的罪状，张汤则先下手为强，其宠爱的下属鲁谒居以匿名信越级告李文，借着案件转到他手上审理之机，判罪将李文杀掉。当皇上向他问起事情内幕时，他却装出完全不知，骗过了武帝。但是与他有过节的赵王以此事举报他。接着他在霸陵瘗钱被盗事情的处理上又欺骗玩弄了丞相庄青翟，这就促使庄青翟和与张汤结怨的朱买臣、赵王一起联手，借此机会向他发难。他们逮捕了知道张汤私情的证人田信等人，向武帝告发称张汤每有措施启奏朝廷，田信总是事先知晓，营奸牟利，与张汤分享。武帝已有耳闻，召问张汤时，张汤佯伪诧异，矢口否认。恰在此时减宣又把鲁谒居的案子报上来，为此"天子果以汤情诈面欺，使使八辈簿责汤"[2]。最后迫使张汤向皇上写了谢罪书后自杀。清人姚苎田评价张汤说：

> 天性既优于深刻，燕集俱极其倾邪，宜其为酷吏中之首恶也。……汤立意亦要锄豪强，振贫弱，收恤故旧，荐扬属吏，及弘奖经术，敦尚廉耻，皆是美事。唯一以诈行之，遂觉无往不阴邪暧昧。史公尽力雕绘，所谓"虽百世可知"也。群酷吏非无暴过于汤者，然用事之专且久，得君之深且笃，则未有及汤者也。所以烦酷之气溢于四海，上自公卿，下

1　（汉）司马迁：《史记·酷吏列传》，中华书局，1985，第3143页。

2　（汉）司马迁：《史记·酷吏列传》，中华书局，1985，第3143页。

及黎庶，无不被其毒。[1]

　　宁成是一个喜欢意气用事，又非常自负的人。做人下属，瞧不起长官，甚至像当时人人敬畏的郅都，他都不放在眼里，凡事都要压他一头；他做人长官，则死死地约束部下。不仅为人狡诈残虐，还肆意作威作福，并且贪婪成性，曾大言不惭地说："仕不至二千石，贾不至千万，安可比人乎！"[2]宁成查办案件极为"严酷"，但是他平日处事却不晓得自我约束，所以给权贵们抓住了他的诸多把柄，举报他，将他治罪。虽然他曾一度逃脱，回乡发了财，但最终还是被另一酷吏义纵治罪处死。

　　王温舒在十一个酷吏中，无论人品还是性格都是最下等。他狡诈阴险，残暴至极。他"捕郡中豪猾，郡中豪猾相连坐千余家"[3]。不仅查办案件，惩治罪犯搞扩大化，而且采用非正当的手段来抓捕案犯。他暗地里掌握了罪犯把柄，以此要挟他们，放手让他们去缉拿案犯，真可谓以贼治贼，以盗治盗。所以纵使这些人有一百条罪，他也不法办他们，而一些本可以不治罪的人，他却抓住他们的辫子，把他们杀掉，有的甚至被灭族。他杀人"流血十余里"，曾跺脚叹息："嗟乎，令冬月益展一月，足吾事矣！"[4]所以司马迁为此讽刺议论道："其好杀伐行威不爱人如此。天子闻之，以为能。"[5]他为人阿谀奉迎，善于侍奉有权势的人，对于没势者，他视为奴仆。对有势者，就是罪行如山，他也不绳之以法。而失势者，就是贵族他也要凌辱。但是"多行不义必自毙"，王温舒因帮人逃避服兵役被告发，罪应灭族，最后他自己自杀。他的

1　韩兆琦：《史记笺证·酷吏列传》，江西人民出版社，2005，第6016页。

2　（汉）司马迁：《史记·酷吏列传》，中华书局，1985，第3135页。

3　（汉）司马迁：《史记·酷吏列传》，中华书局，1985，第3148页。

4　（汉）司马迁：《史记·酷吏列传》，中华书局，1985，第3148页。

5　（汉）司马迁：《史记·酷吏列传》，中华书局，1985，第3148页。

两个弟弟和两弟的亲家也因别的罪被灭族。司马迁借光禄大夫徐自为的口说："悲夫！夫古有三族，而王温舒罪至同时而五族乎！"[1]

综观酷吏的悲惨结局，有一个现象值得我们深思和注意，清人李景星在《史记评议》中指出：

> 叙酷吏之所以见用，曰"上以为能"；曰"天子以为能"；曰"天子以为尽力无私"。叙酷吏相转之效法，曰"治效郅都"；曰"治效于禹"；曰"声甚于宁成"；曰"治放尹齐"；曰"治与宣相放"；曰"治大放张汤"；曰"酷甚于温舒"。[2]

可见由于天子的支持和赞许，才使得一个又一个的酷吏纷纷学习效仿前辈，甚至"青出于蓝而胜于蓝"，查办案件一个比一个严厉，惩治罪犯一个比一个狠，似乎不这样做不足以显示其办案的能力和执法的严厉，不足以证明其对天子忠诚。正因为如此，他们不自觉中为自己找了掘墓人。因为最终查办他们案件的，给他们治罪的不仅仅是他们的同行，有的还是他们的晚辈，这些晚辈所用之手法，无一不与他们如出一辙。像查办张汤案的是酷吏减宣和赵禹。查办宁成案的是酷吏义纵。查办他们所用之手法是当年他们查办别人时常用的。这些酷吏的悲惨结局，正应验了古人的一句话："机关算尽太聪明，反算了卿卿性命。"当初张汤这些酷吏在惩治豪强权贵时，从未想过自己有一天会被自己的同行以同样的方法惩治。当年他们是以正义的化身、朝廷的代表来惩治罪犯，现在他们则以罪犯的身份被所谓的正义的代表来审判，得到与当年罪犯同样的下场，其讽刺意味不言而喻！可见司马迁用心之良苦，笔触之深刻。所以清人牛运震指出："《酷吏传》别是一种笔墨，立格用意以短悍为主；……其刻深次骨处，往往如老吏断

1　（汉）司马迁：《史记·酷吏列传》，中华书局，1985，第3150—3151页。
2　韩兆琦：《史记笺证·酷吏列传》，江西人民出版社，2005，第6045页。

狱，太史公亦可谓文中之'酷吏'矣。"[1]

从以上论述中可以看到，酷吏的悲剧人生有其时代性和政治性，更有其自身的性格缺陷和人格缺陷。认识这一点，对于我们客观公正地认识、评价酷吏，对于我们了解汉武帝时期各种政治措施、经济政策的实施，以及酷吏在其中的影响是有一定帮助的。

（原载于《南宁职业技术学院学报》2009年第5期）

---

[1]　韩兆琦:《史记笺证·酷吏列传》，江西人民出版社，2005，第6045页。

从《史记》看古人交友

交友，是中国古代人际交往的一种常见形式。一个人成年后，他必然要进入一定的社交圈子，必然与各种人物发生交往联系，来往密切的一定是他可以依赖和信任的朋友。儒家伦理观念形成之后，把"朋友"列入五伦当中，并且把"父子有亲，君臣有义，夫妇有别，长幼有序，朋友有信"[1]作为理想社会和谐的人际关系去倡导，去追求。"朋友有信"是古人交友必须遵守的道德信条和行为准则，一直以来它以集体无意识的形式影响着后人。

司马迁遭遇李陵之祸，身陷囹圄之时，由于"交游莫救，左右亲近不为一言"[2]，使他看到了人情冷暖、世态炎凉，这种痛彻骨髓的人生经历，让他对交友有了更多的人生感悟和深刻思考，所以他在写作《史记》时，有意识地表现古人交友这一主题，以表达他的交友观，我们从《史记》中也了解到古人交友的各种情况。

一直以来，《史记》研究都是人们关注的重点，涉及的领域方方面面，但无论是古人的交友，还是《史记》交友这一问题，始终没有得到学术界关注，研究论文仅有几篇关于孔子的交友观，这与当今倡导构建和谐社会、诚信待人的时代风气是极不相称的，因此我们有必要对古人的交友做进一步的研究和探讨。

1　《诸子集成·孟子正义·梁惠王上》，上海书店出版社，1994，第26页。

2　（汉）班固：《汉书·司马迁传》，中华书局，1996，第2730页。

一、古人交友的类型

人们常说：物以类聚，人以群分。这是说不同信仰、不同兴趣、不同性情的人会选择不同的人做朋友，因此出现了各种各样的交友类型。古人交友的类型大致有这么几种。

（一）知己之交

知己之交，指彼此相知，彼此欣赏，相互理解，相互敬仰，志同道合，有着共同志趣和人生追求的人结为朋友。《史记》记录了不少感人至深的知己之交的故事。管仲是春秋时齐国名相，为相四十余年，他辅佐齐桓公成为春秋第一霸主。管仲出众的才华和传奇的经历千百年来被人们传为美谈，值得史学家们大书特书。但是司马迁在《管晏列传》中对他出众的才华和杰出的贡献仅几笔带过，就连由射齐桓公带钩的仇敌变为辅佐他成就霸主的传奇经历，也被放入《齐太公世家》中。司马迁着重写管仲与鲍叔牙之间相知、相容、相敬的深厚友谊。管仲"少时常与鲍叔牙游，鲍叔牙知其贤。管仲贫，常欺鲍叔，鲍叔终善遇之"[1]。当管仲功成名就之后，曾感慨万分地说：

> 吾始困时，尝与鲍叔贾，分财利多自与，鲍叔不以我为贪，知我贫也。吾尝为鲍叔谋事而更穷困，鲍叔不以我为愚，知时有利不利也。吾尝三仕三见逐于君，鲍叔不以我为不肖，知我不遭时也。吾尝三战三走，鲍叔不以我为怯，知我有老母也。公子纠败，召忽死之，吾幽囚受辱，鲍叔不以我为无耻，知我不羞小节而耻功名不显于天下也。生我者父母，知我者鲍子也。[2]

管仲的肺腑之言表达了他对鲍叔的感激与敬重。鲍叔的可贵在于：

---

[1] （汉）司马迁:《史记·管晏列传》，中华书局，1985，第2131页。

[2] （汉）司马迁:《史记·管晏列传》，中华书局，1985，第2131—2132页。

首先，他交友不耻贫贱。管仲贫困潦倒时，他体谅管仲的苦衷，始终善待他，真正是"真相知"。其次，不以一时成败论贤愚。管仲替他出谋划策不成功时，他能从主客观分析原因，对管仲深信不疑，真正是"长相知"。再次，危难之处见真情。当管仲被囚，有杀身之祸时，他不仅解救管仲，还力谏桓公任用管仲。据史料记载："齐桓公使鲍叔为相，辞曰：'臣之不若夷吾者五，宽和惠民，不若也；治国家不失其柄，不若也；忠惠可结於百姓，不若也；制礼义可法於四方，不若也；执枹鼓立於军门，使百姓皆加勇，不若也。'"[1]自己甘愿"以身下之"。桓公采纳鲍叔建议，"管仲既用，任政于齐，齐桓公以霸，九合诸侯，一匡天下，管仲之谋也"[2]。鲍叔对管仲得重于齐桓公和名满天下的政绩，毫无妒忌之心。他的知贤荐贤和甘居人下的高风亮节感动着司马迁，他赞叹曰："天下不多管仲之贤而多鲍叔能知人也。"[3]这话里既是说后人赞扬管仲的不多，多赞扬敬佩鲍叔的荐贤让贤，又是说当今世人不缺管仲这样的贤才，但缺少鲍叔这样能与朋友肝胆相照，宽容大度，举贤荐贤之人。所以唐代散文家韩愈才发出了"世有伯乐，然后有千里马。千里马常有，而伯乐不常有"[4]的感叹。对管仲而言，鲍叔既是他的伯乐，又是他的知己。他们相知、相助，真诚无私的友谊成为千古"知己之交"的典范。司马迁赞扬中表达了对管鲍之交的羡慕与向往，抒发了知音难觅的悲凉。

荆轲与高渐离也是一对知己之交。两人身处下层，地位不高，荆轲是浪游诸侯各国的侠士，高渐离乃燕市上的屠狗之夫。两人都有一技之长，荆轲"好读书击剑"，高渐离"善击筑"。两人胸中都有大志

1　［日］泷川资言：《史记会注考证·管晏列传》，文学古籍刊行社，1955，第3250页。

2　（汉）司马迁：《史记·管晏列传》，中华书局，1985，第2131页。

3　（汉）司马迁：《史记·管晏列传》，中华书局，1985，第2132页。

4　马其昶、马茂元译注：《韩昌黎文集校注》第1卷，上海古籍出版社，1998，第35页。

却无处施展，相似的人生经历，相同的人生目标使他们走到了一起，相同的境遇使他们惺惺相惜，常相和歌于市中，"相乐也，已而相泣，旁若无人者"[1]，抒发其怀才不遇之苦闷。荆轲要到秦国刺杀秦始皇，虽是生死赴难，但英雄有了用武之地，高渐离为他送行，击筑慷慨悲歌："风萧萧兮易水寒，壮士一去兮不复还。"[2]表达他高兴又悲伤，激励又不舍的复杂矛盾的心情。荆轲刺秦失败，高渐离隐姓埋名逃匿，为替荆轲报仇，他不顾杀身之祸，重出江湖。他在给秦始皇击筑时，"乃以铅置筑中，复进得近，举筑朴秦皇帝"[3]，最终被诛。为完成朋友未竟的事业，他慷慨赴难，壮志未酬身先死。荆轲能有这样的知己好友，可以含笑九泉了。

（二）知遇之交

"知遇之交"与"知己之交"相似，都强调志同道合，互相理解。不同的是"知己之交"双方身份地位相当，"知遇之交"双方身份地位较悬殊。或君臣，或主仆，或贵族与寒士。"知遇"《辞海》解释为："受到赏识重用。"可见"知遇之交"指地位低者得到地位高者的赏识重用。战国时燕昭王与乐毅，是司马迁极力赞扬的"知遇之交"。燕昭王为了向齐国复仇，求贤若渴。他"屈身下士，先礼郭隗以招贤者"[4]，借此招揽天下英才。乐毅闻知，借外交出使之机，考察了解燕昭王为人及他招才的目的。乐毅是"论行而结交者，立名之士也"[5]。他既想借明君来立功扬名，又要考察其品行为人。当他确信燕昭王"有高世主之心"时，毅然投身其门下。燕昭王破格举用乐毅，派他出使赵、楚、魏、

1　（汉）司马迁：《史记·刺客列传》，中华书局，1985，第2528页。
2　（汉）司马迁：《史记·刺客列传》，中华书局，1985，第2534页。
3　（汉）司马迁：《史记·刺客列传》，中华书局，1985，第2537页。
4　（汉）司马迁：《史记·乐毅列传》，中华书局，1985，第2427页。
5　（汉）司马迁：《史记·乐毅列传》，中华书局，1985，第2431页。

韩等国，任命他为上将军，统领燕国军队。乐毅不负众望，率五国兵伐齐，"下齐七十余城，皆为郡县以属燕，唯独莒、即墨未服"[1]。乐毅用五年时间未能攻克剩下的两城，燕昭王一如既往地信任、支持他。燕昭王去世，燕惠王即位后，对乐毅的才能与贡献视而不见，对他的怀疑与日俱增，在齐国挑拨下，撤换了乐毅。结果打下齐国的七十余城，很快又被齐国收复。同为君王与父子，但是对乐毅决然不同的态度，方显出燕昭王"知遇之交"的可贵。

刘邦与张良成为"知遇之交"，经历了由相识、相交到相知的磨合过程。两人相识纯属偶然。"陈涉等起兵，良亦聚少年百余人。景驹自立为楚假王，在留，良欲往从之，道遇沛公。……遂属焉。"[2]张良跟随刘邦后，刘邦随便封他为厩将，并不看重他。后来"良数以《太公兵法》说沛公，沛公善之，常用其策。良为他人言，皆不省"[3]。张良不由得感叹曰："沛公殆天授。"这不仅是称赞刘邦在兵法上悟性很高，有天赋，也是说刘邦是上天授予他的，帮他完成他的兵法谋略。张良初显谋略家锋芒是在刘邦西进咸阳时。他劝刘邦用金钱诱骗秦峣下军守将，然后又"因其解击之。……秦兵竟败。遂至咸阳，秦王子婴降沛公"[4]。刘邦能顺利入关攻下咸阳，是张良神机妙算的功劳。在鸿门宴上张良为刘邦设下了喊冤叫屈的计策，并亲自陪他到项羽军中谢罪。宴会上看到项庄欲借舞剑之机杀刘邦时，他又让刘邦借机先逃，自己留下收拾残局。无论做军师还是朋友，他对刘邦可谓尽忠尽职、尽情尽义了。刘邦对张良从相识、相交到相信、相知，最后竟至言听计从。

燕昭王与乐毅，刘邦与张良，从身份地位看他们是君臣，但日常

1　（汉）司马迁：《史记·乐毅列传》，中华书局，1985，第2429页。

2　（汉）司马迁：《史记·留侯世家》，中华书局，1985，第2036页。

3　（汉）司马迁：《史记·留侯世家》，中华书局，1985，第2036页。

4　（汉）司马迁：《史记·留侯世家》，中华书局，1985，第2037页。

生活中他们都已摒弃了君臣等级的界线，成为彼此信任，坦诚相见，互敬互重的知己朋友。乐毅率重兵留齐国五年，久攻最后两城不下时，燕昭王一如既往地信任他。刘邦对手下的能臣武将总存戒备之心，对韩信是几夺兵权，对萧何和连襟樊哙、女婿张敖他都有过怀疑，唯独对张良他完全信任，从不怀疑。从臣的角度看，乐毅对燕昭王，张良对刘邦也突破了臣对君一味服从的尊卑等级关系，上升到彼此欣赏，推心置腹，平等友好的信赖关系。其根本的原因是他们的志同道合，心心相印。正如孔子所言："道不同，不相为谋。"[1]张良是韩国贵族出身，祖、父曾为五世韩王之相，韩国被秦所灭，在爱国复仇情结的趋使下，他曾在博浪沙与刺客狙击秦始皇，所以在反秦斗争上他与刘邦目标是一致的。秦王朝灭亡后，项羽分封各路诸侯，"竟不肯遣韩王，乃以为侯，又杀之彭城"[2]。项羽杀韩王，破碎了张良恢复韩国之梦，于是"良亡，间行归汉王"[3]。他希望辅助刘邦达到向项羽复仇的目的。乐毅也是在考察燕昭王有超越一般君主的理想，并能礼贤下士之后，才决定帮助燕昭王向齐国复仇，借此施展自己的才华，有所作为。

（三）生死之交

生死之交，指朋友遭遇危险时能挺身而出，扶危济困，仗义轻生。人的一生不可能一帆风顺，总会遇到些挫折和风浪，有时是生命危险。这时候朋友的关怀和帮助就弥足珍贵。生死关头最能考验朋友真情，有人会明哲保身，有人会弃友求生，有人会挺身而出，为朋友赴汤蹈火，所谓患难见真情。《史记·季布栾布列传》记载：早年彭越为布衣时与栾布结为好友。后来栾布做了燕王将领，因燕王反叛，栾布

---

1 《诸子集成·论语正义·卫灵公》，上海书店出版社，1994，第349页。

2 （汉）司马迁：《史记·留侯世家》，中华书局，1985，第2039页。

3 （汉）司马迁：《史记·留侯世家》，中华书局，1985，第2039页。

在战斗中被俘。梁王彭越听到消息后，向刘邦进言，请求赎回栾布让他担任梁国的大夫。后彭越以谋反罪被诛三族，其头被悬挂在城门示众，栾布义无反顾地到城门下哭祭彭越，并冒死为他申辩："今陛下一征兵于梁，彭王病不行，而陛下疑以为反，反形未见，以苛小案诛灭之，臣恐功臣人人自危也。今彭王已死，臣生不如死，请就烹。"[1]

刘邦敬佩栾布对朋友重义轻生的勇气，赦免其罪，拜他为都尉。栾布有感于彭越的知遇之恩和贫贱之交，不畏朝廷淫威，为他收尸，据理力争，还他清白和公道。在那世态炎凉的社会，栾布能够为朋友舍生取义，可敬可佩。

窦婴与灌夫也是生死之交。窦婴乃窦太后之侄，曾为丞相。灌夫是平息吴楚七国叛乱的功臣。两人都曾是朝廷重臣，失势后"相为引重，其游如父子然。相得欢甚，无厌，恨相知晚也"[2]。灌夫曾在丞相田蚡的婚宴上因不满众人对他和窦婴的无礼，使酒骂座，得罪了田蚡。田蚡"劾灌夫骂座不敬"[3]，将他其他罪状一起上奏朝廷，欲置他于死地。窦婴看到朋友落难，奋不顾身要营救，夫人劝阻他：灌将军得罪的是太后的弟弟，当今的丞相，你不要引火烧身。窦婴表示哪怕失掉侯爵位也在所不惜。他找出景帝留给他的遗诏，特许他遇紧急情况可越职上奏。没想到田蚡阴险歹毒，设计陷害窦婴，"劾魏其（窦婴）矫先帝诏，罪当弃市"[4]。结果灌夫、窦婴先后被处死。他们成了统治阶级矛盾斗争的牺牲品，但是他们在朋友落难的生死关头，奋不顾身帮助朋友的精神难能可贵。

《史记·范雎蔡泽列传》记载：范雎做了秦国丞相后，秦昭王听说

1　（汉）司马迁：《史记·季布栾布列传》，中华书局，1985，第2734页。

2　（汉）司马迁：《史记·魏其武安侯列传》，中华书局，1985，第2847页。

3　（汉）司马迁：《史记·魏其武安侯列传》，中华书局，1985，第2850页。

4　（汉）司马迁：《史记·魏其武安侯列传》，中华书局，1985，第2853页。

他的仇人魏齐在平原君处，欲为他报仇，于是诱骗平原君到秦国并威胁他说，不交出魏齐，不放其回去。面对秦王的淫威，平原君毫不畏惧，拒绝了秦王的要求。秦王又致书赵王：不把魏齐交来，就扣押其弟平原君为人质，还要出兵伐赵。赵王迫于压力，派兵包围平原君家。魏齐连夜逃出投奔赵相虞卿。为救魏齐，虞卿"解其相印，与魏齐亡……欲因信陵君以走楚。信陵君闻之，畏秦，犹豫未肯见"[1]。生死关头是对每一个人灵魂道德的考验，胆怯、自私者会原形毕露。平原君在朋友危难之时舍生取义，伸手救援。虞卿毫不犹豫地抛弃丞相禄位，带着走投无路的魏齐逃亡。而以侠义闻名的信陵君此时却惧怕退缩了，不肯见魏齐、虞卿，更不要说舍身相救了。面对信陵君的虚伪和退缩，其好友侯嬴感慨万千："魏齐穷困过虞卿，虞卿不敢重爵禄之尊，解相印，捐万户侯而间行。急士之穷而归公子，公子曰'何如人'。人固不易知，知人亦未易也！"[2]

　　魏齐看到信陵君见死不救，"怒而自刭"。司马迁借侯嬴之口说出了心灵深处最真切的交友感受：一个人被别人了解不容易，但要了解别人同样也不容易。这种感受源自他经历的李陵之祸。李陵在与匈奴连战八日，弹尽粮绝又无援兵时投降了。为此遭到了朝廷的一致声讨谴责，过去交口称赞他的人一反常态，纷纷落井下石。司马迁仅为李陵说了几句公道话，却触怒了汉武帝，将他下狱。按汉朝法律有罪者可花钱减免处罚，但是司马迁家贫，生死关头亲朋好友无人救援，终致他遭遇腐刑。这种刻骨铭心的经历使他真切感受到"生死之交"的可贵，他是借他人酒杯浇胸中块垒。

1　（汉）司马迁：《史记·范睢蔡泽列传》，中华书局，1985，第2416页。
2　（汉）司马迁：《史记·范睢蔡泽列传》，中华书局，1985，第2416页。

（四）市道之交

市道之交也叫势利之交，指为某种利益而结交者，当其追求的利益消失时，彼此的交情也随之解体。市道交这个词出自《史记·廉颇蔺相如列传》。长平之战廉颇因与赵王意见分歧，被罢免职位。他失势后门下食客纷纷离去。当他重新被起用时，食客又纷纷回来。"廉颇曰：'客退矣！'客曰：'吁！君何见之晚也？夫天下以市道交，君有势，我则从君，君无势则去，此固其理也，有何怨乎？'"[1]其食客把朋友之交和主客关系看成市场上的买卖关系，聚散离合完全随利益而定。你有利可图时我选择你，就如市场上选择于我有用的商品，你无权无势时，就是无利之商品，只能弃之而去。这位食客把商品经济学的原理运用到了交友之道上，其精明和势利非同一般。同样在《史记·孟尝君列传》中，孟尝君为齐相时，门下食客三千，他被齐王罢相后，食客仅剩冯谖。当孟尝君官复原职时，其客复至，孟尝君极其厌恶，声言对回来之食客"必唾其面而大辱之"。冯谖为其分析说："富贵多士，贫贱寡友，事之固然也。君独不见夫趣市（朝）者乎？明旦，侧肩争门而入；日暮之后，过市朝者掉臂而不顾。非好朝而恶暮，所期物忘其中。"[2]冯谖把孟尝君的权势比作集市，他得势时如早晨的集市，商品众多，人们争相购买；失势时如傍晚市场，空荡无物，人们不再光顾。冯谖的话道出了战国时期人们交友处世的一种普遍心态：追名逐利，以商品交换的原则来衡量处理现实社会中的人际关系，虽然卑鄙丑陋，但是真实深刻地揭示了人性中灵魂深处的阴暗面，把势利之人渴望名利富贵，渴望出人头地的本质内涵揭示了出来。司马迁对势道之交者既深恶痛绝又感慨良多，他在《史记·汲郑列传》的结尾写道："夫以汲、

1　（汉）司马迁：《史记·廉颇蔺相如列传》，中华书局，1985，第2448页。

2　（汉）司马迁：《史记·孟尝君列传》，中华书局，1985，第2362页。

郑之贤，有势则宾客十倍，无势则否，况众人乎！……始翟公为廷尉，宾客阗门；及废，门外可设雀罗。翟公复为廷尉，宾客欲往，翟公乃大署其门口：'一死一生，乃知交情。一贫一富，乃知交态。一贵一贱，交情乃见。'"[1]我们从中感受到了司马迁心中的悲凉，心情的沉重。

（五）弃义之交

弃义之交，指以贫贱相交，因利益而分道扬镳者。这种友谊经不起风浪、挫折的考验，一方常因富贵发达而离弃贫贱之交。在名利权势面前，有的刀枪相见，水火不容；有的背信弃义，违背诺言；有的卖友求荣，被后人唾弃。《史记·张耳陈馀列传》记载：张耳陈馀贫贱时彼此互相扶持，互相鼓励，肝胆相照，结为刎颈之交。后来两人分别做了赵王的大将军和右丞相。当他们拥有了权势和富贵后，彼此只为自己考虑，较少为对方着想，矛盾开始萌生。钜鹿之战张耳被围，多次向陈馀求救，但是陈馀感到兵力太少不足以抗击秦军，于是按兵不动，张耳大怒。秦军被项羽击败，钜鹿之围虽解，但是两人的隔阂并未消除。张耳埋怨陈馀见死不救，并怀疑陈馀杀了他的求援将领。陈馀怒，"乃脱解印绶，推予张耳。……由此陈馀、张耳遂有郤"[2]。后来陈馀对项羽立张耳为王，封自己为侯，愤愤不平，认为"张耳与馀功等也，今张耳王，馀独侯，此项羽不平"[3]。随着两人地位的上升，彼此的怨恨越来越深，最后反目成仇。陈馀聚集三县兵力袭击张耳，张耳兵败投奔刘邦。汉二年（前205），刘邦向东击楚，让赵国共同伐楚，陈馀提出只要汉王杀掉张耳，赵国就从命。于是刘邦找了一个和张耳相像的人斩首后送给陈馀，陈馀才发兵助汉。不久陈馀发觉张耳没死，

1 （汉）司马迁：《史记·汲郑列传》，中华书局，1985，第3113—3114页。

2 （汉）司马迁：《史记·张耳陈馀列传》，中华书局，1985，第2580页。

3 （汉）司马迁：《史记·张耳陈馀列传》，中华书局，1985，第2581页。

立刻叛汉。后来韩信与张耳在井径破赵，斩陈馀于泜水上。一对刎颈之交，因为权势、利益的作祟、离间，变为势不两立的仇人。对于他们以友始以仇终的交往经历，司马迁感慨良多。他在传记结尾感叹曰："张耳、陈馀始居约时，相然信以死，岂顾问哉。及据国争权，卒相灭亡，何乡者相慕用之诚，后相倍之戾也！岂非以势利交哉？"[1]司马迁的话给后人留下了深深的思考。

当年陈涉少时，与一起佣耕的弟兄立下了"苟富贵，无相忘"的誓言和承诺。他起兵做了陈胜王后，违背自己的诺言，杀害了患难的弟兄。结果人人自危，纷纷离他而去。由此我们不难想象陈涉的失败和被车夫杀害的真正原因了。从古至今，在人们的交往中，往往富贵发达者容易忘记甚至背弃当年的贫贱之交，因此，司马迁在《史记》里多次重复着"苟富贵，无相忘"之类的话。《史记·外戚世家》中汉文帝的母亲薄姬年少时，也曾与管夫人、赵子儿约定："先贵无相忘。"[2]平阳公主将卫子夫送入宫中给汉武帝时，拍着她的背，也说了类似的话："即贵，无相忘。"[3]由此可见，富贵相忘是人们交友中的一种普遍现象，司马迁借此多次表达了人们期待"先贵，无相忘"的共同心愿。

二、古人交友的目的和原则

一个人降生到这个社会，随着年龄的增长，他要进入学堂和社会，渐渐地由一个自然人转变为一个社会人，他需要与社会上的各种人发生交往联系，这自然产生了交友的需求。古人交友的目的，首先，是为了思想情感的沟通交流。当人们在思想认识上，在对自然事物的认

1　（汉）司马迁：《史记·张耳陈馀列传》，中华书局，1985，第2586页。

2　（汉）司马迁：《史记·外戚世家》，中华书局，1985，第1971页。

3　（汉）司马迁：《史记·外戚世家》，中华书局，1985，第1978页。

知上有了自己的想法，就希望表达和与人交流，发表自己对社会的观察思考，对真、善、美的理解和认识，这时候势必会选一两个知己好友作为交谈的对象和情感释放的地方。其次，为了见贤思齐，提升自身的知识水平和道德修养。孔子曾说："乐多贤友，益矣。"[1]他还说："见贤思齐焉，见不贤而内自省也。"[2]在孔子看来，能与众多的贤能之士为友是人生的一大乐事，与贤能人士交往，会促使自己不断地上进，时刻注意反省、检查自己，能使自己在知识水平和修养层次上上升到一个新的高度。再次，为了在困难之时，在危难之时能够互相扶持，互相帮助。正所谓一个好汉三个帮。在孔子看来，"人无远虑，必有近忧"[3]。人生在世难免会遇到挫折和困难，难免会遇到各种各样的危险，这时候就非常需要朋友伸出救援之手，救人于危难之中。

　　人们的社会交往增多，思想认识日益丰富，自然有了交友的需求。但是，并不是一个人需要与他人交流思想和情感的时候，每个人都适合做他交流倾诉的对象。当一个人需要帮助的时候，并不是每个人都愿意无条件地帮助他，这就有一个选择的问题。所以，古人交友是有一定原则的。

（一）志同道合

　　"志同道合"是古人交友的最基本原则。西周时期人们在婚姻选择和官吏的选拔上注重门第和家世，等级观念比较严格。在官吏的任用上基本实行世袭制，就是学校都要求贵族子弟才能入学，所以孔子才提出了"有教无类"的平民教育主张。然而人们在交友上与在婚姻的选择有很大不同。许多人交友不看重对方的地位和家世出身，看重的

---

1 《诸子集成·论语正义·季氏》，上海书店出版社，1994，第358页。

2 《诸子集成·论语正义·里仁》，上海书店出版社，1994，第83页。

3 《诸子集成·论语正义·卫灵公》，上海书店出版社，1994，第349页。

是对方的才学、品行和气节，看重彼此的心心相印，志同道合。人们常说"物以类聚，人以群分"，这是说每个人在交友时不是无目的、随意的，而是有选择有比较的。正如孔子所言："道不同，不相为谋。"[1]每个人世界观的不同，思想情趣和性格的不同，都会选择不同的人做朋友，故荀子曰："君子居必择乡，游必就士，所以防邪僻而近中正也。"[2]一个人在选择朋友时，必然选择与他在某方面相同或相似的人。或思想观点，或兴趣爱好，或文化修养，或社会地位，或身世经历，等等。当一个人在选择某人做朋友时，一定是被他的某种特质所吸引，或是仰慕他的才华，或是敬佩他贤能的性情为人，抑或是被他睿智的思想和广博的学问所折服，才会把他引为知己，视为朋友。像春秋时期的俞伯牙与钟子期就是一个典型。俞伯牙为晋国大夫，钟子期乃楚国樵夫，两人身份地位虽然悬殊，但是他们在音乐方面却心灵相通，志趣相投。《列子·汤问》记载：

> 伯牙善鼓琴，钟子期善听。伯牙鼓琴，志在登高山。钟子期曰："善哉！峨峨兮若泰山！"志在流水。钟子期曰："善哉！洋洋兮若江河！"伯牙所念，钟子期必得之。伯牙游于泰山之阴，卒逢暴雨，止于岩下；心悲，乃援琴而鼓之。初为霖雨之操，更造崩山之音。曲每奏，钟子期辄穷其趣。伯牙乃舍琴而叹曰："善哉，善哉，子之听夫！志想象犹吾心也。吾于何逃声哉？"[3]

后来子期病亡，伯牙悲痛万分将爱琴摔碎，他伤心地说："摔碎瑶琴凤尾寒，子期不在对谁弹！春风满面皆朋友，欲觅知音难上难。"[4]这话虽然是后人加的，但是却表现了子期深感知音难觅的绝望和悲痛欲

1　《诸子集成·论语正义·卫灵公》，上海书店出版社，1994，第349页。
2　《诸子集成·荀子集解·劝学》，上海书店出版社，1994，第4页。
3　《诸子集成·列子集释·汤问》，上海书店出版社，1994，第61页。
4　（明）冯梦龙：《古代白话小说选·俞伯牙摔琴谢知音》，上海古籍出版社，1983，第209页。

绝的心理。后人由此把俞伯牙与钟子期的友谊喻为高山流水遇知音。

（二）理解宽容

　　理解，指能够设身处地地从对方的角度来考虑问题，处理问题。宽容，指对朋友有宽厚包容之心。这既是一种对待朋友的态度，也是为人处事的一种胸襟和境界。《管晏列传》里的管仲与鲍叔牙就是最典型的理解宽容的知己朋友。再有《廉颇蔺相如列传》记载了蔺相如与廉颇是如何化敌为好友的。廉颇是赵国良将，蔺相如原是赵国宦者令缪贤的一个舍人。经过完璧归赵和渑池相会事件后，蔺相如被赵王拜为上卿，位居廉颇之右。廉颇非常不满，认为自己"'有攻城野战之大功，而蔺相如徒以口舌为劳，而位居我上。且相如素贱人，吾羞，不忍为之下。'……'我见相如，必辱之。'相如闻，不肯与会……望见廉颇，相如引车避匿"[1]。对蔺相如的做法其舍人非常不理解，抱怨纷纷，蔺相如解释说：

　　　　"强秦之所以不敢加兵于赵者，徒以吾两人在也。今两虎共斗，其势不俱生。吾所以为此者，以先国家之急而后私仇也。"廉颇闻之，肉袒负荆，因宾客至蔺相如门谢罪。曰："鄙贱之人，不知将军宽之至此也！"卒相与欢，为刎颈之交。[2]

　　蔺相如的肺腑之言让我们看到了他洞察政治形势的睿智，超于常人的豁达胸襟和气度，还有理解宽容之心。廉颇感动羞愧不已，与他结为刎颈之交。

（三）忠诚守信

　　忠诚守信既是儒家的伦理道德观，又是古人交友、为人处世的基

1　（汉）司马迁：《史记·廉颇蔺相如列传》，中华书局，1985，第2443页。
2　（汉）司马迁：《史记·廉颇蔺相如列传》，中华书局，1985，第2443页。

本原则。在古往今来的社会变迁中，人们对"忠诚"的理解始终包含着上对国家对君王，下对家族对朋友需尽心尽力。对朋友忠诚，意味着可以对他信任、托付和依赖。两人之间如果没有忠诚，关键时刻就有人会见利忘义，或是背信弃义，甚至反目成仇。所以忠诚成为人们衡量朋友的一块试金石。守信，是强调朋友之间要信守诺言，承诺的事情一定要履行。《论语》曰："与朋友交，言而有信。"[1]信守诺言实际上也包含了对朋友的忠诚。汉初的季布就以信守承诺而闻名，当时"楚人谚曰'得黄金百，不如得季布一诺'"[2]。李白有诗："一诺许他人，千金双错刀。"[3]错刀为古钱币，后人因此有了千金一诺的说法。这都表明了诺言的可贵。《孟子·梁惠王》记载了一则寓言故事："孟子谓齐宣王曰：'王之臣，有托其妻子与其友而之楚游者，比其反也，则冻馁其妻子，则如之何？'王曰：'弃之。'"[4]"其友"接受了朋友的委托，说明他已承诺要照顾好他朋友的妻与子，但是，当王之臣返回时，其妻与子受"冻馁"。说明其友没有信守诺言，没有照顾其妻和子，他对朋友缺乏起码的诚信和忠诚，所以连齐宣王也认为要与这样的朋友绝交。《史记·吴太伯世家》记载了一个信守诺言的感人故事：吴国公子季扎出使途中曾遇徐君，徐君非常喜欢季札的剑，只是他没有开口索要，季札心知肚明，也有心想把剑送给他，但是因为出使的需要而没有献上剑。当季札回国再经徐君住地时，徐君已经去世。季札来到徐君的坟上解下剑，系在徐君坟旁的树上。其侍从不解地问："徐君已死，为什么还要把剑送给他？"季札说："我早已打算把剑送他，不能因为他死了就违背自己的诺言。"事实上季札只是在自己的心里许诺要送剑，口

1 《诸子集成·论语正义·学而》，上海书店出版社，1994，第11页。

2 （汉）司马迁：《史记·季布栾布列传》，中华书局，1985，第2731页。

3 《全唐诗·叙旧赠江阳宰陆调》，中华书局，1979，第1744页。

4 《诸子集成·孟子正义·梁惠王下》，上海书店出版社，1994，第83—84页。

头上并没有做任何的承诺。在一般人看来，即使是口头上的承诺，人死了也没有必要再兑现了，但是季札认为"始吾心已许之，岂以死倍吾心哉！"[1]季札挂剑留徐，信守诺言的行为，体现了他忠诚守信的人格魅力，事情很快在诸侯各国传开，季札名声大增，人们对他敬佩有加。

（四）重义轻生

重义轻生，既是古人交友的一个基本原则，也是中国古代侠文化的一个重要内涵。这里的"义"指情义、恩义、道义。人生在世，不可能总是风平浪静的，难免会遇到各种风浪和危险，这时候知己好友都会伸出救援之手，帮助朋友克服困难，渡过难关。但是，有时候人们会遇到利益与矛盾冲突的两难选择：帮助朋友会危及自己及家人的生命，或者是损害到自己的前途和利益。在取还是舍的选择上是对朋友交情的考验，是对朋友意志和品格的考验。有的人会重义轻生，为朋友两肋插刀，哪怕是赴汤蹈火，也死不旋踵；有的人会明哲保身，弃义求生。美国前总统华盛顿曾说："真正的友谊是一种缓慢生长的植物，必须经历并顶得住逆境的冲击，才值得友谊这个称号。"[2]所以为朋友重义轻生者会获得世人的赞扬，在社会上赢得很高的声誉。而这种社会道德评价体系对其他的人又有激励和促进作用，使得一代又一代的侠义之士为朋友、为道义前仆后继地去履行着他们的使命，去实现着他们的人生价值。渐渐地，"重义轻生"成了古人交友的一种行为定势和道德原则。《史记·刺客列传》的豫让为智伯复仇而行刺赵襄子，聂政为严仲子刺杀韩相侠累和荆轲为太子丹刺杀秦王，都显然是为朋友激于"义"，做出了重义轻生的人生选择。信陵君的窃符救赵，平原君和虞卿救魏齐都是重义轻生之举，为此他们赢得了后人的敬仰与

1　（汉）司马迁：《史记·吴太伯世家》，中华书局，1985，第1459页。
2　庸夫：《性格与机遇》，中国城市出版社，1999，第223页。

赞誉。

　　从古人的交友情况来看，古人交友重志趣相投，重忠诚守信和重义轻生，鄙视为名利交友和卖友求荣者。千百年来交友原则逐渐地发展成为中华民族人际交往的行为规范和道德准则，并且以集体无意识的形式代代相传。了解和研究古人交友，对于我们今天继承发扬中华民族的优良传统，构建和谐社会是非常有益的。

（原载于《学术论坛》2007年第8期）

论司马迁的孝道及孝道思想

司马迁的思想体现着浓厚的儒家思想，其中儒家的孝道思想在他身上表现得尤为突出和强烈。司马迁不仅是儒家孝道思想的践行者，他还以自己的人生经历诠释和丰富了传统的孝道思想，使儒家的孝道思想在传承中得到发展和升华。

一、司马迁孝道思想形成的社会基础

（一）汉代"孝治天下"的背景

以"孝治天下"，是汉代第一个公开标榜并全面推行的政策，司马迁出生在汉代奉行"孝治天下"的社会氛围中。汉代统治者推崇孝道，并以身作则大力提倡孝道。朝廷在政策上褒奖孝悌、惩罚不孝。汉代自西汉惠帝至东汉明帝皆以"孝"为谥，前无古例。颜师古说："孝子善述父之志，故汉家之谥，自惠帝以下皆称孝也。"[1]汉朝统治者以孝为谥，"目的是为了更好继承其统治衣钵，维护其政治统治的延续"[2]。对此，统治者注重以身作则，带头行孝。以孝作谥，开始于汉惠帝。汉惠帝不但在父亲刘邦生前非常孝顺，刘邦去世以后，更是一即位就"令郡诸侯王立高庙"[3]，以表尽孝，所以《汉书·惠帝纪》赞曰："孝惠内修

1　（汉）班固：《汉书·惠帝纪》，中华书局，1996，第86页。

2　肖群忠：《孝与中国文化》，人民出版社，2001，第63页。

3　（汉）班固：《汉书·惠帝纪》，中华书局，1996，第88页。

亲亲。"[1]汉代统治者不仅以身作则，汉代皇帝还从政策上对孝道给予倡导和重视。汉代通过政治、法律、文化、教育等手段，强化以"孝"为核心的封建道德的地位，使"孝"成为汉代政治的道德精神支柱，这些对汉代政治产生了非常重要的影响。从西汉惠帝开始，设孝悌、三老、举孝廉等政策保证孝道的执行。孝悌，是汉代掌握封建村社中农民伦理道德行为和社会风气的乡官，只有最能体现伦理道德者才能担当孝悌。汉惠帝四年，"举民孝弟力田者复其身"[2]，从此汉代对孝悌的奖掖更加重视。汉武帝开始推崇儒家思想，孝作为儒家思想的一个重要部分，得到更广泛重视。《孝经》为儒家经典，其主题是孝的政治化和广泛化，因而得到统治者重视，从此被儒生推广传习。汉代大儒董仲舒更是将孝道纳入"三纲五常"的封建伦理中。政策上，汉武帝采纳董仲舒的建议，"初令郡国举孝廉各一人"[3]，将孝作为选拔官吏的标准。孝道纳入国家政策，孝道思想深深地植根于汉代人的内心世界，积淀成民族的文化心理，对人们的生活和观念产生了重大影响，司马迁也不例外。

汉代社会孝道思想的充分熏陶和影响，以及来自政治、文化和教育等途径的耳濡目染，使得读书人要遵从孝道来顺应汉代统治需要。司马迁曾师从董仲舒等儒者学习儒家经典，更是深受孝道思想的影响。"孝道思想印在了司马迁的心灵深处，使司马迁为父尽孝而著史有了充分的社会基础，也铭刻了汉王朝'孝治天下'的政治色彩和文化烙印。"[4]

1　（汉）班固：《汉书·惠帝纪》，中华书局，1996，第92页。
2　（汉）班固：《汉书·惠帝纪》，中华书局，1996，第90页。
3　（汉）班固：《汉书·武帝纪》，中华书局，1996，第160页。
4　李杰：《"孝道"思想对司马迁史的影响》，《甘肃高师学报》，2007年第6期。

（二）家世影响

司马迁在《太史公自序》中追述了他的显赫家世：

> 昔在颛顼，命南正重以司天，北正黎以司地。唐虞之际，绍重黎之后，使复典之，至于夏商，故重黎氏世序天地。其在周，程伯休甫其后也。当周宣王时，失其守而为司马氏。司马氏世典周史。惠襄之间，司马氏去周适晋。晋中军随会奔秦，而司马氏入少梁。
>
> 自司马氏去周适晋，分散，或在卫，或在赵，或在秦。其在卫者，相中山。在赵者，以传剑论显，蒯聩其后也。在秦者名错，与张仪争论，於是惠王使错将伐蜀，遂拔，因而守之。错孙靳，事武安君白起。而少梁更名曰夏阳。靳与武安君阬赵长平军，还而与之俱赐死杜邮，葬於华池。靳孙昌，昌为秦主铁官，当始皇之时。蒯聩玄孙卬为武信君将而徇朝歌。诸侯之相王，王卬于殷。汉之伐楚，卬归汉，以其地为河内郡。昌生无泽，无泽为汉市长。无泽生喜，喜为五大夫，卒，皆葬高门。喜生谈，谈为太史公。[1]

司马迁追述其远祖为颛顼时的重、黎氏。他们在颛顼时分掌天官和地官。在远古传说时代，天和地的观念在当时极其重要，重和黎分别担任此二职，职掌极为重要，地位非常之高。重、黎之后，程伯休甫是司马迁特别提到的。《诗·大雅·常武》中唱道："王谓尹氏，命程伯休父：'左右陈行，戒我师旅。率彼淮浦，省此徐土。'"[2]程伯休父在周宣王时有平徐之功，赐以官族，为司马氏。西周大司马，是执掌兵事的最高武官。程伯休父之后，随着周王室政权的动荡，司马氏家族分散在不同国家，纷纷取得了令后人骄傲的业绩。有的在卫为相；蒯聩在赵为将，其玄孙司马卬助项羽灭秦，被封殷王；在秦有司马错（秦蜀郡守）、司马靳（事白起）、司马昌（秦铁官）、司马无泽（汉市长）、

1　（汉）司马迁：《史记·太史公自序》，中华书局，1985，第3285—3286页。

2　陈成国：《诗经校注》，岳麓书社，2005，第380页。

司马喜（五大夫）、司马谈等众多显赫人物。这些是司马迁的直系祖先。司马错辅佐秦惠王、武王、昭王三朝，曾与张仪辩论伐蜀或伐韩的利害。他以经济的眼光主张伐蜀，秦国采纳其意获实利，后来秦能平六国，他有此一功。司马昌是秦始皇时代铁官，掌管铁矿，对秦朝的经济、军事发挥重大作用。司马无泽是管治千户以上的汉市长。司马喜是司马迁的祖父，得到"五大夫"的九等爵位，意义为"大夫之尊"。父亲司马谈，为汉朝"太史公"。

　　司马迁将家世追溯到远古时代，浓墨重彩地叙述家世渊源，固然有强调司马氏为史官世家的意思，但更重要的是强调其家族先贤的显赫功业。史官传统和显赫的家世，不但为司马迁崇拜家族先贤、立身扬名奠定了传统家族基础，也是司马迁继志述事并发扬光大的信心来源。这是司马迁借家族先贤激发志气、树立信心并表示继承先人志业的手法。司马氏是一个历史悠久、屡有建树的家族，司马迁对自己家族充满自豪感，对家族先贤充满崇拜，用先辈的辉煌业绩来激励自己，"树立了弘扬司马氏家族光荣传统的远大理想"[1]，司马迁的显赫家世也为其尽孝继业、发愤著史奠定了厚实的家族基础和心理贮备。

二、司马迁孝道行为

（一）尊祖追宗

　　《太史公自序》追述司马迁的家族史，自述为史官后代，以司马氏世典周史而自豪，又显耀自周以来多位司马氏祖先的功绩，以他们对历史的贡献而骄傲。上自唐虞夏商周代，下自父亲司马谈，司马迁尊

1　李炳海：《汉代文学的情理世界》，东北师范大学出版社，2000，第316页。

重祖先，追述家世其意在于：其一，缅怀祖先，景仰祖先功业；其二，追思先人创业艰辛，自勉及教育后代；其三，从祖先身上传承优秀的文化思想和治史良方。司马迁以祖先世典周史而自豪，以祖先名耀诸侯而自豪，缅怀他们的功绩，特别指出祖先曾为史官的光荣职业。史官，记人事之职。古人认为史官是公正无私的，称史官为中正之德以记事的人。司马迁强调祖先为史官，是对这一光荣职业的尊敬和景仰，同时激励自己，发扬祖德，继承祖业，确立光荣修史使命，也教导后代以祖先为榜样，不忘基业。司马氏家族人才济济，军事、政治、经济各有所长，司马迁从祖先那里学习继承了其优秀的思想，对他著《史记》影响巨大。更重要的是，他从祖先，特别是父亲司马谈那里学习了治史的方略，奠定了史家的基础。司马迁的家世对其影响深刻，他详细叙述祖先的业绩，表现出他对祖先极为尊重和敬仰。

（二）事父继业

1. 尊父、敬父、顺父

曾子说过："父母之所爱，亦爱之，父母之所敬，亦敬之。"[1]这是说尊敬父母是尽孝的内在准则。《国语·晋语一》曰"敬顺所安为孝"[2]，这是指恭敬顺从父亲所安乐的事为孝。司马迁早年尊重父亲的意愿，做父亲的修史助手，力助父亲事业。其间接受父亲的指导和安排，师从董仲舒学习《公羊春秋》，跟随孔安国学习《古文尚书》，又到各地游历。司马迁游历天下，做社会调查，"网罗天下放失旧闻"。这些学习和实践，无不是按照父亲的意愿去进行的，他在努力地成为父亲事业的继承者。接受父亲正确的指导和教育，努力做人做事，这是司马迁敬顺父亲的理想和事业，做父亲所想所做，可谓至顺至孝。

1　（清）阮元：《十三经注疏·礼记正义·内则》，中华书局，1996，第1467—1468页。

2　徐元诰：《国语集解：晋语一》，王树民、沈长云点校，中华书局，2002，第258页。

2. 继承父志

　　司马迁青年时期遵照父亲的安排游历天下，进行社会调查，"网罗天下放失旧闻"，努力学习《公羊春秋》和《古文尚书》等文献典籍及儒学经典，这些都是在为继承父业，发扬祖先修史之德做准备。在准备中他已经成长为一个知识渊博的学者，为继承父业打下了坚实的基础。在此基础上，父亲司马谈临终前追述祖上功名，嘱托司马迁继承家业。司马谈说："余先周室之太史也。自上世尝显功名于虞夏，典天官事。后世中衰，绝于予乎？汝复为太史，则续吾祖矣。"[1]父亲的嘱托使司马迁深感继承祖业责任重大。从此，他谨遵父命，把继承父业当成使命。他说："请悉论先人所次旧闻，弗敢阙"[2]，"意在斯乎！意在斯乎！小子何敢让焉"[3]，俨然下定修史的决心，不敢怠慢。难能可贵的是，司马迁在身受宫刑，人生惨遭重挫时，仍然坚持继承父亲的事业。

　　"继志述事"就是要遵从谨守祖辈留下的伟大事业和修史经验，并坚持他们的志向。孔子说："父在观其志，父没观其行，三年无改于父之道，可谓孝矣。"[4]司马迁继承父志体现于《史记》的写作主旨和结构安排上：其一，他修正《史记》的断限，符合司马谈的想法。其二，司马谈修《史记》的宗旨有三：一是效周公"歌文武之德"[5]；二是继《春秋》效孔子"修旧起废"[6]；三是颂"明主贤君忠臣死义之士"[7]。司马迁都按宗旨一一论载。虽然父子的思想不完全相同，但《史记》的思想及内容能表现出父子相承的特点。以《太史公自序》所载《论六家要旨》

1　(汉)司马迁：《史记·太史公自序》，中华书局，1985，第3295页。

2　(汉)司马迁：《史记·太史公自序》，中华书局，1985，第3295页。

3　(汉)司马迁：《史记·太史公自序》，中华书局，1985，第3296页。

4　(清)阮元：《十三经注疏·论语注疏·学而》，中华书局，1996，第2458页。

5　(汉)司马迁：《史记·太史公自序》，中华书局，1985，第3295页。

6　(汉)司马迁：《史记·太史公自序》，中华书局，1985，第3295页。

7　(汉)司马迁：《史记·太史公自序》，中华书局，1985，第3295页。

为例，张大可先生认为："《论六家要旨》是司马氏父子两人的共同宣言。"[1]司马迁继承父业，完成《史记》写作，将《史记》命名《太史公书》，《自序》和论赞皆用"太史公"此称，既指司马迁本人，也是尊其父。曾子曰："孝有三：大孝尊亲，其次不辱，其下能养。"[2]表明最高层次的孝道是让别人尊重父母。署名"太史公"是为了标明《史记》是父子相承；书称"太史公书"，标明《史记》发凡起例于父亲，自己继承，将父亲的事业发扬光大。这些都是为了使父亲得到应有的尊重和表明父亲事业得以继承。

如果说司马迁继承父业，发扬祖先修史之德是履行父亲的遗志，完成家族的使命；那么他把修史著书上升成历史使命，则表现出他作为史官对历史和时代负责的精神。这是"继志述事"的泛化，是司马迁用他的行为诠释了其广泛的意义。他把继承父业、修史著书上升到历史使命的高度，主要发凡于父亲司马谈，父子相承。司马谈临终之际，担忧的是祖先千辛万苦保留下来的、用以显扬功名的史官一职，在自己手上衰落，因此感伤至极，泣不成声。回想先贤们筚路蓝缕的治史之路，想得更多的是自己肩负的社会责任，以及力不从心的毕生遗憾。幸而司马迁已经能够肩负起这份责任。司马谈在遗言里说：

> 夫天下称诵周公，言其能论歌文武之德，宣周邵之风，达太王王季之思虑，爰及公刘，以尊后稷也。幽厉之后，王道缺，礼乐衰，孔子修旧起废，论诗书，作春秋，则学者至今则之。自获麟以来四百有余岁，而诸侯相兼，史记放绝。今汉兴，海内一统，明主贤君忠臣死义之士，余为太史而弗论载，废天下之史文，余甚惧焉，汝其念哉！[3]

父亲希望司马迁记住史官的责任：记事论史。司马迁一生的行为

1　张大可：《史记新注》，华文出版社，2000，第2178页。

2　（汉）戴德：《大戴礼记·曾子大孝》，中华书局，1985，第72页。

3　（汉）司马迁：《史记·太史公自序》，中华书局，1985，第3295页。

证明，他记住了这个历史使命，并为之奋斗终生。他受宫刑之后，因为感到耻辱，多次想到自杀，但是想到《史记》没有完成，父亲的遗志没有实现，自己的身体已经属于这份历史责任，属于一个无上光荣的使命。因此，他顽强地活下来，决心完成《史记》。

司马迁笔下的《史记》以人物为中心，着重写变革的历史，展现了丰富而深邃的历史观。《史记》正如司马迁所言：是"原始察终，见盛观衰"[1]，而"究天人之际，通古今之变"[2]，则体现了司马迁用一颗对历史文化认真负责的心来著述《史记》。

司马迁从继承父业开始，继而完成《史记》，对历史做出巨大贡献，这实际上表现出中国所特有的那种对家庭、对宗族、对祖先、对子孙后代负责，乃至对民族、对国家负责的精神。司马迁把自己看作祖辈理想志向的实现者，把个人的生命融入历史，贡献给历史。他为历史负责的精神源于"继志述事"的伦理精神，体现了为人类历史文化做贡献的人文精神，这是一种永恒的、充满人情和理想的人文精神。

三、司马迁孝道思想

（一）立身扬名

立身扬名，指使自己立足于社会，名声传扬。《孝经》曰："立身行道，扬名于后世，以显父母，孝之终也。"[3] 立身扬名即通过自身扬名来显耀父母，可称为孝道的目标。儒家的孝道观比较重视事亲，而《孝经》称"立身扬名"是显耀父母，是孝的终极目标，给予高度的定位。

1　（汉）司马迁:《史记·太史公自序》，中华书局，1985，第3319页。
2　（汉）班固:《汉书·司马迁传》，中华书局，1996，第2735页。
3　（清）阮元:《十三经注疏·孝经注疏·开宗明义章》，中华书局，1996，第2545页。

司马迁对"立身扬名"的理解极为深刻，并将"立身扬名"定位为孝道的最高准则。

司马迁在《太史公自序》中述祖上常常以"太史"一职"显功名"，又载司马氏名显诸侯，为历史的发展做出了贡献。为此，司马迁由衷地敬仰祖先，为之感到自豪。他从显赫的家世里感受到"立身扬名"的分量。在家族影响下，司马迁也认识到立身扬名的重要。他二十五岁就随武帝巡行天下，记载武帝祭祀五帝和泰山封禅事，受宠于武帝，扬名于朝廷，自己在朝廷中地位得以提高。而父亲司马谈因病不能随武帝封禅，失去建功立业的机会，担忧祖业无法继承，感到遗憾终身。在这两件事的鲜明对比中，司马迁深深感受到"立身扬名"对人生的激励作用。父亲司马谈临终时更以"夫孝……终于立身。扬名于后世，以显父母，此孝之大者"[1]这样的话语激励司马迁著书，立身扬名以尽孝。这不仅是父亲对司马迁的激励，更是司马迁对"立身扬名"全新的见解，他借父亲之口提出立身扬名是为孝的最高准则。司马迁把"立身扬名"当成他人生的一种激励，激发他"在生与死的抉择中形成以立名为核心的荣辱观"[2]，激发他奋发有为，发愤著书。司马迁受到宫刑后，在消沉中欲死，却能忍辱负重活下来，他说："所以隐忍苟活，函粪土之中而不辞者，恨私心有所不尽，鄙没世而文采不表于后也。"[3]这是司马迁将发愤著书与立身扬名结合的宣言。在这样宣言的激励下，司马迁迸发出坚强的毅力，完成《史记》。

把立身扬名作为孝的最高准则，在司马氏父子之前从未有人提到过，出自司马谈之口，却成于司马迁之心。我们看到了司马迁人生追求的伦理精神之原动力。在司马迁看来，立身扬名，不仅能显耀父母，

1　（汉）司马迁：《史记·太史公自序》，中华书局，1985，第3295页。

2　张大可：《史记新注》，华文出版社，2000，第55页。

3　（汉）班固：《汉书·司马迁传》，中华书局，1996，第2733页。

更是实现人生价值的核心动力。他接受了前人"大上有立德，其次有立功，其次有立言"[1]的思想学说，并将它作为自己的人生追求。立身扬名就是建立在司马迁"三立"精神上的。它强调先立身而后扬名。立身是孝道的基本要求，既要爱惜保护好父母给予自己的身体，又要积善行德，不为恶，不辱父母与祖先，立足于社会。扬名是为孝之目的和动力所在。行道立功，扬名于世，以显父母。立身扬名实际上成了"孝"的衍生意义，即表达立身、处世的观念。这与司马迁"三立"人生观相似，司马迁对立身扬名的理解与新的阐发和他的人生观一脉相承。可以说司马迁人生观下产生立身扬名的荣辱观，来源于司马迁的孝观念。孝观念影响了他的人生观，使他萌生了立身扬名的强烈意识，他又将立身扬名的观念上升为人生进取的精神动力，转化为发愤著书、积极进取的精神。这是司马迁将立身扬名转化成孝道的一个重要内容，变成孝道精神的动力所在。他丰富了孝道的文化内涵，成为激励人们实现人生价值的重要一笔。这是司马迁对中国孝道思想的一个贡献。在司马迁看来，尊父敬祖，继志述事只是为孝的基本准则，立身扬名才是为孝的最高目标。司马迁一生也在努力实践着这一最高目标。他从个人的悲惨命运中解脱出来，发愤著书，完成《史记》写作，留下不朽篇章。他的精神已经上升为中华民族顽强不屈、积极进取的精神，这种精神正是在"立身扬名"的孝道思想激励下形成的。

（二）司马迁孝道之生命观

孝道之生命观，是孝道关于人类如何对待自身生命的一种态度，是人的世界观和人生观的一种综合体现。孝的实质，在于珍视生命价值的意义；孝之事死在于重视生命的永恒；孝之事生在于重视现实的生命价值。孝道用家庭伦理、宗族伦理的思想来影响人们去珍惜和保

1　杨伯峻编著：《春秋左传注·襄公二十四年》，中华书局，2018，第1199页。

护现实的生命。儒家更倾向于重视现实的生命价值。《孝经》说："身体发肤，受之父母，不敢毁伤，孝之始也。"[1]珍惜和保护自己的身体，不受损伤，是为孝的开始。《礼记·祭义》说："不亏其体，不辱其身，可谓全矣，故君子顷步而弗敢忘孝也。"[2]指出了为孝者，不能亏损和辱没身体。儒家如此重视身体，因为从生命伦理上来说，身体是父母所给，是祖先生命的延续。为家族延续后代之生命创造条件，这是一个人保护和珍惜现实生命的意义所在，是为孝者的义务。儒家的先贤对生命伦理意义的理解非常深刻。曾子生活中很注意不使身体受到损伤，以至于日常生活中"战战兢兢""如履薄冰"。曾子临终前让弟子看自己的手足没损伤而感到安心和骄傲。孝之重视生命价值，反映了中国古代重视现实生命的普遍意识，并将其上升到伦理和哲学的层面。

司马迁人生中遭受了宫刑这么残酷的事件，让他对生命有了深刻的认识和体会。我们能从《报任安书》中感受到他的痛苦。在生与死的斗争中，他曾痛苦地说："祸莫憯于欲利，悲莫痛于伤心，行莫丑于辱先，而诟莫大于宫刑。"[3]又说："是以肠一日而九回，居则忽忽若有所亡，出则不知其所往。每念斯耻，汗未尝不发背沾衣也！"[4]他认为受宫刑最为耻辱，感到自己辱没祖先名声，因此多次想到自杀。这些想法显然是受到传统世俗观念和孝观念的影响。传统世俗观念认为，受刑罚是耻辱的事，受宫刑更是最耻辱的。当人们对"身体发肤，不敢毁伤"的理解绝对化时，就会产生伤害身体就不能尽孝的看法。司马迁基于传统世俗观念和绝对化的孝观念，曾痛苦而无奈地说道："身毁不用矣。"然而，司马迁并没有在世俗面前低头，也不拿"身毁不用"当

---

1 （清）阮元:《十三经注疏·孝经注疏·开宗明义章》，中华书局，1996，第2545页。

2 （清）阮元:《十三经注疏·礼记正义·祭义》，中华书局，1996，第1599页。

3 （汉）班固:《汉书·司马迁传》，中华书局，1996，第2727页。

4 （汉）班固:《汉书·司马迁传》，中华书局，1996，第2736页。

挡箭牌，毅然顽强地活下来，去完成他未实现的事业。他用"立身扬名"的信念，用立德、立功、立言的奋发精神激励自己，他深深地感到"《史记》还没有完成，父亲的遗愿还没有实现，他的身躯是属于《史记》的，也是属于父亲和自己的理想的"[1]。司马迁将理想和信念看得高于生命肉体的价值，或者说他看待生命的精神价值超过肉体的价值。它体现了司马迁生命的精神价值高于孝道的生命观。"人固有一死，死有重于泰山，或轻于鸿毛。"[2]人的生命固然宝贵，但不是不可牺牲，要让生命闪光，使其精神价值最大化，这样死才有价值。司马迁的生命观超越了儒家传统的孝道对生命价值的诠释。实际上，儒家对孝的生命价值的理解并不绝对化，常常将道德价值看得高于生命价值。"杀身成仁""舍身取义"的思想都彰显了其献身精神，体现其道德价值高于生命价值。许多仁人志士为民族、为国家尽忠，为父母尽孝而奋不顾身。司马迁对"身体发肤，不敢毁伤"的理解并不绝对化。他身残志不残，用精神抒写了生命的价值和意义。在世俗观念看来，司马迁身体受宫刑，遭到如此大的侮辱，已经不能尽孝了。然而正是从这个受辱的生命躯体中迸发出一种不屈不挠、奋发向上的生命精神，激励着司马迁去完成《史记》写作，铸就理想，实现父亲的遗愿，以此尽大孝。他以立身扬名、完成父志来弥补身残之缺憾。他诠释了身毁亦可尽孝，也可让生命闪光，实现其价值的最大化。这是一种源于孝道又高于一般孝道的生命观和价值观。

（三）血亲复仇观的孝道观

《史记》记述了许多激烈悲壮的复仇故事，塑造了许多鲜活感人的复仇人物形象。许多学者认为，司马迁发愤著《史记》，实际上是一

1　张大可：《史记新注》，华文出版社，2000，第2200页。

2　（汉）班固：《汉书·司马迁传》，中华书局，1996，第2732页。

种文化复仇。在文化复仇的心理驱使下，司马迁记述了许多复仇事件，肯定那些复仇行为，包括血亲复仇。

血亲复仇是一种早期的复仇观念，与原始社会遗传下来的不屈抗争意识和宗族血缘观念有关。陈桐生先生说："中华民族从它诞生的那一天起就对侵略与凌辱表现了不屈的抗争精神，形成了有冤必报、有仇必复的文化传统。"[1]中国早期社会就开始重视宗族血缘关系，并形成宗族自我保护意识，也产生了为血亲复仇的观念。

随着伦理思想的逐渐形成，血亲复仇的观念又受到伦理思想的影响。有学者认为："孝道思想提倡复仇，肯定复仇。"[2]孟子说："杀人之父，人亦杀其父；杀人之兄，人亦杀其兄。"[3]既是对复仇状况的真实描述，也是古代社会和儒家孝道思想普遍认可的血亲复仇观念。随着五伦思想慢慢形成，人们就有意识地加强了对父母、妻儿、兄弟等血亲的保护。因此当父母、妻儿、兄弟等亲属被杀害或遭到污辱后，往往引发复仇事件。如果家族中长辈被杀害或污辱，而子孙不为之报仇，将被世人所不耻，指为不孝。正如《公羊传·定公四年》所云："父受诛，子复仇，推刃之道也。"[4]子为父报仇，乃孝道观念所使。可以说，血亲复仇的伦理思想根源于孝道思想。

《史记》中记载的血亲复仇事件不少，从司马迁对这些事件的叙述中，可以看到他是肯定血亲复仇的，而且对血亲复仇有自己的见解。

《伍子胥列传》可谓一篇血亲复仇人物的合传，记载了伍子胥、伯嚭、夫差、白公胜和郧公弟为血亲复仇的故事。伍子胥的复仇最为突出。伍子胥的父亲伍奢被楚平王所杀，伍子胥逃到吴国借阖庐三次伐

---

1 陈桐生：《中国史官文化与〈史记〉》，汕头大学出版社，1993，第124页。

2 杨宁宁：《〈史记〉人物的性格与命运》，群言出版社，2005，第234页。

3 （清）阮元：《十三经注疏·孟子注疏·尽心下》，中华书局，1996，第2774页。

4 （清）阮元：《十三经注疏·春秋公羊传注疏·定公四年》，中华书局，1996，第2337页。

楚，向楚报杀父之仇。司马迁赞美伍子胥为父复仇的行为，论赞中说伍子胥："弃小义，雪大耻，名垂于后世"。[1]是为父复仇的信念支撑着伍子胥生存下来，不懈地努力奋斗，最终复仇成功。从《史记》记载的时间来看，从楚平王十七年（前522）父亲被杀，到楚昭王十年（前506）伍子胥鞭尸楚平王，复仇之路经历了十六年漫长岁月，其间伍子胥经历了常人无法想象的种种苦难。司马迁详细记述伍子胥的经历，对他的信念和经历给予肯定和赞扬，称赞他"隐忍就功名，非烈丈夫孰能致此哉！"[2]伍子胥复仇一事，涉及父子伦理与君臣伦理孰轻孰重的问题。司马迁显然将父子亲情看得比君臣之义高。《公羊传》认为"父受诛，子复仇，推刃之道也"，而《左传·定公四年》则说："君讨臣，谁敢仇之？君命，天也。"[3]司马迁接受的是前者的观点，因此赞赏伍子胥的行为。白公胜为家族向楚的复仇，类似伍子胥的做法。司马迁说："白公如不自立为君者，其功谋亦不可胜道者哉！"[4]对于白公胜自立为君的乱国行为给予否定，但对其为父复仇则给予肯定。像伍子胥和伯嚭借外来之兵，几乎颠覆楚国，这种乱国行为没有受到司马迁的批评，说明司马迁思想观念中把血亲复仇看成天经地义的事，而对复仇的方式正确与否几乎可以忽略不计了。

《史记》中为父复仇的人物还有《秦本纪》中的世父，《晋世家》中的邳豹，《李将军列传》中的李敢等。复仇的方式和结果有同有异，初衷却是相同的。司马迁肯定他们的复仇行为，肯定的是父子血缘关系高于一切，以及子孝于父的观念。

通过以上论述，我们可以了解到司马迁的孝道及孝道思想是受到

1　（汉）司马迁：《史记·伍子胥列传》，中华书局，1985，第2183页。
2　（汉）司马迁：《史记·伍子胥列传》，中华书局，1985，第2183页。
3　（清）阮元：《十三经注疏·春秋左传正义·定公四年》，中华书局，1996，第2136页。
4　（汉）司马迁：《史记·伍子胥列传》，中华书局，1985，第2183页。

时代、家庭和前人孝道理论的影响，了解到司马迁是一个孝子，同时认识了司马迁孝道思想的精髓所在。司马迁不仅表现出浓厚的孝道行为，他自己还有着独到的孝道思想，加上他特殊的人生经历，使他的孝道思想对他的人生和《史记》著述都产生重要影响。

（原载于《渭南师范学院学报》2011年第5期）

《史记》人物对后世的影响

论赵盾形象文学化发展
对元杂剧《赵氏孤儿》的影响

赵盾是春秋历史研究无法绕开的人物之一。他作为臣子，在青史上留下了"弑君"之名；作为权臣，他一手支撑了晋国的二十年霸业，留下赫赫功绩。他拉开了晋国公卿争权与君权下移的序幕，又在外交上开启大夫主盟的先例，声望远超当时晋国国君。学界对赵盾的研究多附属于对春秋史、晋国史以及赵氏家族的研究之下，相关研究在20世纪30年代就已经出现，成果大都集中在20世纪八九十年代，进入21世纪也有较多论述，但专题论文数量偏少，而且一般都集中于对赵盾的政治行为，少有将目光放到赵盾的形象本身及其影响上。

从《左传》到《史记》都给予了赵盾浓墨重彩的描述，让后人有机会了解这个传奇人物和他的经历始末，这也为后来元杂剧《赵氏孤儿》等一大批文学作品的创作提供了灵感和素材。文章将重点探析赵盾形象文学化发展对元杂剧《赵氏孤儿》的影响。

一、《左传》中形象复杂的赵盾：权臣与能臣的结合体

　　赵盾的名字最早出现在《春秋》之中，但是对其一生完整而详细的叙述来自《左传》，在这里，他既是兴邦定国维护霸业的能臣，也是晋国有史以来的第一位权臣。赵盾是跟随晋文公重耳当年出亡狄国时，与狄女叔隗所生的庶长子，赵衰回国后又娶了晋文公之女，人称赵姬，他与赵姬生有赵同、赵括、赵婴齐三子。赵盾是在晋文公继位后，在赵姬的坚持下才被赵衰接回国。按理说，他这样的身份是难以在赵氏出头的，但是赵姬"以盾为才，固请于公，以为嫡子，而使其三子下之，以叔隗为内子，而己下之"[1]，这不仅使赵盾成为赵氏宗主，也为他未来精彩的人生打下了基础。

　　赵盾子赵朔娶晋成公女即赵庄姬，生子赵武，即"赵氏孤儿"。赵衰去世后，赵盾在"成季之属也，故党于赵氏"[2]的阳处父的帮助下代表赵氏以中军帅，即卿位第一人的身份入仕，起点之高无人可出其右。不仅如此，其间赵盾亦为整合赵氏宗族力量费尽心思，比如成公即位后"赵盾请以括为公族，……使屏季以其故族为公族大夫"[3]。即将得自赵姬的嫡子及赵氏大宗之位还给赵姬子赵括，这却为后来的"下宫之难"埋下了隐患。到前601年赵盾去世，他二十年间执掌晋国国政，权势熏天。

（一）能臣赵盾

　　赵盾为了巩固自己的正卿之位，他甫一上位就颁布了历史上著名的"夷蒐之法"，即"制事典，正法罪。辟狱刑，董逋逃，由质要，治

1　杨伯峻编著：《春秋左传注·僖公二十四年》，中华书局，2016，第456页。

2　杨伯峻编著：《春秋左传注·文公六年》，中华书局，2016，第595页。

3　杨伯峻编著：《春秋左传注·宣公二年》，中华书局，2016，第727—728页。

旧污，本秩礼，续常职，出滞淹"[1]。并将之交给太傅阳子和太师贾佗，使之在晋国推行，以为常法。白国红评价说："从历史的发展角度来看，'夷蒐之法'对于晋国社会的发展无疑是有积极作用的。"[2]由此可见赵盾的实际执政能力是十分强悍的。

除此之外，赵盾主政期间，他还带兵挫败过秦国进犯，如令狐之役、河曲之役等。平定过国内的叛乱，如箕郑父、先都、士縠、梁益耳、蒯得五位大夫因不满利益的分配问题而引发的"五大夫之乱"。再有晋灵公初立，因过于年幼而无法理政，整个晋国都是由赵盾一手支撑运转的，赵盾不仅没有使国家因为国君年幼无法理政而衰弱下去，还维持了晋国在诸侯中近二十年的霸主地位。

赵盾还在外交方面也有所建树。《左传》记载鲁文公七年"秋八月，齐侯、宋公、卫侯、陈侯、郑伯、许男、曹伯会晋赵盾盟于扈，晋侯立故也"[3]。因晋灵公新即位的缘故，赵盾以晋正卿大夫的身份代君主主盟，与诸侯盟于扈，以巩固晋国的霸主地位。鲁文公八年冬，赵盾又与鲁公子遂"盟于衡雍"，这是为了补上上一年扈之盟鲁文公未曾与会的事情，又为晋国拉到一个盟友。还有鲁文公十四年，《春秋经》有记载："六月，公会宋公、陈侯、卫侯、郑伯、许男、曹伯、晋赵盾。癸酉，同盟于新城。"[4]这是因为以前依附楚国的陈、郑、宋三国向其表示了顺服，晋国的阵营再次扩大。鲁文公十五年，因齐国发生弑君事件，传中虽然记载："冬十一月，晋侯、宋公、卫侯、蔡侯、陈侯、郑伯、许男、曹伯盟于扈，寻新城之盟，且谋伐齐也。"[5]但是经中却仅有"冬十有一月，诸侯盟于扈"的记载。杨伯峻注释曰："此亦言'诸侯'而

1 杨伯峻编著：《春秋左传注·文公六年》，中华书局，2016，第595—596页。
2 白国红：《春秋晋国赵氏研究》，中华书局，2007，第91页。
3 杨伯峻编著：《春秋左传注·文公七年》，中华书局，2016，第614页。
4 杨伯峻编著：《春秋左传注·文公十四年》，中华书局，2016，第655页。
5 杨伯峻编著：《春秋左传注·文公十五年》，中华书局，2016，第670页。

不序，与七年扈之盟同。"[1]即是因为虽然晋侯出席，但依旧是赵盾主盟的缘故。

赵盾在外交方面的建树还不止主盟诸侯，甚至周王室内部发生了矛盾也会求助到他身上。鲁文公十四年，"周公将与王孙苏讼于晋，王叛王孙苏，而使尹氏与聃启讼周公于晋。赵宣子平王室而复之"[2]。可见赵盾的威望高到了何等地步，各诸侯国对于他的能力大都是信服的。能以卿大夫的身份主盟诸侯，能平王室，抛开别的不谈，仅就能力而言，赵盾可以算是当世的佼佼者了，这个能臣可谓名副其实。

（二）权臣赵盾

相较之能臣，赵盾权臣的名声似乎更加出名。如《左传》文公六年所载，晋襄公因病去世，太子年幼，"晋人以难故，欲立长君"[3]。身为正卿的赵盾支持了这种意见，欲迎立"好善而长，先君爱之，且近于秦"[4]的公子雍。因为无法与拥立公子乐的次卿狐射姑达成共识，于是赵盾干出了半路截杀公子乐的事情，狐射姑不满赵盾此举，为了报复，便派人刺杀了当初扶持赵盾上位的阳处父。赵盾借此逼迫狐射姑出奔狄国，为自己扫清了一个政敌。除此之外，穆嬴为了保住自己儿子的国君之位，身为太子母亲的她不得不"日抱大子以啼于朝……出朝，则抱以适赵氏，顿首于宣子"[5]，这是穆嬴的哀兵之策，但就态度来说已经可以称得上卑躬屈膝了，况且若非公室式微，又何须一国太子之母做如此姿态。

在国有储君的时候提出从国外迎立新君、截杀另一位有可能继承

1 杨伯峻编著：《春秋左传注·文公十五年》，中华书局，2016，第664页。
2 杨伯峻编著：《春秋左传注·文公十四年》，中华书局，2016，第660页。
3 杨伯峻编著：《春秋左传注·文公六年》，中华书局，2016，第601页。
4 杨伯峻编著：《春秋左传注·文公六年》，中华书局，2016，第601页。
5 杨伯峻编著：《春秋左传注·文公七年》，中华书局，2016，第610页。

王位的晋公子，逼走地位仅次于自己的国之次卿，迫使国母纡尊降贵等，赵盾的专权擅政由此可见一斑，所以狐射姑评价"赵衰，冬日之日也；赵盾，夏日之日也"[1]。赵衰如冬日一样温暖，赵盾则如夏日一般酷烈。他不只是在说性格，也是在形容赵盾的赫赫威势，一代权臣的形象跃然纸上。

另外，前面提到赵盾主盟诸侯之事也是他专擅晋权的一个有力证据。表现了赵盾借着灵公年少无知之机，趁机将自己变为晋国代表的事实。主盟原本当是国君的职责，也是体现国君权力威望的一个最佳时机，但是就这样被赵盾利用来表现自己，此举已经算是严重的僭越。更兼之息王室诉讼之事，这些都足以说明赵盾的外交声望已经远超国君。再如秦晋河曲之战，赵穿因"有宠而弱，不在军事，好勇而狂，且恶臾骈之佐上军也"[2]，受引诱轻易出击，破坏了晋军定下的"深垒固军以待之"的计划，导致本可以胜出的晋军最后空耗国力却落了个不胜不败的结局。但是晋国的战后清算却只有一个"放胥甲父于卫"[3]的记载，杨伯峻注曰："赵穿以赵盾之侧室及公婿故，未被讨"[4]，由此可见赵盾的权势不止作用于他自身，也在庇护着他的家人及族人，已经到了肆无忌惮的地步。

最后看"赵盾弑君"之事。晋灵公幼年继位，朝政几乎全被赵盾把持，又因为晋灵公好奢、不仁、暴虐等诸多不行君道的名声，赵盾"骤谏"，招来灵公忌惮，于是发生了灵公两次刺杀赵盾的事情。第一次他派遣刺客鉏麑欲取其性命，但是鉏麑晨往却见赵盾"寝门辟矣，盛服将朝。尚早，坐而假寐"[5]，叹服曰："不忘恭敬，民之主也。贼民

1 杨伯峻编著：《春秋左传注·文公七年》，中华书局，2016，第614页。
2 杨伯峻编著：《春秋左传注·文公十二年》，中华书局，2016，第645页。
3 杨伯峻编著：《春秋左传注·宣公元年》，中华书局，2016，第708页。
4 杨伯峻编著：《春秋左传注·宣公元年》，中华书局，2016，第708页。
5 杨伯峻编著：《春秋左传注·宣公二年》，中华书局，2016，第719页。

之主，不忠；弃君之命，不信。有一于此，不如死也。"[1]于是触槐而死。第二次灵公宴请赵盾，埋伏恶犬甲士，幸得其车右提弥明的示警和舍命搏斗，杀恶犬而出；又在曾经救助过的"桑下饿人"灵辄的帮助下，逃脱追兵，自亡而去。然而未等他逃出晋国国境，其从弟赵穿就在桃园杀死灵公，迎回赵盾并官复原职。晋史官董狐以"子为正卿，亡不越竟，反不讨贼"[2]为由，在史书上写下"赵盾弑君"一笔。

历代学者都对董狐给予赵盾的这一罪名发表自己的见解，《公羊传》曰："人弑尔君，而复国不讨贼，此非弑君而何？"[3]指出赵盾无弑之志，罪在不讨贼。《谷梁传》曰："故书之曰'晋赵盾弑其君夷皋'者，过在下也"，认为罪过在于臣下，又曰："于盾也，见忠臣之至"，文下注释解说此为反例，意思是赵盾没有弑君而受弑君之名，是因为忠诚不到极致。[4]《春秋繁露》曰："是故训其终始，无弑之志，枸恶谋者，过在不遂去，罪在不讨贼而已。"[5]还有认为赵盾虽未亲手弑君，但赵穿之弑却很可能是出于他的示意等，不一而足。这场从根本来说源于君权与卿权的直接碰撞的战争最终以灵公的死亡作为结局，而背负弑君之名的赵盾在这之后既不讨贼也没有受到任何惩罚，甚至派遣赵穿迎立公子黑臀为晋成公，继续自己的执政生涯。晋国第一权臣之名，名副其实。

二、被《史记》美化的赵盾：由权臣向忠臣转变

《史记》是中国历史上一部里程碑式的著作，司马迁立志"厥协六

1　杨伯峻编著：《春秋左传注·宣公二年》，中华书局，2016，第719页。
2　杨伯峻编著：《春秋左传注·宣公二年》，中华书局，2016，第724页。
3　黄铭，曾亦译注：《春秋公羊传·宣公六年》，中华书局，2016，第419页。
4　徐正英，邹皓译注：《春秋谷梁传·宣公二年》，中华书局，2016，第399—400页。
5　曾振宇注说：《春秋繁露》，河南大学出版社，2009，第131页。

经异传，整齐百家杂语"[1]，广泛取材于《尚书》《春秋》《左传》《国语》《战国策》《公羊传》等前人著作，审慎梳理剪裁，对于历史的记载无论广度与深度都是空前的。对于赵盾来说，《史记》是其形象由权臣向忠臣转变的关键时期，这是因为司马迁对有关历史的记载与前代史书出现了诸多不同。

赵盾的故事在《史记》里发生了较大改变，《史记》主要是对赵盾形象进行了美化处理，让他由权臣向忠臣方面转变。

（一）权臣形象被削弱

《史记》要把赵盾塑造为一个忠臣，首先就要弱化他的权臣形象，尽量淡化他给读者带来的强势酷烈的印象。如前文所提《左传》中赵盾与狐射姑就拥立公子雍还是公子乐的问题发生争执，赵盾为达到自己的目的而半路截杀公子乐之事，在《史记》中则完全不见记载，这就削弱了赵盾对于公室那种生杀予夺的态度，将斗争局限于赵盾与狐射姑之间，这无疑对赵盾忠臣形象的塑造是有好处的。还有对具体人事的处理上，比如《左传》中有明确记载地对"五大夫之乱"的镇压，其实也与赵盾擅权，排除异己有关，《史记》也没有记载。

除此之外，《史记》还对赵盾利用权势对家族以及族人进行肆无忌惮的包庇行为进行了处理，如河曲之战包庇赵穿。《史记》对于这个问题的处理是改写了赵穿对于整个河曲之战的作用："晋侯怒，使赵盾、赵穿、郤缺击秦，大战河曲，赵穿最有功。"[2]因为赵穿不再如《左传》叙述中那样犯了大错，自然也不需要赵盾的权势进行庇护，对赵盾滥用权势的指责也就无从而来。

---

1 （汉）司马迁：《史记·太史公自序》，中华书局，1985，第3319—3320页。

2 （汉）司马迁：《史记·晋世家》，中华书局，1985，第1673页。

《史记》对赵盾主盟记载的减少也起到了同样的效果,《左传》中明确记载的赵盾主盟有:鲁文公七年的扈之盟、鲁文公八年冬的衡雍之盟、鲁文公十四年的新城之盟、鲁文公十五年和十七年的两次扈之盟等。而在《史记》中则只有第一次扈之盟的记载,这种处理方法使得人们对赵盾以卿大夫之身会盟诸侯的印象大大减少,削弱了其僭越的形象。

(二)忠臣形象被凸显

光是削弱赵盾的权臣形象,还无法达到对他形象美化之目的,还需要对赵盾的"忠臣"形象进行着力打造,在《史记》中司马迁是借别人之口来实现的。如被派去刺杀赵盾的刺客鉏麑,面对"盾闺门开,居处节"的情况,不由退而叹曰"'杀忠臣,弃君命,罪一也。'遂触树而死"[1]。《史记》对于赵盾"忠臣"的评价来源于此。至此,《史记》完成了赵盾形象由权臣向忠臣转变的第一步。

《史记》对于"下宫之难",即"赵氏孤儿"事件的改写则是美化转变的第二步。根据《左传》记载"下宫之难"与赵盾之间并没有直接的关系,因为那时赵盾已死,其子赵朔亦已去世,赵朔妻赵庄姬与赵朔叔赵婴齐通奸,事败露,赵婴齐被兄赵同、赵括放逐于齐国,赵庄姬怨怒,"谮之于晋侯,曰:'原、屏将为乱。'栾、郤为征"[2]。因此引发了晋君讨赵同、赵括的"下宫之难"。赵庄姬此举乃一箭双雕,既解了怨气,又能让赵括的嫡子及赵氏大宗之位重新回到他们手上。

严格来说这是一个家族丑闻,与早已去世的赵盾没什么直接关系。但是,如果对整个事件进行根源性的解读和联系,还是发现他们之间有着千丝万缕的关系。由于赵盾的专权、灵公刺杀赵盾未遂、赵盾的

1　(汉)司马迁:《史记·晋世家》,中华书局,1985,第1673页。
2　杨伯峻编著:《春秋左传注·成公八年》,中华书局,2016,第916页。

"弑君"等一系列事件，让赵氏与公室的关系不断恶化，晋公室早有清算赵氏家族之意，所以在赵盾去世，赵氏家族失去这个强有力的庇护后，公室才会借着赵庄姬的一番谮言趁机发动了"下宫之难"。"下宫之难"表现出赵盾与国君之间、赵氏家族与公室之间的矛盾冲突激化。

不同于《左传》的记载，《史记》对"下宫之难"进行了另一番的记述。《赵世家》将赵盾与"下宫之难"处理成一种因果关系，对立的双方由君与臣的矛盾冲突，变成赵盾与屠岸贾之间臣与臣的矛盾冲突，即屠岸贾以惩戒赵盾弑君之罪为借口，对赵氏发难，其曰："盾虽不知，犹为贼首。以臣弑君，子孙在朝，何以惩罪？请诛之。"[1] 由此表明，当年赵盾种下的苦果，当由其子孙来承受，"下宫之难"的根源在赵盾，这样赵盾导致赵氏家族几近灭亡就形成了直接的因果关系。在表现赵盾与屠岸贾之间矛盾斗争的同时，还将屠岸贾塑造成一个心狠手辣的奸臣形象，这不仅有效地将赵盾与晋君矛盾冲突造成的负面影响淡化，还避免了对其忠臣形象的削弱，从而完成了赵盾从君臣矛盾对立向忠臣与奸臣矛盾斗争的主题转化，这一主题转化直接影响了一千多年后的元杂剧《赵氏孤儿》。

三、赵盾对《赵氏孤儿》的影响

赵盾形象在《左传》《史记》已显出史学向文学转变的倾向，但若论最有影响力的文学化作品当属元杂剧《赵氏孤儿》。《赵氏孤儿》全称《赵氏孤儿冤报冤》，又称《赵氏孤儿大报仇》，是元代纪君祥创作的杂剧，全剧五折一楔子。《赵氏孤儿》在当时南宋灭亡的特殊政治环境下，因其表现的"存赵保孤"的忠义精神及赵氏复仇成功的圆满结

1　（汉）司马迁：《史记·赵世家》，中华书局，1985，第1783页。

局而备受世人推崇。

（一）赵盾对《赵氏孤儿》故事情节的影响

"赵氏孤儿"的故事当然不是凭空杜撰出来的，它"博涉四部，载于经，成于史，详于子，变于集，是有史可依的历史故事"[1]。《赵氏孤儿》的故事涉及前人文献资料有《春秋》《左传》《国语》《公羊传》《谷梁传》《吕氏春秋》《春秋繁露》《史记》《新序》《说苑》等，其中又以《左传》和《史记》的影响最为深刻，为该剧提供了完整的人物、环境和故事情节等基础。而赵盾作为一个史传人物，在其文学化的重述过程中，对整个《赵氏孤儿》的故事内容都产生了深刻影响。

具体来说，有以下几个方面：

第一，《赵氏孤儿》继承并发展了"赵盾被刺"的一系列情节。这一情节在《左传》中被首次记载，具体过程在上文有详细叙述，它算是赵盾君臣矛盾深化的一个重要节点，也是促使"弑君"事件爆发的直接原因，它所引发的赵氏与晋公室关系的恶化是未来"下宫之难"爆发的原因之一。到了《史记》，细节发生了一些变化，比如"赵盾被刺"情节中提到的钮麑对赵盾"忠臣"的评价。也就是说，将赵盾的"忠"与晋灵公刺杀忠臣的"恶"放在一起进行了对比，这已经为《赵氏孤儿》"忠奸斗争"的情节提炼出一个重要的主题元素。

《赵氏孤儿》还对刺杀赵盾这一情节进行了艺术加工，使其更加具有传奇性。具体表现在屠岸贾为杀赵盾，对西戎国进贡的"神獒"进行的血腥而残忍的训练；逃跑时灵辄为赵盾扶轮策马，以至"磨衣见皮，磨皮见肉，磨肉见筋，磨筋见骨，磨骨见髓，捧毂推轮，逃亡野

1　赵寅君:《"赵氏孤儿"研究》，博士学位论文，山西大学文学院，2017，第1页。

外"[1]的细节描写，这是显而易见的文学加工，目的是使故事看起来更加惊心动魄，曲折生动等等。在这一系列的嬗变过程中，只有赵盾始终作为主要人物引领着矛盾的发展和激化，亦是影响《赵氏孤儿》剧情走向的一个有力证据。

第二，《赵氏孤儿》承袭了"赵盾与下宫之难具有因果关系"这一观点。这一关系在《左传》中并不明显，需要对其做一番原因的推导和论证，得出下宫之难的发生其实是晋国内部诸卿争权、赵氏与公室矛盾的爆发以及赵氏内讧等诸多因素共同作用的结果。[2]再倒过来追寻其原因才发现它们都与赵盾脱不开关联，因此将之作为"下宫之难"发生的原因之一还可以，但说是直接导火线却还是隔了一层。《史记》则如前文所言直接将下宫之难的源头指向了"赵盾弑君"一事，即以"弑君"的罪名追究赵氏的责任，将赵盾与赵氏中衰结合了起来，明确说明这是赵氏一族被诛杀的直接原因。

《赵氏孤儿》承袭了这一观点，并将之进行了更加文学化的演绎：在楔子中屠岸贾有一番"开篇明义"的背景总结："俺主灵公在位，文武千员，其信任的只有一文一武：文者是赵盾，武者即某矣。俺二人文武不和，常有伤害赵盾之心，争奈不能入手。"[3]即将"下宫之难"的原因紧扣在赵盾身上的同时，将矛盾从君臣间的权力之争下降到了赵盾与屠岸贾之间的文武不和，赵盾成了《赵氏孤儿》忠与奸矛盾斗争的导火线，这主要与主题的构建有关，我们将在下一个部分做详细论述。《赵氏孤儿》以此来作为整个故事的开端，就是将之作为故事的根本矛盾和剧情的主要推动力看待的，赵盾在整个事件中的影响由此可见一斑。

---

1 （元）纪君祥：《赵氏孤儿》，上海古籍出版社，2010，第33页。
2 白国红：《春秋晋国赵氏研究》，中华书局，2007，第112—113页。
3 （元）纪君祥：《赵氏孤儿》，上海古籍出版社，2010，第11页。

第三，《赵氏孤儿》对赵盾在赵氏得到平反起复中的作用进行了重述。赵氏中衰与平反起复之时赵盾早已去世，但其身影却一直贯穿其间，彰显着自己的影响，例如赵武得以起复赵氏，就离不开赵盾的余荫庇佑。《左传》中这样记载：晋景公十七年，也就是下宫之难当年，韩厥就言于晋侯曰："成季之勋，宣孟之忠，而无后，为善者其惧矣。三代之令王皆数百年保天之禄。夫岂无辟王？赖前哲以免也。《周书》曰：'不敢侮鳏寡。'所以明德也。"[1]

于是晋侯许赵武复赵氏，并返还其田。虽然白国红先生在《春秋晋国赵氏研究》中对赵武复立进行了详细解读，认为赵氏得以立基的原因除了上文提到的赵氏先人的功勋之外，还离不开赵氏同盟政治势力的协助和晋君对卿权的妥协[2]，但是这并不影响赵盾在其中起了极大作用的事实。

《史记》对赵武复立的记载则在《赵世家》《韩世家》《晋世家》中出现了自相矛盾的现象，矛盾主要集中体现在对赵武是在赵氏"绝祀"多长时间后复立的。《赵世家》中载赵氏是在晋景三年遭遇下宫之难，绝祀十五年后，即晋景十七年得以复立；《韩世家》记载与此相同；《晋世家》的时间却与《左传》相同，即晋景十七年遭祸而同年复立。因所载"下宫之难"的时间自相矛盾，所以历来学界都对《史记》记载的这一段历史持否定的态度，不以信史待之。但不可否认的是，因其故事的传奇性，在流传度上它却是远远高于其他史书所载。除此之外，关于赵武复立的原因，《晋世家》同样与《左传》相差无几，而《赵世家》《韩世家》却将《左传》所载晋景十九年"晋侯梦大厉……公疾病"[3]

1　杨伯峻编著：《春秋左传注·成公八年》，中华书局，2016，第916页。
2　白国红：《春秋晋国赵氏研究》，中华书局，2007，第120页。
3　杨伯峻编著：《春秋左传注·成公十年》，中华书局，2016，第927—928页。

之事提前两年，认为是晋侯担忧"大业之后不遂者为祟"[1]，又经韩厥告知赵氏孤儿事，方许赵武复立。后赵武纠集诸将覆灭屠岸贾一族，完成了赵氏的复仇。

元杂剧《赵氏孤儿》在这一段剧情上明显是受到了《史记》的影响，但是为了符合"赵氏孤儿大复仇"的主题以及映照更加激烈的忠奸碰撞，在一些情节上做了新的处理。如它肯定了赵盾在赵氏家族复立中的影响与功劳，主要体现在韩厥以及公孙杵臼身上，对角色本身做出了较大改动。韩厥虽是屠岸贾麾下，却是"老相公抬举来的"[2]，也就是曾受赵盾举荐之恩，为救赵氏孤儿不惜自刎而死；公孙杵臼则是"与赵盾是一殿之臣，最相交厚"[3]，而非《史记》所言的赵朔之客，他与假赵氏孤儿共死，瞒过屠岸贾为真赵氏孤儿留下一线生机。最后"赵氏复立"的剧情，元杂剧《赵氏孤儿》设置了待二十年后，赵武长大成人得知真相后，独自上阵擒拿屠岸贾，将其千刀万剐，完成了复仇心愿及复立赵氏的结局。强调赵武的个人功绩，这显然是大众喜闻乐见的结局。

总之，史传文学人物赵盾在其文学化的过程中，对《赵氏孤儿》产生了深刻的影响，他身上拥有复杂的政治、人际背景，这些都是《赵氏孤儿》的魅力源泉，对赵盾一生事迹进行文学化重述，这是《赵氏孤儿》的内容来源和剧情得以推动的动力。

（二）赵盾对《赵氏孤儿》主题思想的影响

元杂剧《赵氏孤儿》诞生于宋亡不久，由于元朝统治者的民族歧视政策，民间催生出强烈的复宋情绪，宋皇室以春秋赵氏后裔自称，

---

1 韩兆琦译注:《史记·赵世家》，中华书局，2010，第3367页。
2 （元）纪君祥:《赵氏孤儿》，上海古籍出版社，2010，第15页。
3 （元）纪君祥:《赵氏孤儿》，上海古籍出版社，2010，第20页。

因此当时"存赵孤"是具有强烈政治暗示意义的话题。《赵氏孤儿》高唱"你若存的赵氏孤儿,当名标青史、万古留芳"[1],"凭着赵家枝叶千年咏"[2]等词句,显而易见是与当时广大汉族人民普遍存在的反元复宋的思想情绪相吻合的。当然,除开政治主题之外《赵氏孤儿》同样担得起它中国古典四大悲剧之名。它所体现的忠义思想和那种前赴后继、不屈不挠地同邪恶势力斗争到底的抗争精神,都是它得以流传至今,甚至家喻户晓的原因所在。赵盾对这一主题的确定同样具有深刻影响。

前文提到,赵盾从《左传》到《史记》的流变过程就是其形象在不断朝着正面凸显转变的过程,尤其是忠臣的形象更为明显,这显然对后世文学的创作产生了深远影响,比如直接成就了《赵氏孤儿》忠奸斗争的主题。

首先,是"忠"的体现。关于这一点在《史记》中就已经初见端倪,到《赵氏孤儿》继续向这一方向加强。最明显的就是《赵氏孤儿》将前后两次刺杀赵盾的主谋从灵公换成了屠岸贾,转而将史书中"不君"的灵公向"不察而受奸臣蒙蔽"的君主这个方向塑造,也回避了"赵盾弑君"的描写。这自然是为了避免卿权与君权的直接碰撞,毕竟"忠臣"怎么能够与"国君"站在对立面呢,于是《史记》中出现的一个关键人物屠岸贾便代替灵公站到了赵盾的对立面。加之《赵氏孤儿》着力对屠岸贾残忍、狡猾、权势滔天的奸佞形象进行刻画,所以赵盾与屠岸贾忠与奸的对立新格局就此形成。

其次,是加剧矛盾冲突。仅仅双方对立是不够的,想要抓住观众的眼球需要更加激烈的冲突,这一冲突从哪里来呢?同样可以从赵盾的身上得到启发。从《左传》开始,赵盾就一直以一种强势的形象存

---

1 (元)纪君祥:《赵氏孤儿》,上海古籍出版社,2010,第22页。
2 (元)纪君祥:《赵氏孤儿》,上海古籍出版社,2010,第23页。

在着，如废立国君、排除异己、把持国政等等，也因此不断地加剧着他和国君、和其他卿大夫之间的裂痕。因此就产生了多次针对赵盾和赵氏的活动，如刺客鉏麑、獒犬、甲士，以及他死后针对赵氏的"下宫之难"等。这些激烈而尖锐的冲突，为故事带上凌厉的气氛。

其三，改变故事情节。需要注意的是"赵氏孤儿"这个故事从一开始应当是一个家族丑闻式的故事，与所谓的忠奸斗争完全扯不上关系，之所以有这样的转变，是因为《史记》的影响。这要从司马迁对于该事件的再创作说起，《史记》中不再出现叔与侄媳通奸的描写，而以屠岸贾"以臣弑君，子孙在朝，何以惩罪？请诛之"[1]为理由，认为赵盾"弑君"是开了一个极其恶劣的头，必须有所惩戒才能震慑后来者，但是其时赵盾已死，无法明正典刑，而他犹有子孙在朝，可以偿还其罪，于是有了"下宫之难"。由此看，赵盾在《史记》中的形象已经渐渐向"忠臣"扭转，而屠岸贾以明正典刑为借口，却行残虐血腥、剪除异己之实。虽然屠岸贾还没有被明确冠以"奸臣"之名，但是一个"恶"字总是逃不掉的。这一"正义与邪恶"的斗争便可以看作是《赵氏孤儿》"忠奸斗争"主旨之雏形，《史记》其实是为二者构建了一个坚实的桥梁。

其四，围绕赵盾引发的故事突出其忠义形象，为主题增加了厚度。如他救助桑下饿人的仁、提弥明拔刀相助的义、灵辄报恩等，这些可贵的精神都为《赵氏孤儿》的忠义主题增添了厚度，同时也使其拥有了传唱数百年的魅力。

综上所述，赵盾作为一个史传人物，其形象随着时间的推移、历史的发展在不断改变，这种改变是向着文学化方向发展的。其中，司马迁的《史记·赵世家》无疑起了一个承先启后的关键作用。司马迁在

---

1 （汉）司马迁：《史记·晋世家》，中华书局，1985，第1783页。

改变赵盾形象的同时，也改变了"赵氏孤儿"的情节和主题，将本无关联的赵盾与"赵氏孤儿"变为一种因果关系。而《史记》"赵氏孤儿"故事情节的悲剧性基调、忠奸对立的矛盾斗争与复仇主题，完全被元杂剧《赵氏孤儿》继承，并加以发展，这是《赵氏孤儿》深受观众喜爱，能够成为经典的重要原因。

（原载于《渭南师范学院学报》2018年第17期）

重述历史语境下的
《史记》后宫史事与电视宫斗剧

一、问题的提出

"重述历史"目前在文学批评和影视批评界正受到越来越多人的关注。"重述历史"就是对过去客观的历史文本及历史事实的重新解读、重新阐释和重新建构。当然在重述历史过程中,"任何对待历史的认知必定以现在为立足点,其中必然有个体人生经验、主观意识以及阐释者的价值判断等主观因素参与,因而呈现在阐释者眼里的历史,并不是历史本身"[1]。

这种基于"个体人生经验、主观意识及阐释者价值判断"的历史重述,在文学及影视创作领域并不罕见,只是过去没有引起文学批评家的注意。可以说凡是以历史为题材的文学和影视作品,都体现了阐释者重述历史的意图,如历史小说《三国演义》《封神演义》《东周列国志》《两汉演义》等。这些小说将文学虚构与历史事实相结合,既增加了小说的历史真实感,又体现了作者重述历史的意图。

最近几年电视荧屏上以古代后宫史事为题材的宫斗剧,把重述历史推向一个尴尬位置。宫斗剧由后宫剧衍生发展而来,它是以古代后宫故事为题材,以反映后宫女子之间的阴谋欺诈、勾心斗角为主要

内容，以人物的情感纠葛为主要线索的电视剧。自第一部香港宫斗剧《金枝欲孽》在2004年播出，2010年内地宫斗剧《美人心计》的热播，大约有二十多部宫斗剧先后播出。随着《甄嬛传》《芈月传》的上映，在荧屏上掀起一股宫斗热潮。这个现象引起了学术界的关注，石静《"宫斗"剧流行现象的传播学解读》依据传播学理论，从宫斗剧内容、受众、传媒、效果等方面分析宫斗剧流行原因及前景预测，角度新颖，很有启发性。贾梦雨《宫斗剧的文化困境与价值迷失》对宫斗剧题材、情节单一，造成文化困境与价值迷失提出批评，这是制约宫斗剧发展的根本原因。贾启红《国产宫斗剧的审美价值、困境与出路》从三方面对宫斗剧做了分析，对其出路提出了建设性意见，具有针对性和现实性。杨辉《浅析谍战剧、宫斗剧在受众观赏心理中的代入》，从观赏心理角度切入，分析两种剧深受观众欢迎的原因，见解独特，有启发性。"近年来中国电视剧一浪高过一浪的重塑历史的创作冲动，既可以看作是中国社会转型中对历史价值系统的感性重建，也可以看成是中国社会民主化进程中对历史真相的积极揭示，还可以解读为世界性新历史主义文艺思潮在中国的文本呈现。"[1]无论是宫斗剧还是其他后宫文学，追本溯源，都可上溯到司马迁的《史记》。

二、《史记》后宫的历史叙述

　　王立群认为"'历史'一词的建构实际上包含着四个层次：一是'真实的历史'，二是'记录的历史'，三是'传播的历史'，四是'接受的历史'"[2]。《史记》作为记录的历史，与真实的历史已经有一定的距离，因为司马迁在记录历史和在历史文献的取舍上受到个人好恶与政

1　王黑特：《电视剧重述历史的新历史主义批评》，《当代电影》2009年第6期。
2　王立群：《历史建构与文学阐释：以〈史记·司马相如列传〉为中心》，《文学评论》2011年第6期。

治倾向的制约，还受到他的世界观、人生观和价值观的影响，所以会
体现在他对后宫史事的记录上。《史记》后宫史事主要记录在《吕太后
本纪》《外戚世家》，其余的散见《高祖本纪》《魏其武安侯列传》《留侯
世家》《卫将军骠骑列传》。司马迁对西汉后宫史事的记录，为后世的
后宫文学，尤其是前几年火爆荧屏的宫斗剧提供了大量的题材和人物
原型。

（一）经历传奇，励志成功

　　《史记》有五位皇后、太后出身寒微，但经历传奇，最终成功身
居高位。吕后父亲吕公早年因避仇人，全家到沛县投奔他的好友沛县
县令。沛县县令看上他的女儿吕雉，欲求婚被吕公拒绝。在县令欢迎
吕公的家宴上，吕公初见刘邦。刘邦不封一文钱，进门却高喊"贺礼
一万"。那神态气势让吕公感觉此人不可小觑。当时刘邦在朋友圈子
里口碑不好，"多大言，少成事"[1]。但是吕公善于相面，感觉刘邦面相
不俗，主动提出"臣有息女，愿为季箕帚妾"[2]。要把女儿嫁给他为妻，
此想法虽遭吕妻坚决反对，但是最终没能改变吕雉变为刘邦妻的事实。
初为人妇的吕雉带着儿女干农活，侍奉公婆。刘邦起兵后她被丢在后
方照顾公婆和儿女，颠沛流离。她曾被楚军追杀，又被楚军俘虏。刘
邦做皇帝，她做皇后，但是因"吕后年长，常留守，希见上，益疏"[3]。
她虽有皇后之名，却很少见刘邦，夜夜与孤独相伴。刘邦去世，她以
太后身份掌朝廷大权十五年。

　　汉文帝母薄太后，出身微贱，为私生女。秦末各诸侯军反秦时，
薄姬被母送到魏王豹宫中。魏豹被刘邦灭后，她以俘虏身份被送汉宫

1　（汉）司马迁：《史记·高祖本纪》，中华书局，1985，第344页。

2　（汉）司马迁：《史记·高祖本纪》，中华书局，1985，第344页。

3　（汉）司马迁：《史记·吕太后本纪》，中华书局，1985，第395页。

缝纫室。一次机缘"汉王入织室，见薄姬有色，诏内后宫，岁余不得幸"[1]。刘邦把她放后宫之后将她忘记，一年没召幸。其好友管夫人和赵子儿先后得幸刘邦，他们说起当年三人相约"先贵无相忘"[2]，对她极尽嘲讽，没想刘邦听到后，"心惨然，怜薄姬，是日召而幸之"[3]。刘邦对薄姬并无爱意，只因同情怜悯才召幸她。没想到一次召幸却让她怀孕生下儿子刘恒，之后她再未见过刘邦。"心惨然，怜薄姬"，这是刘邦当时的心理活动吗？这不过是司马迁对刘邦召幸薄姬这一事件作了主观臆测，因为帝王心理活动岂是别人能知晓的？司马迁根据自己的逻辑分析进行了历史重述。吕后去世，诸吕被灭，刘恒的贤明仁善，其母薄姬的处事低调，家世清贫，被功臣们看中，于是迎立刘恒为皇帝。

汉文帝皇后窦姬，名漪房，出身贫寒，吕后时她以良家女子被选入宫服侍吕后。几年后吕后将身边侍女遣送出宫赐各诸侯王。因为窦姬是赵国清河人，她请求负责遣送的宦官放她到赵国去，却因宦官的失误把她派送到了代国。"当行。窦姬涕泣，怨其宦者，不欲往，相强，乃肯行。至代，代王独幸窦姬。"[4]窦姬万般无奈，被迫前往代国，没想到在代国她却独得代王刘恒宠幸。当代王刘恒被立为皇帝时，代王后及她与代王生的四个儿子先后病死，窦姬的长子刘启被立为太子，窦姬被立为皇后，她的经历可谓福祸相倚。

汉景帝第二位皇后王皇后，汉武帝母亲。她早年已嫁给金王孙，但是其母请人给她算命，得知她命显贵兆，于是把她从金王孙手里抢回，送到太子（景帝）宫中。没想到入宫即得太子宠幸，为太子生下三女一男。虽然她出身平凡，入宫前嫁过人，生过一女儿，但是她懂得

1　（汉）司马迁：《史记·外戚世家》，中华书局，1985，第1971页。
2　（汉）司马迁：《史记·外戚世家》，中华书局，1985，第1971页。
3　（汉）司马迁：《史记·外戚世家》，中华书局，1985，第1971页。
4　（汉）司马迁：《史记·外戚世家》，中华书局，1985，第1972页。

抓住机遇，她与景帝姐姐长公主联手，用挑拨、陷害等手段打败对手栗姬，废掉太子刘荣，使其子刘彻成为太子，自己顺理成章荣登皇后宝座。

汉武帝第二位皇后卫子夫也是私生女，她原是武帝姐平阳公主府上歌女，在平阳公主招待武帝宴会上，平阳公主将她挑选的十多个美人召出，结果"上弗说。既饮，讴者进，上望见，独说卫子夫"[1]。于是汉武帝带她回宫。但是她入宫一年不被召幸，在武帝将宫中无用侍女挑出放回家时，她涕泪交加，自动请求出宫，"上怜之，复幸，遂有身，尊宠日隆"[2]。她被武帝重新宠幸后，为他生了三女一男，男刘据后被立为太子，陈皇后被废，她荣升皇后。

几位皇后、太后的命运跌宕起伏，富有传奇色彩，司马迁围绕一"命"字展开故事，明人钟惺赞曰："逐节叙事，不必明言'命'字，而起伏颠倒，隐然各有一'命'字散于一篇之中，……非独文情章法之妙，使宫帏恩幸之间各有以自安而无所觊。"[3]司马迁记录后宫的女子命运多舛、经历传奇，励志成功的故事，已初步建构起后宫文学的故事范本，对后宫文学具有启示性和典范性意义。

（二）妒忌争宠的后宫较量

"女无美恶，入宫见妒"[4]，这是汉代文人邹阳为后宫女子总结的客观规律。他认为"嫉妒"是后宫女子的天性，后宫特殊环境是她们产生嫉妒之心的温床，也是她们相互斗争的开始。嫉妒是一副毒药，可以让后宫女子丧尽天良，反目成仇。吕后晚年虽然享有无上尊荣，但

1　（汉）司马迁：《史记·外戚世家》，中华书局，1985，第1978页。
2　（汉）司马迁：《史记·外戚世家》，中华书局，1985，第1978页。
3　韩兆琦：《史记笺证·外戚世家》，江西人民出版社，2005，第3362页。
4　（汉）司马迁：《史记·鲁仲连邹阳列传》，中华书局，1985，第2473页。

是因为"色衰爱驰，而戚夫人有宠"[1]。她被戚夫人夺去了丈夫的爱，故她最忌恨戚夫人。刘邦去世后，她命人"断戚夫人手足，去眼，煇耳，饮瘖药，使居厕中，命人曰'人彘'"[2]。残酷迫害戚夫人，手段残忍，令人发指。栗姬得汉景帝独宠，儿子刘荣已立为太子。本应万事无忧的她，却极恨景帝姐姐长公主。因为宫中诸美人通过长公主搭桥，先后得景帝召幸，风头胜过栗姬。栗姬怨怒之下，拒绝长公主让刘荣娶阿娇的请求。于是"长公主怒，而日谗栗姬短于景帝"[3]。恰好遇景帝身体欠安，嘱咐她若自己百年，望她善待诸王子。结果"栗姬怒，不肯应，言不逊"[4]。景帝一怒之下疏远她，并废掉刘荣太子位。栗姬怨怒不已，欲见景帝做最后努力，被拒，最终忧恨而死。栗姬落得由尊宠到最终出局的悲惨下场。陈皇后（阿娇）是汉武帝第一位皇后，刘彻当上太子和皇帝，都是其母长公主的功劳，因此陈皇后骄贵，但是她"无子，妒。大长公主闻卫子夫幸，有身，妒之，乃使人捕青，……欲杀之"[5]。"几死者数矣。上愈怒。陈皇后挟妇人媚道，其事颇觉，于是废陈皇后，而立卫子夫为皇后。"[6]阿娇的妒忌争宠最为恶劣，因为她不能生育，听说卫子夫怀孕，几次加害卫子夫。其母更是派人抓来卫子夫弟卫青，欲杀其弟打击她。阿娇还找来女巫，制造了"巫蛊之案"。阿娇母女的卑劣行为，终于触怒汉武帝，废掉阿娇的皇后身份，打入冷宫。后宫的环境险恶，处处危机，被司马迁"逐层写来，觉闺房衽席，亦有戈矛，其端甚微，其祸甚烈，虽曰人事，亦天道也"[7]。

1　（汉）司马迁：《史记·外戚世家》，中华书局，1985，第1969页。

2　（汉）司马迁：《史记·吕太后本纪》，中华书局，1985，第397页。

3　（汉）司马迁：《史记·外戚世家》，中华书局，1985，第1976页。

4　（汉）司马迁：《史记·外戚世家》，中华书局，1985，第1976页。

5　（汉）司马迁：《史记·卫将军骠骑列传》，中华书局，1985，第2922页。

6　（汉）司马迁：《史记·外戚世家》，中华书局，1985，第1979页。

7　韩兆琦：《史记笺证·外戚世家》，江西人民出版社，2005，第3343页。

（三）勾心斗角的太子之争

太子之位与后宫女子之位是休戚相关的，一般儿子被立为太子，母则被立为皇后，母凭子贵。由于母与子利益相连，一荣俱荣，一损俱损，而太子只能有一个，所以必然引发后宫的太子之争。另一方面，母得帝王宠幸，凭借枕头风的作用，其子被立为太子的机率会大大增加，因此太子之争又与争宠有着必然的联系。刘邦因宠幸戚夫人，想废太子刘盈，改立戚夫人子赵王如意。吕后恐慌不已，在张良和她哥哥吕泽帮助下，他们请来了商山四皓辅佐刘盈。这四人是刘邦想请而请不来的高士。刘邦看着这四人，无奈地对戚夫人曰："我欲易之，彼四人辅之，羽翼已成，难动矣。吕后真尔主矣。"[1]吕后在太子位争夺上，终于打败戚夫人，保住刘盈太子位。她保住的不仅仅是太子位，还有太子背后隐含的朝廷权力和吕氏集团的利益。汉武帝的母亲王夫人，通过与长公主联姻，借助长公主之力，经常在景帝面前诋毁、诽谤栗姬，使栗姬失宠。另一边"王夫人知帝望栗姬，因怒未解，阴使人趣大臣立栗姬为皇后。……'今太子母无号，宜立为皇后'。景帝怒曰：'是而所宜言邪！'"[2]汉景帝误认为是栗姬背后唆使大臣提议立她为皇后的，所以一怒之下把她儿子刘荣的太子身份废掉，之后在长公主努力下，刘彻被立为太子，王夫人终于易太子成功。

（四）尔虞我诈的权力之争

吕后对权力有极强的欲望。刘邦去世，太子刘盈继位为帝，她临朝听政，把持朝政大权。为巩固其地位，她大封诸吕，并要求刘氏子弟必娶吕家女子，以嫁女结亲方式监督控制刘氏子弟。惠帝刘盈去世，

1 （汉）司马迁：《史记·留侯世家》，中华书局，1985，第2047页。
2 （汉）司马迁：《史记·外戚世家》，中华书局，1985，第1977页。

吕后悲伤哭泣却不流泪。张良之子张辟强告诉陈平、周勃两丞相，这是因为："'帝毋壮子，太后畏君等。君今请拜吕台、吕产、吕禄为将，将兵居南北军，及诸吕皆入宫，居中用事，如此则太后心安，君等幸得脱祸矣。'丞相乃如辟强计。"[1]由于惠帝去世时没有留下成年儿子（幼子也是假的），吕后忌惮功臣夺权，深感势单力薄，焦虑之心超过丧子之痛。当陈平等人探测到她的心思后，奏请封她几位侄子为将军，掌京中及宫中军权，正中她下怀。她心里一颗石头落地，才潸然而下。因为吕氏子弟掌军权，她有了与功臣和刘氏子弟抗衡的实力，才能保证权力不被旁落。

窦太后在景帝时就干预朝政，武帝即位初期她仍权势不衰，她"好黄老之言，而魏其、武安、赵绾、王臧等务隆推儒术，贬道家言，……建元二年（前139），御史大夫赵绾请无奏事东宫。窦太后大怒，乃罢逐赵绾、王臧等，而免丞相、太尉"[2]，表面看这场斗争是武帝尊儒与窦太后反儒的较量，实际暗含夺权与反夺权的斗争。因窦太后居东宫，"无奏事东宫"，就是武帝母子俩向窦太后夺权，结果遭到窦太后强烈反扑。她果断罢免丞相窦婴和太尉田蚡两个外戚，迫使御史大夫赵绾、郎中令王臧下狱自杀。窦太后在这场宫中权力的较量中，手段极其果断与强硬，"其气焰丝毫不亚于清代慈禧之扑灭戊戌政变"[3]。

《史记》后宫史事的记录，不仅为后人揭开了西汉后宫神秘的面纱，也塑造了各种类型个性迥异的后宫女性形象，如狠毒残忍的吕后，强硬果断的窦太后，妒忌骄贵的陈皇后，善良贤淑的薄太后，阴险狡诈的王太后，挑拨离间的长公主，以退为进的卫子夫。这些鲜活的人物原型，对后世后宫文学及宫斗剧都产生重要影响。

1　（汉）司马迁：《史记·吕太后本纪》，中华书局，1985，第399页。

2　（汉）司马迁：《史记·外戚世家》，中华书局，1985，第2843页。

3　韩兆琦：《史记笺证·外戚世家》，江西人民出版社，2005，第3338页。

三、宫斗剧对《史记》后宫史事的接受

中国的古典小说、戏剧及当今影视作品，自产生以来，主要读者群或观众大多为普通民众。以历史为题材的文艺作品，是普通民众了解历史的主要渠道，普通民众对历史的认知，是通过通俗的文艺作品来完成的。由于文艺作品对历史的重述更富于故事性和戏剧性，所以更容易被广大民众认可和接受，他们甚至把反映历史的文艺作品当作真实的历史。"从这个意义上讲，'文学'对历史的阐释有时会大大超过'历史'对历史的阐释。"[1]以后宫女子为题材的宫斗剧正是基于这样的社会需求而产生的。

宫斗剧既然以历史为题材，就必然存在对历史的接受与重述问题。"一切历史都是当代史，'重述'必然是当代审美意识观照中的'重述'。诚然，重述话语所蕴含的当代审美意识是寓于电视剧影像表意系统基础之中的。"[2]

（一）宫斗剧题材的源头

《史记》记载的后宫史事为宫斗剧创作提供了丰富的题材，成为后宫文学的源头。《左传》以前的历史文献对女性事迹记载极少。从《左传》开始，到《国语》《战国策》，女性事迹虽然见载于史书，但是比较零散或片段。直到《史记》的《吕太后本纪》《外戚世家》，后宫女性事迹才得到系统、完整的反映。可以说《史记》的后宫史事成为后宫剧和宫斗剧的源头，如为以吕后、窦太后、卫皇后为原型创作的宫斗剧《美人心计》《卫子夫》直接提供了创作素材。这两部剧都很受观

1　王立群:《历史建构与文学阐释：以〈史记·司马相如列传〉为中心》,《文学评论》2011年第6期。
2　彭文祥:《影像重述历史的审美现代性观照与反思》,《当代电影》2009年第6期。

众追捧。另外,《史记》还为宫斗剧的争斗样式提供了样板。如《步步惊心》以清康熙时期九子夺嫡为背景,讲述为争夺太子之位及宫中权力展开的各种明争暗斗的故事。《甄嬛传》以清雍正时期为背景,讲述甄嬛由初进宫的纯情少女,逐渐变成善于权谋的太后的经历。《芈月传》以战国秦惠王、秦武王、秦昭襄王时代为背景,讲述芈月如何由楚国一个陪嫁到秦国的媵侍,经历种种艰难和波折,成长为太后的故事。这些宫斗剧基本延续了《史记》的叙事模式:纯真无邪进宫—经历奇特—励志成功。

(二)传奇励志

《史记》几位皇后、太后传奇的经历,励志成功的故事,对后世宫斗剧创作具有直接的影响。例如吕后、窦太后励志成长的故事在宫斗剧《美人心计》里得到了发展和丰富。其他一些宫斗剧如《步步惊心》《甄嬛传》《芈月传》的女主人公,基本都在沿袭励志成长的轨迹下作进一步的拓展,故事情节也是沿着这个思路叙述。

由于《史记》受篇幅和史书体裁的限制,对险恶的后宫环境缺乏具体细致的描述,这就给宫斗剧留下了发挥拓展的空间和标新立异的机会。《甄嬛传》等几部宫斗剧通过设置后宫处处陷阱、步步惊心的险恶环境,让女主人公由不谙世事的纯情少女,百炼成钢,成长为权谋强硬的皇太后。宫斗剧在塑造传奇励志女主人公形象时,根据现代人的审美观念,在女主人公身上增加了复杂的性格和多种品质。《美人心计》展现了汉初后宫女子之间尔虞我诈、斗智斗勇的故事,着力突出女主角窦漪房从吕后侍婢,成长为一朝太后的坚韧和智慧。《甄嬛传》的甄嬛从一个不谙世事、小清新的"常在",成长为一个善于权谋的太后,讲述了她如何置之死地而后生,勇往直前,战胜一切困难和险阻,走向人生顶峰的传奇人生。比较而言,宫斗剧传奇女主经历的波折更多，励志成长的过程更曲折，故事情节讲述得更精彩。这些传奇励志女主角的成功，极大地满足了女性观众"灰姑娘情结"的心理诉求，她们在欣赏这些电视剧时产生了代入感，这是宫斗剧受到女性观众喜爱的原因之一。她们对励志女主的肯定、赞赏，曲折表达出她们对人生、对未来的美好期待。

（三）对争权夺利的揭露

宫斗剧中古代后宫女子的共同特点，就是表面柔弱顺从，美丽谦恭，渴望独享帝王恩宠，但是内心深处却怀有对权力极度的贪婪和对财富强烈占有的欲望。《史记》在这些方面的揭示是非常有限的。宫斗剧虽然以历史为背景，但是它的主要篇幅和叙事的重心并不在历史事件本身，而是借助历史这个平台，重点揭示后宫权力斗争背后人性的扭曲和欲望的贪婪。为得到帝王的恩宠，她们算计别人，也被别人算计，以恶制恶是她们惯用的手段。《美人心计》中的漪房性格刚毅，思维缜密。她为了成全刘恒，差一点喝药自尽。之后为替雪鸢报仇，漪房用亲生儿女的性命做赌注，并用慎儿的儿子做要挟，除去了慎儿。这些剧情都表现了她为守护身边之人的坚忍、顽强和决断的性格。《甄嬛传》中的甄嬛则是置之死地而后生，在宫中受尽欺辱，最后被送去尼姑庵，被逼到绝境之时激起了她反抗斗争的欲望。她设计回宫重新争宠，绝地反击，报复所有伤害过她的人，斗垮华妃、皇后，最后连皇帝都不放过，足见她性格的刚毅、手段的狠辣。

宫斗剧表现的斗争没有是非，只有成败，为争权夺利可以不择手段。正义化身的女主角通常由单纯善良嬗变为狠辣恶毒的厉害人物，原本恶毒的更恶毒，"以恶制恶"的戏码随处上演。下药，下毒，流产，栽赃陷害，借刀杀人，随意打杀迫害位份低微的妃嫔，传达了成功需要不择手段的负面信息。《金枝欲孽》中玉莹与尔淳的尔虞我诈，安茜为争宠对玉莹的无情背叛，《甄嬛传》中安陵容对甄嬛的背叛，揭露了利用真挚感情争夺权势和对友情、亲情和爱情的无形践踏。

（四）后宫女子悲剧命运的揭示

《史记》中的戚夫人、栗姬、阿娇为争宠，最后结局悲惨。她们的结局向后人揭示，在尊荣华贵的光环之下，皇后嫔妃锦衣玉食，有的人集千般宠爱于一身，但是，这些未必能带给她们幸福的人生和美好的结局。当她们获得巨大的幸福及名利、地位的同时，也招来了无数妒忌与仇恨的眼光。钩弋夫人的儿子在汉武帝七十岁时被立为太子，但是武帝为防吕后悲剧重演，借故把她处死。她们的人生是对"祸兮福所倚，福兮祸所伏"这一规律的最好诠释。她们的遭遇既有普遍性，又有代表性，《史记》开创了后宫文艺作品女性悲剧命运之先河。

宫斗剧从现代人的视角对后宫环境的冷漠与残酷、血腥与无情作了揭露，对后宫女子难逃悲剧命运的结局作了深刻阐释。她们一旦踏入皇宫则争名逐利、尔虞我诈，丧失意志和自由，行差踏错一步都可能丢失性命，永远无法摆脱悲剧的命运。《甄嬛传》里的皇后被永久囚禁宫中，失去自由，安陵容也自杀而亡。《步步惊心》里的若兰嫁了八阿哥，没有得到真爱，最终病死。八阿哥的嫡福晋明珠被贬为奴之后，又被逼自杀。后宫女子无法决定自己的命运，一入宫门深似海，她们的生杀荣辱、喜怒哀乐都取决于皇帝。得宠时风光无限，失宠时寂寞深宫无人问。就算一时得宠，也随时有失宠的可能，不知不觉中，她们成了争权夺利的牺牲品。

宫斗剧在揭示后宫女子悲剧命运的同时，继承了《史记》善恶相报的传统观念。古人常说"善恶到头终有报"，这种因果轮回的观念一直深深植根于中华民族传统的观念意识中，并以集体无意识的形式代代相传。"善恶报应信仰实际上是人们对公平、正义的美好世界的向往与期待。"[1]《金枝欲孽》《美人心计》和《甄嬛传》几部剧的女主角都有善良、坚强、正义的品格，她们只在受到伤害时，迫不得已为自保才反击对手，一次次在"被斗争"中顽强生存，战胜化解各种邪恶势力，最终让自己变得强大起来。而她们的对手，都遭到了恶报，在斗争中死去，突出了正义终将战胜邪恶的主旨。很多宫斗剧都隐含善恶相报的意图，他们的创作者是想通过善恶相报的故事，让人们分清是非善恶，在谴责揭露人性丑恶的同时，赞美肯定真善美的人性。

四、宫斗剧如何重述后宫史事

宫斗剧置身于历史背景下，以历史为题材，以后宫生活为场景展开剧情的叙述。但是它不完全拘泥于历史，不会把太多的笔墨用于铺写历史故事。宫斗剧对历史的重述，是带着现代人审美意识和价值取向，以现代人的视角来观照历史、重述历史的，因此在宫斗剧主创人员那里，宫斗剧的重述历史是将文学虚构与历史事实结合在一起，既是为了以历史题材来吸引读者，也是为了通过现代人的话语形态和主观认识来解构历史。

> 文艺作品（戏剧、小说）的阐释由于充满戏剧色彩，符合民族的审美需求，反而为多数百姓所认可。……"真实的历史"、"记录的历史"不一定会为人信服，"传播的历史"反倒大受追捧，某些曲意"传播的历史"甚至可以成为"接受的历史"的惟一模式！特别是当下，利用大众传媒的工具，电影、电视剧对历史的传播力量更为强大。[2]

宫斗剧被广大观众追捧，说明宫斗剧作为"传播的历史"载体，

---

1 班孟丹：《中国人善恶报应信仰的心理学研究》，硕士学位论文，曲阜师范大学教育学院，2013，第27页。

2 王立群：《历史建构与文学阐释：以〈史记·司马相如列传〉为中心》，《文学评论》2011年第6期。

它对普通民众的影响力超过了"真实的历史"和"记录的历史"。宫斗剧又以怎样的方法对后宫史事进行重述呢?

(一)矛盾斗争呈多样化、复杂化

《史记》的后宫争斗受篇幅和主题所限,规模较小,故事单一。宫斗剧为了让宫斗剧情更跌宕起伏和扣人心弦,扩大了后宫斗争的规模和人数。由一对一的争斗,发展到一对二、对三甚至一对数人的多重性争斗。由一对矛盾发展成数对矛盾。争斗与争宠的各种心计和手段,花样翻新,更是超出常人想象的阴险和狠毒。像《金枝欲孽》的如妃、皇后和秀女玉莹、尔淳、安茜,侍卫孔武、御医孙白飏一群人的争宠斗争和爱恨纠葛。《甄嬛传》浓墨重彩地描写甄嬛、皇后、华妃、端妃、齐妃、安陵容、沈眉庄、曹贵人等人尔虞我诈、你死我活的斗争。斗争队伍庞大,争宠的手段多样化、复杂化。如《金枝欲孽》中玉莹为了能顺利亲近皇帝,让白飏替自己开药方,不顾伤身服药;安茜向如玥讨来皇帝喜欢的香包,让香气在手上散发吸引皇帝注意;《美人心计》中漪房在房前竹叶上洒盐水,以吸引皇帝的羊车停留,帮慎儿争宠;《甄嬛传》中甄嬛在倚梅园施蝴蝶一计成功翻身……而甄嬛、华妃、皇后和其他妃子对苦肉计、反间计、欲擒故纵、李代桃僵、隔岸观火、借刀杀人、趁火打劫等阴谋手段更是信手拈来,或算计别人,或自保。所以有人认为《甄嬛传》是东方阴谋文化的集大成者,里面阴谋连着阴谋,陷阱连着陷阱,阴毒的招数一环套一环,看了之后让人胆战心惊,直冒冷汗。

宫斗剧把后宫女子工于心计,名目繁多的争宠夺利演绎得淋漓尽致。《甄嬛传》中皇后是最有心机的人。刚出场的时候,观众会觉得她处处受华妃牵制,向华妃妥协,给人造成她懦弱的假象。但她却是隐藏最深最有心计的一个,用借刀杀人的手段除去了皇帝身边一个又一个妃子，笑到了最后。眼看甄嬛在皇帝心中渐渐占据重要位置，皇后便放纵华妃、曹贵人和甄嬛、眉庄、安陵容两派互掐，坐收渔翁之利。同时还激化华妃和甄嬛的矛盾，又一步步挑拨离间安陵容和甄嬛的关系，趁机威胁和拉拢安陵容，让安陵容为她所用，安陵容果然成为皇后对付甄嬛的一把利剑。皇后借甄嬛之力斗垮了华妃，高调支持安陵容争宠，两人联手对付甄嬛。甄嬛技高一筹，安陵容自杀，皇后节节败退。最终，皇后下毒，欲害甄嬛的孩子，被皇帝查出她之前蓄意谋害甄嬛和陷害纯元皇后等罪行，被永久禁足，彻底失败。"观众欣赏宫斗剧，勾起的不仅是穿越时空的怀旧或猎奇心理，更有对'成功'的莫名憧憬，甚至艳羡，以及对现实人生两难困境的比照。"[1]各种阴谋手段在《甄嬛传》中被运用得炉火纯青，以至于有不少人将该剧称为清宫版的《杜拉拉升职记》。"后宫的人情算计和权利博弈，与当下白领女性在情场或职场中的处境暗合，引发了白领女性心理或情感的共鸣，把宫斗权谋法则视作'心灵鸡汤'和人生教科书。"[2]人们在日常生活中可能接触到的权谋手段在剧中被扩大化、密集化，极大地满足了观众对权谋文化的崇拜和期待。观众还喜欢看剧中女主从人生低谷战胜一切困难走向人生顶点。观众所倾慕的是女主在成长过程中展示出的美丽、聪慧、无所不能，和打倒一切恶势力，清除一切阻碍之后那种成功的快感。观众自己不能成功，便在虚构情境中希望别人成功，这是后宫电视剧流行的大众基础。

宫斗，以隐喻的方式向观众揭示人性的自私与贪婪，虚伪与堕落。揭示在欲望驱使下，人性是如何由分裂走向毁灭。从某种意义上来说，宫斗剧是借历史题材，在重述历史的语境下，向今人阐释后宫生活如何将善人变恶，恶人更恶的人性蜕变过程。宫斗剧就像一面镜子，照

---

1 贾启红：《国产宫斗剧的审美价值、困境与出路》，《当代电视》2015年第8期。

2 颜浩：《论宫斗剧的文化本质》，《人民日报》2012年7月10日第24版。

出了人性的阴暗面。它将现实社会的弱肉强食、优胜劣汰、你死我活的丛林法则搬上荧屏，把后宫女子斗争的惨烈扩大化，将人性的冷酷无情撕开展现在世人面前。

（二）主要人物纠缠于多条感情线

在以现实或一般历史故事为题材的影视剧里，男女主角纠葛于几条感情线的情况并不鲜见，但是对于历史上生活于后宫特殊环境下的女子来说，感情线索都是单一的，那就是围绕着帝王来展开。这不仅是因为封建礼教对后宫女子的制约，更重要的是后宫女子进宫之初，年纪尚小，情窦未开，未涉爱情。入宫后，接触的男性除帝王，就是未成年的皇子，此外再无他人。身边除了同性别的嫔妃、宫女外，见得最多的就是太监。所以，与其他男子发生感情纠葛是极其罕见的。

宫斗剧为了剧情的引人入胜，要制造矛盾冲突，来吸引观众的眼球。再有，从现代人的审美意识、情感需求及逻辑思维出发，常为女主角设计几条感情线。如《甄嬛传》里的甄嬛，最初爱的是皇上，也独得皇上恩宠，但是当她得知自己只因长得像故去的纯元皇后，皇上把她当成纯元的影子、替身时，她伤心离宫。出宫后，果郡王懂她、爱她、怜她、疼她，一颗真心时刻牵挂她，果郡王的真情与痴心融化了她坚冰的心，打开了她爱的心扉。她对两段感情都倾注全身心的爱，爱得投入，爱得执着，爱得凄美，爱得轰轰烈烈，爱得荡气回肠。甄嬛两段凄美的爱情，加上演员孙俪的出色表演，为该剧赢得了很高的收视率。《芈月传》的芈月有三段爱情：未陪嫁之前在楚国，与楚公子黄歇青梅竹马，两小无猜，那是少女纯真无邪的初恋，她爱得纯粹，爱得浪漫；陪嫁到秦国，秦惠王嬴驷志存图强的理想抱负，"左手挥笔安天下，右手策马定乾坤"的才华，令她心生敬仰与崇拜，他对她亦父亦兄的疼爱，使她产生了妻子对丈夫的爱，那是彼此欣赏，互相了解，志同道合的爱；丈夫去世，她与儿子被驱赶到寒冷边远的燕国，在她最困窘最落魄的时候，义渠王翟骊来到她身边保护她，帮助她与儿子回到秦国。义渠王的爱深沉而热烈，坦荡而无私。他的骁勇善战，桀骜不驯，深深吸引着她，折服着她，两人结为夫妻。《步步惊心》的女主角若曦也有两段感情，一段是与八阿哥的爱情，另一段是与四阿哥的爱情。两段爱情都感人至深，令人慨叹不已。

好的宫斗剧吸引观众眼球的主要有两点：一是勾心斗角，环环相扣的宫斗戏；二是男女主人公错综复杂的感情纠葛。如果说勾心斗角矛盾斗争是对后宫历史的重述，那么女主纠葛于多条感情线的情节完全是顺应现代人审美追求下的虚构。

> 文学与历史之间的关系始终是暧昧的。一方面因为文学的虚构性解构了传统意义上的历史事实，一方面是"历史"也难以对文学保证"过去"的真实。这就使文学"重述历史"这一行为本身充满了不确定性。[1]

正是基于这种"文学重述历史的不确定性"，所以观众很少会去质疑女主角几条感情线的真实性，他们反而本末倒置，更多地质疑剧中某种物品在汉代是否已有，清朝后宫是否有这种礼仪等等，对剧中女主角情感虚构的事情大多觉得符合逻辑，能够接受。

（三）超越历史，融入时代元素的情节虚构

宫斗剧在产生之初就确定了它的定位，它有别于历史正剧，也有别于戏说。它虽然以古代后宫为背景，但是在故事编排上融入了许多时代元素，它本质上仍然体现出现代社会的价值取向、审美意识及时代特征。如《步步惊心》采用当下网络小说最流行的穿越手法，讲述城市白领张晓，通晓清代历史，因一脚踏空，穿越了时空隧道，进入

1　彭兴滔：《＜长恨歌＞重述历史的努力与危机》，《名作欣赏》2016年第12期。

了清朝，化身为十六岁的清朝少女马尔泰·若曦，来到了清朝后宫，不知不觉中卷入九子夺嫡的矛盾纷争中。在编创者看来，这种形式和方法并没有什么不妥，因为："重要的是讲故事的年代，而不是故事讲述的年代。故事的原貌如何，什么年代的故事并不重要，因为讲述故事的人总会按照当代的价值观和当代人能接受的方式来讲述，文化内涵和价值取向是和当代一致的，只是换了时间和空间而已。"[1]编创者的观点和想法，只能说是迎合了当下部分观众的时尚潮流，并不是所有观众都能接受这种以现代思维来讲述历史故事的形式。不可否认，这种以穿越的形式展开剧情故事的叙述手法，对观众而言有很强的代入感，更能满足90后、00后对新颖、好奇、浪漫、唯美的心理诉求。

再有《倾世皇妃》违背历史，违反逻辑，给女主马馥雅设置了多条感情线，使她在几个国家的后宫翻起狂潮，导致许多情节出现"硬伤"。像《武则天秘史》里的武媚娘，天马行空如侠女。《美人心计》里不但把已死的孝惠帝刘盈复活了，还让他与窦漪房演绎了一段缠绵悱恻的爱情故事。编创者这样设计，是想通过增加女主的几段感情戏来使剧情更加吸引观众。虽然演员表演和剧情讲述都很感人，但是故事虚构得太过荒唐，违背历史，违背逻辑。其结果是吸引部分观众的同时，引起另一部分观众的不满和质疑。这种对历史的肢解和割裂的胡编乱造，是对重述历史的错误理解，后果和影响是极其严重的。一些"作为带有历史色彩的宫斗剧，严重脱离了历史史实，缺少历史根基"[2]，缺乏对历史文化内涵的深刻认识和了解，缺乏对作品主题的正确把握和深刻挖掘，会给观众带来混淆视听，错误引导的恶果。所以重述历史，在对历史进行重新解读，重新阐释，重新解构时，必须把握

1　胡玲:《TVB"女人戏"中女性形象的建构和取向》，华中师范大学新闻传播学院，2010，第13—14页。

2　尚丹丹，刘张利，张威良:《我国宫斗剧现状的分析与思考》，《北方文学》(下半月) 2012年第10期。

好尺度，必须符合事物发展的逻辑规律。

在重述历史语境下观照宫斗剧，可以发现《史记》对其影响是多方面的，宫斗剧无论是在主题表现、故事叙述还是人物形象塑造上，都有《史记》后宫诸多影子。它在继承《史记》的基础上有诸多的发展创新。但是，宫斗剧在重述历史过程中也出现各种问题，究竟该如何看待和解决？"中国电视媒介的首要功能、基本价值取向是主流意识形态观念的宣扬与传播。"[1]宫斗剧无论是对历史重述，还是对《史记》历史题材的发掘和利用，无论是在形式上，还是手法上都有发展创新，或是秉承百花齐放的宗旨，都应在社会主义核心价值观的正确指引下，坚守主流文化的价值导向，科学理性地重述历史，继承和发扬中华民族优秀的传统文化和民族精神，在给人民大众娱乐的同时，弘扬传播正能量，真正做到以高尚的精神塑造人，以优秀的作品鼓舞人。

（原载于《广西民族大学学报》2017年第4期）

1　胡志锋、杨乘虎等：《电视受众审美研究》，北京师范大学出版社，2010，第138页。

文化人类学视野下的史传文学研究

　　史传，就是史书中的纪传。史传文学，指的是史书中文学性强，以刻画人物为主的作品。它具有历史的科学性与真实性，又具有文学的艺术性与形象性。它的双重性质主要体现在：文学性与历史性。体现了历史与文学的交叉与融合，所以它既不是单纯的历史，也不是单纯的文学。

　　史传文学在先秦两汉文学中占有很重要的分量，所以从事先秦两汉文学研究的学者历来都很重视对它的研究。应该说改革开放以后，史传文学的研究取得了可喜的成绩，无论是在文学、美学、训诂学还是文献学方面，都有不少收获。既有不少高质量的论文发表，也有许多颇有见地的学术专著问世。但是在取得成绩的同时，我们也看到了不足，那就是研究方法比较单一、陈旧，没有什么突破。许多人仍然延续传统的研究方法，使得史传著作中一些问题，没有得到研究者的重视，更没有得到很好的解决。如上古历史著作中有大量占卜、梦境、祭祀、巫术、妖法的记载，长期以来学术界对这些现象反应冷淡，或重视不够、或认真研究者甚少。这是因为中国自古以来受儒家"子不语怪力乱神"思想的影响，研究者们都把它视为糟粕加以批判。像晋代学者范宁在为《春秋谷梁传》作注疏的序中说："左氏艳而富，其失也巫；谷梁清而婉，其失也短；公羊辩而裁，其失也俗。若能富而不巫，清而不短，裁而不俗，则深于其道者也。"[1]宋代的王应麟《困学纪

1　（清）阮元校刻：《十三经注疏·春秋谷梁传注疏序》，中华书局，1996，第2361页。

闻》卷六对《左传》批评时引用胡安国语："事莫备于左氏，例莫明于公羊，义莫精于谷梁，或失之诬，或失之乱，或失之凿。"[1] 近代学者也把史传文学中有关巫卜方面的记载视为封建迷信的东西加以否定或批判，而忽略了对它们的研究，这不能不说是令人遗憾的事情。

如果我们用文化人类学的方法去观照、去解读上古时期的历史著作，去研究分析这些巫术、妖法、占梦等现象背后所隐藏的文化内涵和象征意义，一定会有新的认识和收获。像叶舒宪、萧兵等人用文化人类学的方法对上古神话、《诗经》《楚辞》进行分析解读，取得了较好的成绩。虽然他们对一些问题的分析阐释有过于牵强和比较主观随意的地方，但是他们用的"三重证据法"，即用人类学的材料以今证古，使得他们的研究"既突出跨文化视野对中国古典的解构功效，又尝试中西之间的互阐和汇通，提倡把本国本民族的东西放在人类文化的总格局中加以探讨"[2]。这种研究思路和方法对我们具有启示性和开拓性的意义。

一、占卜算卦体现古人对自然的崇拜与敬畏

人们翻开《左传》《史记》或任何一部上古史书，都会看到有大量的关于天子对山川河流进行各种祭祀的记载，《史记·封禅书》在开篇的序言写道："自古受命帝王，曷尝不封禅？"[3] 说明帝王封禅是自古代代相传的传统。在《封禅书》中记录从上古天子到汉武帝三千年来各种祭祀天地山川鬼神的活动。这实际上反映了当时人们在缺乏科学知识的情况下，对自然界的一种认知状况。在上古人类看来，大自然

1　（宋）王应麟：《困学纪闻》，栾保群，田松青校点，上海古籍出版社，2015，第142页。

2　费振刚：《先秦两汉文学研究》，北京出版社，2001，第131页。

3　（汉）司马迁：《史记·封禅书》，中华书局，1985，第1355页。

的万物都是有灵的，这些有灵的万物能够指挥、并控制世界，对人类降祸赐福，由此，对这些有灵的万物——从动物到植物，从天地到山川——都产生了崇拜、信仰、敬畏的心理。英国著名的人类学家泰勒把这种现象称之为"泛灵信仰"。也叫"万物有灵观"。

> 他认为原始人在形成宗教之前，先有泛灵的观念，即人们从对影子、水中的映像、回声、呼吸、睡眠，尤其是梦境等现象的感受，觉得在人的物质身体内有一种非物质的东西，使人具有生命。当这种东西离开身体不再复返时，身体便丧失了活动和生长的能力，呼吸也随之停止。这种东西就是"灵魂"。他认为原始人由己及物，推论出一切具有生长或活动现象的东西，如动物、植物、河流、日、月等，以至于凡可出现于梦境中的任何东西，都具有"灵魂"，这就是泛灵信仰。[1]

上古时期的帝王正是在这样一种认识状态下，对各类山川鬼神进行祭祀的。而在名山大川的祭祀典礼是国家之大事，它象征着国泰民安，天地祥和，所以帝王要以祭祀的方式答谢礼敬百神。泰勒认为泛灵信仰是人类宗教信仰的最早形式，从泛灵信仰开始，随着人类社会的进化，人们对宗教信仰的形式也渐趋复杂，出现了鬼神崇拜、多神教，最后才是文明社会的一神教。从上古史书记载的大量对山川鬼神的祭祀看，这恰好印证了泰勒的泛灵信仰理论。他的观点对我们解读上古史书还是很有启发和帮助的。

上古史书有许多古人关于占卜问吉凶的详细记载，而司马迁更是在《史记》中特别设立《日者列传》和《龟策列传》来介绍上古之人占卜的情况。例如《史记·龟策列传》上说："蛮夷氐羌虽无君臣之序，亦有决疑之卜。或以金石，或以草木，国不同俗。然皆可以战伐攻击，推兵求胜，各信其神，以知来事。"[2]说明遇到各种事情以占卜来定"决

1　孙秋云：《文化人类学教程》，民族出版社，2004，第280页。

2　（汉）司马迁：《史记·龟策列传》，中华书局，1985，第3223页。

疑"的，不仅仅是中原的华夏民族，边远四方的蛮、夷、氐、羌等少数民族也一样，只是各民族采用的方法不同，"各信其神"，但最终殊途同归，都"可以战伐攻击，推兵求胜"。《左传》中关于占卜的记载就有60多条，详细记录了从国家大事，如设立君主、出兵作战、农业生产、外交出使，到个人私事，如娶妻生子、女儿出嫁等都要以卜筮问吉凶。"占卜是人们利用自然的、机械的或人为的工具上所显示的兆文、信号等来判断吉凶祸福的一种信仰方式。"[1]用卜筮问吉凶这种方法在世界各民族中都普遍存在。在我们国家不仅少数民族有，汉民族也有，不仅古代有，就是现代也有。今天在一些较偏辟的乡村或民间仍然有占卜算卦之事，只是从过去的公开变为现在的隐蔽罢了。我们国家占卜最为兴盛的当数殷商时期，到春秋战国直至秦汉，这种占卜算卦之风仍然延续不断。占卜分为骨卜、筮卜、内脏卜、鸟兽卜等。从《左传》《史记》等史书的记载看，中国古代流行的主要是骨卜和筮卜。骨卜是把动物肩胛骨和龟的甲取出洗净后，用火灼烧使之破裂，再根据裂痕纹路变化所显示的征兆来做吉凶判断。殷商时代是中国骨卜的鼎盛期，当时大多用龟甲为骨卜材料，少数用动物肩胛骨。筮卜是用蓍草不同的排列数目来推测吉凶。一般是偶数吉，奇数凶。《史记·日者列传》曰："自古受命而王，王者之兴何尝不以卜筮决于天命哉！其于周尤甚，及秦可见。代王之入，任于卜者。太卜之起，由汉兴而有。"[2]从这段记载中可以知道，上古之人都有君权神授的思想，认为每一个君主的王位都是上天赐予的，所以在他继位为王时，事先都要卜筮问吉凶，这种做法到周朝更甚。汉文帝刘恒由于在继位为皇帝前曾占卜，结果龟背上灼得一大横纹，这是大吉之兆，刘恒于是起驾直奔长安，继位为帝。自此掌占卜的太常之官更加受宠，日益兴盛。

---

1 孙秋云：《文化人类学教程》，民族出版社，2004，第308页。

2 （汉）司马迁：《史记·日者列传》，中华书局，1985，第3215页。

　　在上古，人们对同一件事情的预测常是龟卜、筮卜同时进行，如果结果不一样，一般多选龟卜。有关学者对《左传》龟卜和筮卜的记载进行了研究，他们认为春秋时期龟卜比筮卜更受人们的重视，但是也有例外的，《左传·僖公四年》记载："初，晋献公欲以骊姬为夫人，卜之，不吉；筮之，吉。公曰：'从筮。'卜人曰：'筮短龟长，不如从长。且其繇曰："专之渝，攘公之羭。一薰一莸，十年尚犹有臭。"必不可！'弗听，立之。"[1] 晋献公想立骊姬为夫人，先占卜，不吉利，又占筮，吉利。献公要弃卜就筮，但是遭到了卜人的反对，他的理由是：占筮常常不灵验，而占卜常灵验，所以应该选占卜。然而晋献公经不住骊姬美色的诱惑，不听卜人之言。结果晋国大乱，太子申生、公子奚齐、卓子和大臣里克被杀，公子夷吾、重耳外逃。这一结果刚好应验了占卜的结果。

　　梦占也是春秋时期人们常用的一种占卜方式，梦占方式在世界各民族中也有。它是一种借梦中所见作为神的启示，以此断吉凶的方式。《左传》记梦有30多起，其中属于梦占预言的有26起之多。这些梦占预言基本由三个部分组成：梦、梦占、应验。而梦占预言的占梦方法主要为直解、转释和反说，这与世界其他民族解梦多以相似律和相背律为主有点不同。直解即相似率，反说即相背律，较难把握的是转释法。它是"先把梦象进行一定形式的转换，然后根据已经转换的形象释梦"[2]。转释法是比较灵活多变的一种梦占法，根据刘文英《星占与梦占》一书的介绍，它包括象征法、连类法、类比法、破译法、解字法、谐音法等多种。如《左传·僖公二十八年》记载的晋楚城濮之战，临战前晋文公重耳做了一个怪梦："晋侯梦与楚子搏，楚子伏己而盬其脑，

1　杨伯峻编著：《春秋左传注·僖公四年》，中华书局，2016，第322—323页。
2　薛亚军：《〈左传〉梦占预言述论》，《阴山学刊》2001年第3期。

是以惧。子犯曰：'吉。我得天，楚伏其罪，吾且柔之矣。'"[1]从晋文公描述梦中的情景看，两人打架，楚王在上压着文公，吮吸他的脑浆。显然楚王占上风，文公居下风。如果联系到即将开战的晋楚两国，这梦似乎是个凶兆。虽然已是箭在弦上，但是对于要不要开战，文公心里依然充满着矛盾。因为从战略上讲，晋文公经历十九年的流亡生涯，历尽艰难在六十一岁才继位为国君。晋楚城濮之战，实际上涉及晋、楚、卫、曹、宋、齐、秦等多国。在开战之初，晋国处于理屈的境地，经过先轸、子犯等老臣的谋划，晋国私下答应恢复曹、卫两国的外交，曹、卫立即与楚国绝交。楚将子玉遭背叛非常恼怒，不顾晋国已退避三舍的报恩忍让之举，仍执意进兵攻打晋国，这使得形势朝着有利于晋国的方向发展。现在文公却突然想放弃这场战斗，因为他当年落难流亡到楚国时，曾得到楚王的热情款待，为此他承诺如果有一天两国在战场上相遇，他一定会退避三舍。现在他履行了诺言，但是楚国仍虎视眈眈地要进攻。战，他要背上忘恩负义的罪名；不战，会丧失称霸中原的大好机会。文公的梦，实际上反映了他内心深处的矛盾。子犯非常了解他的君主，他用转释法，来给文公占梦。他说："这是吉兆呀！大王朝上表明得天，楚王朝下，表明在向你伏罪。这是说我们已经柔服了他们。"子犯的象征转释法一下子让文公如释重负，结果晋国大获全胜。

二、巫术反映古人对神灵的敬畏

在世界各民族中都有使用巫术、妖法的现象，我们的先民也不例外，这些在上古史书中有不少记载。"巫术，指的是人们企图借助某种

1　杨伯峻编著：《春秋左传注·僖公二十八年》，中华书局，2016，第501—502页。

神秘的超自然力量，通过一定的仪式对客体实施影响或作用的活动。"[1]
这说明古人在遇到一些事情感到无能为力时，希望借助某种超自然的
力量来解决它。古人不仅相信这种超自然力量的存在，并且常常敬畏
它、崇拜它，这也是上至宫廷，下至平民都对巫术、妖法趋之若鹜的
原因。巫术、妖法的方式有多种，有模拟巫术：它是通过模仿来实现
任何巫师想做的事。有感应巫术：这是通过一个物体来对一个人施加
影响，只要该物体曾被那个人接触过就行，不论它是否为该人身体之
一部分。有生产性巫术：这是指在人们技术不足的情况下，为减少对
失败的忧虑，增强成功的信心，保证生产顺利，喜获丰收所进行的巫
术活动。保护性巫术指的是为消除危险，治疗疾病，驱赶鬼灵纠缠所
进行的巫术活动，也指使本社会成员免除自然侵袭或别的巫师算计所
进行的巫术活动。而破坏性巫术则是指用于谋害别人或破坏别人正常
生产、生活而进行的巫术活动，也称为"邪术"。

　　《国语·周语》记载，周厉王非常暴虐，为此遭到了国人的一致批
评，于是他到卫国找来懂巫术妖法的巫师，让卫巫帮他做密探，监督
国人，一旦发现有"谤王"者，立即报告。由于国人都害怕卫巫的特
异功能和超人法术，所以个个都是敢怒不敢言，以至于道路相遇只能
四目相视，彼此不敢打招呼。卫巫使用的是破坏性巫术，国人因为害
怕卫巫的魔法，才会噤若寒蝉，"道路以目"。这个事情说明，巫术在
当时有着巨大的影响力和威慑力，而且当时人人都相信巫术真的具有
超自然的神力，如果不小心触犯它，就有可能遭遇灭顶之灾。

　　汉武帝时期曾有两次重大的巫蛊之案。第一次在武帝元光五年（前
130），《汉书·外戚传》记载，陈皇后阿娇因无子被废皇后，她忌妒卫

1　孙秋云：《文化人类学教程》，民族出版社，2004，第283页。

子夫，憎恨武帝，于是"挟妇人媚道"，"巫蛊祠祭祝诅"[1]，她请巫祝
诅咒武帝。事发后陈皇后被打入冷宫，巫蛊者被枭首，受牵连被诛者
三百余人。第二次是汉武帝征和二年（前191），武帝宠臣江充因与太
子刘据有隙，"恐上晏驾后为太子所诛"[2]，于是诬枉太子（卫皇后子）为
蛊道，"太子惧，不能自明，收充，自临斩之"[3]。汉武帝命丞相讨伐太
子，最后太子兵败。这次事件造成了太子和卫皇后的自杀，长安城中
受此事件牵连械斗死者有数万人。汉武帝是非常相信巫蛊妖术的，他
迷信方士，并且让女巫往来宫中，教宫人埋木人祭祀，说是可以免除
灾害，咒杀仇人。但是他却没有想到会有人用同样的方法诅咒陷害他。
而他对两次巫蛊事件的解决方式，实际上表现了自然的人力战胜了超
自然的神力。这对于迷信巫术的他来说真是一个莫大的讽刺。但是文
化人类学的理论告诉我们，这种对他人施以巫术或妖法的行为其实是
一种保护自己，消除敌人和危险的最佳方式。因为在这些人看来，"巫
术和妖法被视为超乎常人的权力形式，这种权力既可以赋予不成功的
人，也可以赋予成功的人。……拥有政治权力的人可能会惧怕那些被
他们镇压的人，并怀疑他们想抵抗，所以要惩罚他们"[4]。

对于弱小者而言，在自己遭遇危险又无力反抗时，就希望借助这
种超人的巫术魔法来抗拒敌人，以保护自己。而拥有绝对权力的帝王
也害怕巫术，是因为"掌握政治权力的人害怕他们的选民或者民众的
妖法、巫术，因为他们害怕人们会嫉妒他们的财富和影响并心怀怨恨。
同样，民众会认为他们的领袖一定是因为强有力的魔法才取得成功，

1 （汉）班固：《汉书·外戚传》，中华书局，1996，第3948页。
2 （汉）班固：《汉书·武五子传》，中华书局，1996，第2742页。
3 （汉）班固：《汉书·江充传》，中华书局，1996，第2179页。
4 ［美］安德鲁·斯特拉森、帕梅拉·斯图瓦德：《人类学的四个讲座：谣言·想象·身体·历史》，梁
水佳、阿嘎佐诗译，中国人民大学出版社，2005，第88页。

这让他们对领袖很是恐惧"[1]。可见，同样是对巫术妖法的迷信、畏惧，但是身份地位的不同，也使他们的迷信与敬畏有差别。

三、政治婚姻下父权与夫权的较量

中国封建社会对妇女的思想和行为约束最为严厉的礼教要数"三从""四德"。所谓"三从"，即要求妇女"未嫁从父，既嫁从夫，夫死从子"。妇女一生都处在被他人支配、约束的生活当中，不能有自己思想的自由和行为的自由。但是"三从"的观念并不是一开始就很严格，但这并不是说妇女有自由支配思想和行为的自由，而是指在"从夫"还是"从父"问题上并不严格。从《左传》的记载看，当时的社会虽然"三从"的观念还未完全确立，但是社会已经进入父权时代，对妇女已经有了必须依从男子的要求。当时妇女不仅在家要从父，出嫁了仍然要从父。《左传·僖公十五年》记载秦晋两国在韩原交战，晋国战败，晋惠公被俘。当时秦穆公的夫人，也是晋献公的女儿、晋惠公的姐姐秦穆姬，听到秦军将带着俘获的晋惠公凯旋的消息时，她领着太子罃、儿子弘、女儿简璧登上高台，下边堆放了许多柴草。她派人带话给秦穆公说："上天降下灾祸，让我们两国国君不是以玉帛相见，而是操戈兴甲兵。如果晋国国君早晨进入国都，那么我就晚上自焚，晚上进入，那么就早晨自焚，请君王裁夺。"最后逼得秦穆公不得不放回晋惠公。尽管在这之前秦穆姬对这个弟弟很生气，因为当初夷吾回晋国继位国君时，秦穆姬把父亲的妃子贾君托付给他，并嘱咐他把流亡在外的诸公子（其兄弟）接回来，但是晋惠公竟然与贾君通奸，又不接回其他公子，这使秦穆姬对他很失望也很恼怒。当晋惠公被俘时，

1　[美]安德鲁·斯特拉森、帕梅拉·斯图瓦德：《人类学的四个讲座：谣言·想象·身体·历史》，梁水佳、阿嘎佐诗译，中国人民大学出版社，2005，第100页。

晋惠公的身份已不仅仅是她的兄弟了，他还是家族权力和国家利益的象征，所以在国家利益受到损害，国家名誉受到侮辱时，秦穆姬毫不犹豫地选择牺牲自己来挽救国家。令人想不到的是，相同的情况十八年后也在晋国出现了。

《左传·僖公三十三年》记载：秦晋两国于殽山交战，晋师"败秦师于殽，获百里孟明视、西乞术、白乙丙以归"[1]，这就是著名的"秦晋殽之战"。由于秦穆公不听从蹇叔的劝告，一意孤行，劳师袭远，最后惨败，三名大将被俘。但是战争的结果却由于秦穆公女儿文嬴的一番话出现了出人意料的转机。文嬴是秦穆公的女儿，晋文公的妻子。当初晋文公落难流亡经过秦国时，秦穆公将文嬴嫁给他。现在文公去世，文嬴作为晋襄公的嫡母，向晋襄公请求说："他们挑拨我们两国国君，我父亲如果抓到他们，就是吃他们的肉还不满足，何必劳烦你去惩罚他们呢？让他们回去受到秦国的刑戮，来满足你的快意不是更好吗？"晋襄公听后未加考虑，就同意放走秦国的三员大将。为此很让先轸等老将们生气，老将们在前线流血牺牲获取的战果，却被文嬴的一句话给抹杀了。作为国母，文嬴非常清楚放走重要俘虏意味着什么，但是她的立场和感情的天平依然倒向父亲和家族这一方。

以往人们在谈到这两件事情的时候，都认为是政治婚姻在起作用。不可否认，春秋时期各诸侯王以及贵族士大夫们，往往以缔结婚姻的方法来联络感情。弱小者想以此寻找靠山，在本国遭遇危险时能够借助联姻国的力量帮助自己消除危险。强大者也希望以此扩大自己的势力，在争城夺地的战争中得到联姻国的帮助，结成联盟，共同对付敌人。这种以联姻来达到两国关系稳定交好的目的的方式，其效果比战争或外交手段要管用得多，要长久得多。从理论上讲，这种方法是行

---

1 杨伯峻编著：《春秋左传注·僖公三十三年》，中华书局，2016，第544—545页。

之有效的，实践证明也是如此。但是并不是所有的政治联姻都能达到预想的效果，这其中还会受到其他许多因素的影响。而另一个事件让我们发现仅从政治婚姻的角度去认识显然是不够的。《左传·桓公十五年》记载：郑国大夫祭仲专权，郑厉公很是担忧，为了除掉心头之患，他派手下大将雍纠，也就是祭仲的女婿，去杀祭仲。雍纠准备在郊外宴请祭仲，借机杀他。其妻雍姬知道后，面临着两难选择，于是她借故回娘家，"谓其母曰：'父与夫孰亲？'其母曰：'人尽夫也，父一而已，胡可比也？'"[1]母亲的话让犹豫中的雍姬做出了果断的选择，她把情况告诉了父亲。祭仲就先杀了雍纠，并暴其尸以示众。

从文化人类学的视角去审视上面三个事件，我们会发现，它实际上反映了华夏民族早期婚姻形态中的一个现象，那就是出嫁了的女子在夫家依然要从父，其原因在于"人尽夫也，父一而已"。当时人们缔结婚姻除了性的需要之外，还有经济需要和繁衍后代的考虑，所以任何一个成年男性都可以做女儿的丈夫，但是父亲却是唯一的。所以对出嫁女而言，父亲重于丈夫，父权必然大于夫权。应该说"三从"思想本质上体现的是一种男性的权力意识，将女子的一生都置于男子的统治之下，女子在婚前为父亲操控，婚后为丈夫操控，晚年为儿子操控，只是不同的阶段为不同的男性控制罢了。而服从是女性唯一的选择。表面看父权与夫权都代表着男性权力，本质上相同，有时候他们的利益也是一致的。但是当社会的矛盾冲突由社会影响到家庭的时候，特别是当父权与夫权发生矛盾冲突的时候，女子必须在父权与夫权之间做选择。女子选择从父而违夫，是因为父权背后还象征着整个宗族或家族的集团利益，而夫权则象征着小家庭的利益。在原始社会，部族社会时代，构成其集团成员的"分子大都是同质的，即根于血缘的，

1　杨伯峻编著：《春秋左传注·桓公十五年》，中华书局，2016，第154页。

不过其血缘有些是真实的（如家族、亲族），有些则为虚拟的（民族、半部族）。即如部落虽不是根于血缘的，但其分子的来源也常推溯于极久远的祖先"[1]。所以，人们的社会活动和生产劳动，都是以部族或宗族集体的形式去进行的，因而"原始社会则重社会而轻个人，个人罕有自由行动的机会。例如结婚为团体与团体的契约，法律上全团体有'集体的责任'，个人不得解脱"[2]。

虽然春秋时期许多国家已经进入到奴隶社会，但是原始社会的一些习俗和规则并没有完全消失，在习惯成自然的状态下被保留了下来。由于当时的许多国家都是由部落逐渐扩大发展而形成的，"部落的统一常附带一种对外的嫉视态度，而有'我族'与'异族'之分。故'己族中心主义'为部落的共同精神。团结氏族或半部族的血缘联结带虽不见于部落，但这种心理的联结带也很坚强"[3]。

在当时的观念中，家国一体，一荣俱荣，一损俱损，家与国利益息息相关，所以作为集团的每一个成员，自幼在心中就树立起了"己族中心主义"，为维护国家利益做出牺牲是他们应尽的责任和义务。所以生长于这个家族并与之有着血缘关系的女子，都知道当夫家与父家发生矛盾时，从父违夫是她们必须的、也是唯一的选择。这种观念意识早已通过集体无意识的形式，在女子幼年时"润物细无声"地渗透到她们的思想和血脉里。像《诗经·载驰》的作者许穆夫人，对这一点就有着很清醒的认识。许穆夫人是卫国公子顽与其后母宣姜的私生女，后来嫁给许穆公。刘向《列女传·仁智传》记载：当年许国和齐国都到卫国来向许穆夫人求婚，结果卫懿公答应了许国，许穆夫人知道后（未婚之时）对其保姆说："诸侯嫁女就是要结交军事同盟，将来受到他国

1　林惠祥：《文化人类学》，商务印书馆，2002，第137页。
2　林惠祥：《文化人类学》，商务印书馆，2002，第137页。
3　林惠祥：《文化人类学》，商务印书馆，2002，第179页。

侵犯时，只要'女'在，就会得到大国的军事援助。现在许国小而远，齐国大而近，为什么要舍近而求远，离大而附小？一旦有战争谁能保护我们的国家呢？"也正因为这样，所以在公元前660年（周惠王十七年），卫被狄人所灭，宋桓公（宣姜的另一女婿，许穆夫人的姐夫）派人迎卫遗民，并立卫戴公（许穆夫人兄）于漕邑，不久戴公死，其弟文公继立。《诗序》曰："《载驰》许穆夫人作也。闵其宗国颠覆，自伤不能救也。卫懿公为狄人所灭，国人分散，露于漕邑。许穆夫人闵卫之亡，伤许之小，力不能救，思归唁其兄，又义不得，故赋是诗也。"[1]从诗的内容看出，许穆夫人已动身往漕，但在途中被许国大夫劝阻，被迫返回。诗歌表达了她牵挂故国，忧心如焚的心情。从上述诸多材料可以说明，春秋时期妇女出嫁后仍然要从父，表明在当时的家庭关系中，夫权意识虽然已经萌芽，但是在与父权的较量中还常常处于下风。

由于上古史时代距离我们今天已经很久远，如果我们缺乏文化人类学的观念和知识，在阅读上古历史著作时，在分析史传文学的人物时，就常会戴上有色眼镜，用今人的眼光去分析评判古人，不仅会产生歧义，得出的结论有时甚至是相反的。所以在文化人类学的视野下去观照史传文学，不仅能够开拓我们的研究思路，从传统的研究方法中开辟出一条新的路径，还会让我们有新的认识和收获。

（原载于《学术论坛》2008年第12期）

1　（清）阮元校刻：《十三经注疏·诗经》，中华书局，1996，第320页。

建国以来《史记》人物研究综述

中华人民共和国成立以来，《史记》的研究取得了丰硕成果，现在已出版的研究司马迁和《史记》的学术专著将近200种，发表的研究论文3000余篇（截至2001年）。学术界对《史记》的研究覆盖到了各个学科和领域。可以说《史记》的研究达到了多学科、多层次、多角度的繁荣景象。有关《史记》研究的总结和述评文章已有不少[1]，但是，有关《史记》人物研究综述的文章还未见踪影。而《史记》作为一部纪传体通史，是以人物为中心来展开对历史事件的叙述的，所以人物是全书的中心，是全书的灵魂。只有对书中人物进行深入的分析和研究，才能更好地了解《史记》，更好地了解历史。因此对《史记》人物进行全方位深入细致的研究，历来是《史记》研究者们关注的重点之一，并且取得了可喜成绩。为了让人们对《史记》人物研究的状况有个总体的把握和了解，本文拟对《史记》人物研究的情况做一综述。

一、人物研究情况概述

笔者查阅了上海图书馆"全国报刊索引数据库"1950年—2001年的光盘中有关《史记》研究的论文，统计得到的数据如下：司马迁和《史记》的研究论文约3000篇，其中有关《史记》人物研究的论文约有

---

1 关于司马迁和《史记》的研究综述文章，有张大可《建国三十五年来〈史记〉研究综述》，肖黎《建国以来〈史记〉研究情况述评》，俞樟华、张新科《近十年来〈史记〉文学成就研究概述》，曹晋《〈史记〉百年文学研究述评》，陈桐生《百年〈史记〉研究的回顾与前瞻》。本文曾参考上述诸文。

1200篇，约占《史记》研究论文数的40%。在1200篇论文中，有96篇是对《史记》人物综合论述的，占人物论文的8%，内容涉及人物形象塑造、人物性格刻画、人物的历史评价、人物的著录标准、人物心理描写、人物命运的探求、人物的对比烘托，等等。这些论文通过对《史记》众多的人物研究，从中归纳总结出一些共性的东西。有91篇是对类型人物分析研究的，包括女性、游侠、帝王、外戚、良将、商人、循吏、儒林、刺客、辩士、阴阳家、法家、下层人物等十三类，这些论文约占人物论文的7.6%。其中游侠类论文最多有48篇，约占类型人物论文的52.7%。女性论文10篇，刺客论文6篇，其余均在5篇以下。有996篇为个案人物的研究分析，占人物论文的83%，这些论文涉及《史记》人物41人。其中研究论文在100篇以上的人物有项羽、刘邦和吕后，研究论文50至99篇的人物有韩信、李斯、陈涉等，研究论文20至50篇的人物有廉颇蔺相如、张良、李广、伍子胥、伯夷叔齐等。剩余的17篇为对比和其他人物论文。

　　我们将中华人民共和国成立后《史记》人物研究划分为三个时期，由于党的十一届三中全会的召开和邓小平南方谈话对思想学术界产生的影响是巨大的，所以我们把这两个事件作为每个时期划分的界限和标准。

　　第一时期1950—1979年，这时期人物研究论文约400篇。"文革"以前的人物文章以介绍描述性居多，即使是研究人物的，也主要是给人物划定阶级成分，作阶级性人民性的定性分析。"文革"时期，人物研究体现出政治化、实用化的倾向。这时期在全国各大报刊上登载了不少对吕后、刘邦等人的吹捧文章和对项羽、韩信等人的批判文章。有关他们的文章，完全是为了配合当时的"评法批儒"的政治形势而炮制，例如把吕后吹捧为"我国历史上第一个杰出的女政治家""坚决打击分裂复辟的女政治家"等，这些都是为江青的篡党夺权在造舆论声势。粉碎"四人帮"以后，吕后又被批判为"阴谋叛国篡权的野心家"。这种先褒后贬或先贬后褒的情况，在李斯、韩信、项羽、刘邦等人身上表现得也很突出，对他们歌颂或批判的文章每人都有几十篇，其中吕后一人的文章就达138篇之多。由于这些文章大部分登载在全国及各省市的重要报纸上，所以被以往的《史记》研究综述文章所遗漏。这时期的人物文章虽然数量多，但集中在几个主要人物身上，并且有强烈的时代色彩和政治色彩。虽然这些文章缺乏科学的、严谨的和实事求是的态度，但是它毕竟反映了那个时代人们的思想倾向和研究水平，我们不应忘记，这当中的经验教训值得我们每一个研究者认真吸取。

第二时期1980—1992年，这时期人物研究论文约460篇。20世纪80年代初期，人物研究处于拨乱反正时期，给"文革"时研究的热点人物重新评价，重新定位。并且人物研究开始呈现出多元化的趋势。人物的赏析文章、综合分析文章、文学审美文章、考据释疑文章开始大量出现。仅是关于屈原身份真伪的辨疑考据文章就有7篇，如吕培成的《论〈史记〉及〈屈原列传〉的史源：兼及'屈原否定论'》，卢文晖的《〈史记·屈原列传〉岂容否定？驳胡适的'五大可疑论'》等。对于《史记》悲剧人物的研究是这时期人物研究的热点之一。再有中学课文的《史记》选文中的人物如项羽、刘邦、陈涉、廉颇、蔺相如、信陵君等也是研究的热点人物。20世纪80年代中期，随着西方各种研究方法和各种思想理论的引入，大大扩展了研究者的学术视野，活跃了他们的思维空间和想象力，《史记》的人物研究开始从政治、历史、文学的领域扩展到心理学、军事学、美学、考古学、文化学、社会学、人类学、民族学、医学、地理学、礼学等方面。但这时期也有不少重复介绍和描述性的文章。

第三时期1993—2001年，这时期人物研究论文有340篇。数量虽比前一阶段有所减少，但人物研究基本消除了重复性介绍描写的状况，并继续呈现出多元化研究的发展势头，而且研究的视野比第二时期有所拓宽，理论深度有所加强。人物比较研究、类型人物研究和结合考古对《史记》人物研究的文章开始不断涌现，例如有4篇文章是对《史记·老子传》的释疑，这显然与1993年湖北荆门郭店楚墓出土的一批竹简有很大关系。这一时期人物研究的热点有关于游侠、刺客、复仇等问题，如韩云波的《〈史记〉〈汉书〉游侠考述：廿四史游侠考述之二》，徐洪火、赵平略的《其人虽已没，千载有余情:〈左传〉与〈史记〉伍子胥形象之比较》，还有对一些人物传记考据释疑的，如许作民的《廉颇拔魏防陵、安阳地望考》，吴宏歧的《〈史记·项羽本纪〉背关怀楚"新解"》，高云海的《关于〈史记〉所载苏秦史料的真伪》等都值得关注。

二、人物研究的特点

综观《史记》人物研究的论文，笔者认为有这样几个特点：

第一，人物研究带有鲜明的时代色彩。1950年—1980年这一时期人物研究基本受政治形势的左右，上文已论及。20世纪80年代中期以后，政治环境对人物研究的影响开始减少，西方各种文艺思潮、文学理念对人物研究的影响越来越大，这是人物研究在这一时期开始呈现出多元化现象的一个重要原因。

第二，个案人物研究过于集中。《史记》记叙的人物四千多人，其中影响较大，给人印象深刻的人物有一百多人。但从笔者统计的数据看，目前被涉及研究的人物有41人，文章有996篇，而其中有895篇文章是集中在项羽、刘邦、吕后、商鞅、韩信、李斯、陈涉、张良、廉颇、蔺相如、李广、伍子胥、伯夷等人身上，约占人物研究文章总数的89.96%，剩余的28人研究文章或一二篇，或三四篇。四十与一百多，与四千多相比，差别都是很大的，由此可见个案人物研究的空间仍是非常大的。像范蠡、吴起、虞卿、季布等许多人物都塑造得非常成功，至今无专文论述，应该说是非常遗憾的。

　　第三，文学审美性和介绍描述性的文章较多。介绍描述性的文章多发表在"文革"前和20世纪80年代前期。对《史记》人物的文学审美性分析研究多在第二阶段。涉及人物形象的塑造、人物性格的刻画、人物的心理描写、人物形象的对比陪衬、环境场景对人物形象的渲染烘托、人物形象的审美、人物语言描写、人物细节的刻画描写，及由人物各种特点归纳出的艺术成就、艺术手法、艺术处理技巧等多个方面。值得关注的文章有张大可的《司马迁怎样塑造历史人物》，陈兰村的《谈〈史记〉描绘人物的艺术》，杨丁友的《〈史记〉人物形象刻画技法谈》，俞樟华的《胸中意匠巧经营：漫议〈史记〉人物传记的结构》，陈瑾的《自我实现的内在人格：论〈史记〉中刘邦形象的审美意蕴》，张梦新的《于细微处见精神:〈史记〉人物描绘艺术谈》等。

　　第四，综合论述范围广，成绩显著。对人物的综合研究涉及面广，从多学科、多层面、多角度进行。关于著录人物的标准，滕建明在《试论〈史记〉著录人物的标准》中指出："司马迁是以人物对社会世事实际的影响力和道德评价作为著录人物的标准。"关于《史记》人物对先秦古籍人物的继承与创新关系问题，张新科在《史传文学中人物形象的建立：从〈左传〉到〈史记〉》中指出"《史记》人物形象的建立突破了《左传》《战国策》在人物塑造上受时空限制的局面，史传文学的连贯性情节对人物的肖像描写、环境描写、背景介绍都起到不可低估的作用。"关于人物传记符号学特征方面，齐效斌在《〈史记〉人物传记的符号学特征与阐释》中运用卡西尔的符号学原理分析，认为"《史记》是科学知识的编码，传播的是指代性信息，所以有逻辑的文化符号特点，属于科学的文化文本。《史记》又是情感与形象的编码，传播的是非指代性信息，所以它又有非逻辑的文化符号特点"，归结《史记》是兼容科学和审美双重性质的特殊文本。再有关于人物命运的探求的论文，如龚熙文的《复仇情结与人生悲剧：论项羽悲剧的历史原因和审美意义》。关于人物的军事才能的论文，如牟元《论韩信背水破赵之战》。还有对人物的综合研究，关于人物的谋略思想，关于历史人物的褒贬评价，关于人物传记的价值取向，关于人物的称谓，及由人物折射出的作者人格理想和心理世界等诸多方面的文章。

三、人物研究存在的不足及原因

在总结人物研究取得可喜成绩，呈现繁荣景象的同时，我们也发现了一些遗憾和不足，主要体现在如下几个方面。

（一）人物研究考据训诂文章较少，争鸣文章少

目前考据训诂文章主要集中在项羽、刘邦、陈涉、屈原、老子、廉颇、蔺相如等人身上，其余的人物传记较少引起考据训诂学者的关注。人物传记的考据释疑文章对正确地理解分析人物是有很大帮助的。考据、训诂、校勘、版本等研究都需要深厚的训诂学、文献学、版本学、校勘学的功底和相关的历史文化与考古知识，而这些恰恰是中青年学者与老一辈学者的差距所在，这也是人物考据文章少的原因之一。再有，长期以来在当代学者中形成了一种重义理轻考据的思想意识，使得人们把关注的目光放在义理阐释与分析上，而忽略了对人物传记的考据训诂。值得高兴的是，第三阶段的人物考据文章比前两个阶段有所增加，说明在这一问题上已引起一些研究者的关注。争鸣文章主

要出现在"文革"结束前后这一阶段，第三阶段针对"游侠"的评价问题，对"李广难封"等问题也有过一些争鸣，但总体来说，无论《史记》还是《史记》人物研究都缺乏引起人们普遍关注和参与的大论辩大争鸣问题。

（二）个案人物研究范围窄

《史记》是一部优秀的传记文学和纪传体史书，它通过对人物的叙述描写来展现历史，所以人物是整部书的灵魂和中心。《史记》中许许多多惊心动魄的事件和场面，都是通过对人物的叙述展现在后人面前的。如果我们研究者的目光仅仅关注那少数的十几二十个人，仅通过研究那十几人来认识三千年的历史，那么我们所了解和认识的历史将是片面的、零散的，不可能是全面和深刻的。因为这十几人所经历的历史事件和所能展现的历史画卷毕竟是有限的。而被我们所忽略的那众多的人物，既然被司马迁写进史书中，就足以说明他们在滚滚的历史长河中曾掀起过浪花，曾产生过影响，例如吴起、范蠡、孙武、虞卿、季布等。所以我们必须改变过去那种将研究的目光集中在少数人身上的做法，加强对众多人物的研究，尤其是对"世家""类传"和"附传"人物的研究。

（三）人物研究系列文章少

人物研究系列文章，目前见到的仅有冯其庸发表在《新闻战线》1959年第7期至第10期的四篇系列论文《司马迁的人物特写》。吴汝煜发表在《徐州师范学院学报》1980年第2期至1981年第4期的四篇系列论文，谈司马迁对陈胜、项羽、刘邦、韩信、李广等人物的塑造。还有徐德邻发表在《牡丹江师院学报》1985年第3期至1988年第2期的系列论文《司马迁笔下的人物》，分四篇文章对项羽、刘邦、陈涉、韩信做了论述。再有胡一华发表在《丽水师专学报》1983年第1期至1984年第1期的四篇系列论文《刘邦和项羽》。这些系列文章发表的时代都较早，自20世纪80年代中期至今，未再见有人物系列文章出现。其原因主要是系列文章占据版面较多，自己投稿较难发表，而一般刊物编辑又有一种错觉，认为有关《史记》的文章已无新的内容可写，故也不作这方面的编排计划和约稿。事实上系列文章是研究者对某些问题和某些现象作的系统研究和理论的阐释，它更能充分展现作者系统的研究成果和理论水平，以及对一些历史人物、历史问题深刻的理性思考和全面的认知与观照。而《史记》拥有众多的人物，特别是有许多类型的人物，如帝王、谋士、军事家、儒士、辩士等类型人物都非常适宜用系列文章的形式来论述。

（四）赏析类文章少

　　目前赏析专著只有韩兆琦的《史记评议赏析》。赏析类文章主要集中在项羽、陈涉、信陵君、廉颇、蔺相如、窦婴、田蚡、灌夫等人身上，从数量上看远远比不上《左传》和《战国策》的赏析文章。分析其原因一是司马迁在人物传记上有时运用互见法，使有的人物形象在塑造的完整性上受到一定的制约，加上《史记》文章大多篇幅太长，不适宜作赏析文章。二是20世纪80年代推广普及中国古典文学的热潮已过，那是各类古典文学作品赏析文章推出的黄金期。三是赏析文章以推广普及为目的，以简洁、通俗、易懂为原则，因而此类文章难以体现出理论深度，使它在研究者职称评定上难助一臂之力。现实生活中人民群众对《史记》人物和史事的了解，一个重要途径就是通过赏析文章。如果我们尽可能多地将《史记》一些精彩的人物以赏析文章的形式介绍推出，这样使一般的读者能通过这些精彩的人物来了解《史记》，了解历史。这对于宣传普及《史记》，对于学习继承中国传统文化都是极有帮助意义的。如果只注重《史记》的学术研究而不注重推广普及，那么长此以往，《史记》将会变成宝塔尖上少数人钻研的古董，失去了她在中国传统文化上典范的价值和意义，而小河没水，大河干涸的日子也就为时不远了。

（五）人物研究专著少

目前所见的人物研究专著仅有陈桐生的《史记名篇述论稿》，该书从《史记》中选择了16篇人物传记进行分析论述，作者抓住每一人物独特的个性和司马迁在每一传记中所要表现的主题进行理论性的阐述和分析，有许多独到的见解。虽然人物研究专著少，但是，一些研究者在他们的《史记》研究专著中都有专门章节论述人物的，如郭双成的《史记人物传记论稿》，宋嗣廉的《史记艺术美研究》，韩兆琦的《史记通论》，吴汝煜的《史记论稿》，李少雍的《司马迁传记文学论稿》，可永雪的《史记文学成就论稿》等。

（六）人物对比研究少，类型人物研究少，主题人物研究少

目前人物对比研究仅有项羽与刘邦、项羽与韩信、张良与范蠡、萧何与李斯的对比。除项羽与刘邦的对比文章较多外，其余都是一或两篇。在同类人物的对比中寻找其中的个性差异，如战国四君子的对比，他们身上有许多共性的东西，但更多的是他们的个性差异。在异类人物的对比中总结其共性的东西，由此发现和总结司马迁在人物塑造上的特点和规律，在这方面做文章是大有可为的。

目前人物对比研究主要在三个方面：一是《史记》自身人物的对比，这是人物对比论文中较多的一部分；二是《史记》人物与前代后代史籍人物的对比，主要是与《左传》《战国策》《汉书》人物的对比；三是与后世小说戏曲人物的对比。小说是与《水浒传》《聊斋志异》对

比侠义人物，与《儒林外史》对比儒林人物，戏曲仅有与《赵氏孤儿》的对比。后世小说戏曲中一些侠义人物、复仇人物、报恩人物、悲剧人物都直接或间接地受到《史记》影响，通过对比找出它们之间的传承关系，是很有意义的，相信这方面的工作今后将会受到研究者的重视和挖掘。另外，《史记》人物与国外史学、文学人物的对比，还是一块未开垦的处女地。这主要是目前研究者的知识水平与文化视野的有限。相信随着研究者们外语水平的不断提高，研究视野和研究方法的不断开拓，这块处女地在人们的开垦下将会结出丰硕之果。

　　类型人物的研究人们普遍关注不够。目前《史记》人物类型的研究已涉及的有13类，除女性、游侠、刺客类的文章较多外，其他类型人物的文章都只是一两篇，并且都出现在第三阶段。由此可以预见，类型人物的研究已经开始启动。还有主题人物的研究也仅限于悲剧人物、复仇人物的研究，像英雄主题、侠义主题、报恩主题、军事主题、爱国主题、交友主题等均未涉及，相信这些空白在不久的将来都会有人填写。

（原载于《广西民族大学学报》2003年第1期）

高歌一曲颂忠良

——读《后汉书·党锢列传》

翻开中国历史，凡帝王昏庸无能者，其政权勉强维持几十年便改朝换代，留下的只有黍离之悲，供后人凭吊追忆。隋朝及南朝的宋齐梁陈即是如此，而东汉王朝却是个例外。东汉十二帝，除光武帝刘秀精明干练，寿命较长外，其余多昏庸无能，且寿命都短。致使东汉朝廷外立皇帝四人、垂帘听政六后。这样特殊的王朝居然也能在风雨飘摇中维护了二百年汉家基业，这不能不说是个奇迹。究竟什么原因使这个摇摇欲坠的王朝没有很快崩溃呢？翻开《后汉书》，我从《党锢列传》中找到了一些答案。东汉中后期，因为出现了一大批忠良报国的志士仁人，他们在阉宦擅权、国家危难之时愤然而起，力挽狂澜，拯救维护着日益损坏的汉家基业。正因为有了这一大批忠贞之士，从而改写了东汉历史。史学家范晔感佩于他们为国的忠心赤胆，特在《后汉书》中设立《党锢列传》，为这些忠良之士树正义之碑，歌名节之德，藏于名山，传之后人。

一、话党锢，忠贞报国心

在中国各类史书上都明明白白地记载着中国历史上最早的两次党

锢之祸，发生在东汉桓帝、灵帝时。当时宦官、外戚交替擅权，造成政治上的极度黑暗和混乱，引起许多正直有为的知识分子的强烈不满。他们愤然而起，品核人物、批评朝政，诛杀贪赃枉法、为非作歹的宦官及党羽。由此引起宦官们极度的惊恐和仇恨。他们面陈朝廷，诬陷诽谤李膺等人"共为部党，诽讪朝廷，疑乱风俗"[1]，于是"天子震怒、班下郡国、逮捕党人"[2]，终于在桓帝延熹九年（166）和灵帝建宁二年（169）两次煽起"党锢之祸"，致使被捕杀、禁废、迁徙的党人及家属有六七百之多，成为东汉历史上最为黑暗残酷的时期。

　　阉宦们为什么对李膺等人恨之入骨，欲置之死地而后快呢？因为以李膺、范滂为代表的大批知识分子，不惧淫威，不受名利诱惑，对阉宦的倒行逆施、残害无辜的罪恶行径大胆揭露，坚决斗争。宦官张让弟张朔"贪残无道，至乃杀孕妇，闻膺厉威严，惧罪逃还京师"[3]，潜回张让屋中，藏于合柱。李膺探知，"率将吏卒破柱取朔，付洛阳狱。受辞毕，即杀之"[4]。李膺严惩恶霸的行动震动朝廷内外。尽管张让于桓帝前哭诉冤屈，企图为弟脱罪责，但是李膺面对桓帝诘问，义正词严，有理有据，使得"帝无复言，顾谓让曰：'此汝弟之罪，司隶何愆？'"[5]宦官的嚣张气焰遭到了打击，罪恶受到惩罚，正义得到伸张。自此宦官们的猖狂收敛许多。平日"皆鞠躬屏气，休沐不敢复出宫省"[6]。桓帝问其原委，张让"叩头泣曰：'畏李校尉。'"[7]但是宦官们是不会善罢甘休的，他们时刻伺机反扑。延熹九年，与宦官交好的张成

1　（宋）范晔：《后汉书·党锢列传》，中华书局，1965，第2187页。

2　（宋）范晔：《后汉书·党锢列传》，中华书局，1965，第2187页。

3　（宋）范晔：《后汉书·党锢列传》，中华书局，1965，第2194页。

4　（宋）范晔：《后汉书·党锢列传》，中华书局，1965，第2194页。

5　（宋）范晔：《后汉书·党锢列传》，中华书局，1965，第2194页。

6　（宋）范晔：《后汉书·党锢列传》，中华书局，1965，第2194页。

7　（宋）范晔：《后汉书·党锢列传》，中华书局，1965，第2194页。

"推占当赦，遂教子杀人"[1]，李膺依法将其捉拿归案。然正如张成所预测的，不久他儿子"逢宥获免"[2]。李膺愤疾之至，不顾赦令诛杀张成子。宦官们借机挑唆张成的弟子牢修，让他诬告李膺大肆结党，诽谤朝廷。不辨是非曲直的桓帝即下令逮捕李膺、陈蕃二百余人。这次斗争以党人的失败结束，但是，在社会上产生了巨大影响。

"党人"所遭受的酷刑，反而提高了他们的社会知名度。正直有为的知识分子并没有被吓倒，继续与宦官做斗争。桓帝美人外亲张泛，以"善巧雕镂玩好之物，颇以赂遗中宫，以此并得显位。恃其伎巧，用执纵横"[3]。功曹岑晊与太守成瑨收捕张泛，又遇桓帝赦令，他们不予理睬，诛杀恶霸张泛。为此触怒桓帝，成瑨下狱而死。"党人"们与阉党进行一次又一次的较量和斗争。宦官侯览在家乡"残暴百姓，所为不轨"[4]，被督邮张俭"举劾览及其母罪恶，请诛之"[5]。侯览不仅私下将奏章扣压，还挑唆张俭仇人"上书告俭与同郡二十四人为党"[6]，昏庸无知的灵帝下诏收捕张俭等人，酿成第二次党祸。

为什么被诬为"党人"的一大批正直有为的知识分子会与阉宦势力针锋相对，毫不妥协地斗争下去？答案不难寻，那就是他们忠君爱国，维护汉家基业。然而是什么原因、什么力量促使他们在遭受失败挫折，遭受牺牲，金钱和权力丢失的情况下，依然痴心不改，矢志不移地为国尽忠，为民尽职呢？这似乎不是一个忠君爱国所能解释得了的问题。必须从东汉特殊的历史，及党人们的思想意识和世风上去寻找答案。

1　(宋)范晔：《后汉书·党锢列传》，中华书局，1965，第2187页。
2　(宋)范晔：《后汉书·党锢列传》，中华书局，1965，第2187页。
3　(宋)范晔：《后汉书·党锢列传》，中华书局，1965，第2212页。
4　(宋)范晔：《后汉书·党锢列传》，中华书局，1965，第2210页。
5　(宋)范晔：《后汉书·党锢列传》，中华书局，1965，第2210页。
6　(宋)范晔：《后汉书·党锢列传》，中华书局，1965，第2210页。

二、济天下，儒学是根本

东汉特殊的历史是因东汉特殊的朝廷所造成的。东汉皇帝除光武帝外，或英年早逝，留下幼子；或幼年夭折，无子嗣继位。这导致朝廷"皇统屡绝，权归女主，外立者四帝，临朝者六后"[1]。当幼帝夭折，需从外立帝时，太后为长久把持政权，都"贪孩童以久其政，抑明贤以专其威"[2]。择幼童即帝位。像殇帝仅满百余天就即位，冲帝两岁即位，质帝八岁，桓帝十五岁，灵帝十二岁，献帝九岁。幼童即帝位本已对皇权稳固极为不利，太后听政更带来诸多弊端。

由于太后长期幽闭深宫，与外界隔绝，对各级官员知之甚少。一旦垂帘听政，无所倚靠，只能将国家大事"委事父兄"，倚靠娘家人帮助维持政权，外戚势力借此得以迅速膨胀。东汉六后窦氏（汉章帝皇后）、邓氏、阎氏、梁氏、窦氏（汉桓帝皇后）、何氏都是如此。外戚一朝权在手，便飞扬跋扈，目无皇帝。顺我者昌，逆我者亡。被架空的皇帝成年后，自然对外戚擅权不满，也不甘作傀儡皇帝。皇帝要改变现状，夺回大权，必须倚赖可靠忠诚的亲情。而皇帝自幼接触最多、最亲近、最了解的是身边这些服侍他长大的宦官。为与外戚抗衡，争夺权利，孤立无援的皇帝把对宦官生活上的依赖转为政治上的需要和信任。像安帝、和帝、桓帝都是在宦官的帮助下夺权成功的。大权到手，皇帝开始兑现诺言，开始给有功者论功行赏、封官赐爵。往日伺候人、被人瞧不起的宦官，一旦受到皇帝恩宠，有了出头之日，他们便忘乎所以，横行霸道，鱼肉百姓，欺压人民。而随着皇帝的驾崩，新外戚掌权，当年得势的宦官立刻失去了往日的天堂，接踵而来的是

1　（宋）范晔：《后汉书·皇后纪》，中华书局，1965，第401页。
2　（宋）范晔：《后汉书·皇后纪》，中华书局，1965，第401页。

打击、排挤、压制。东汉历史就这样在外戚、宦官交替擅权的恶性循环中畸形地发展着。李膺等"党人"正是在外戚与宦官争斗的夹缝中成长起来的。他们既痛恨外戚，更憎恶宦官。但是外戚宦官狗咬狗，彼此能削弱其势力，约束其权力，于国于民都有好处。当外戚被压去后，与宦官斗争的重任就责无旁贷地落到了"党人"的身上。大批善良正直的"党人"目睹宦官的"排陷忠良，共相阿媚"[1]，世风"正直废放，邪枉炽结"[2]时，不禁拍案而起，与阉宦势力做斗争，以拯救危难的国家，支撑起摇摇欲坠的汉家大业。在他们的思想意识中，"位卑未敢忘忧国"这一人生信念始终激励着他们，鼓舞他们坚持斗争。

激发"党人"与宦官势力斗争到底的另一个思想因素，就是传统儒家兼济天下的思想。东汉自光武帝起就重儒学。光武帝"每罢朝，数引公卿郎将，讲论经理"[3]，而"诸将之应运而兴者，亦多近于儒"[4]，重视儒学在东汉朝廷已蔚然成风。上行下效，帝王的喜爱与提倡，促使整个社会尊儒崇儒学儒之风形成。注疏、阐释儒家经学的大师也纷纷脱颖而出，马融、郑玄等是其代表。许多经学大师注疏经典的同时也接收学生授业解惑。"党人"中绝大部分早年都受过正统儒家教育，通晓经学，儒家兼济天下的思想对他们人生观的形成起了重要作用。"党人"首领之一的陈蕃，少年时就已显露出他的志向远大。一日陈蕃"闲处一室，而庭宇芜秽。父友同郡薛勤来候之，谓蕃曰：'孺子何不洒扫以待宾客？'蕃曰：'大丈夫处世，当扫除天下，安事一室乎！'"[5]小小年纪就一语惊人，成年后更是以天下为己任。面对宦官的横行肆虐，他忧心忡忡，与窦武密谋诛杀宦官。当事情败露，窦武被围捕时，七十

1　（宋）范晔：《后汉书·党锢列传》，中华书局，1965，第2187页。
2　（宋）范晔：《后汉书·党锢列传》，中华书局，1965，第2187页。
3　（清）赵翼：《廿二史劄记·后汉书·东汉功臣多近儒》，世界书局，2001，第55页。
4　（清）赵翼：《廿二史劄记·后汉书·东汉功臣多近儒》，世界书局，2001，第55页。
5　（宋）范晔：《后汉书·陈王列传》，中华书局，1965，第2159页。

余岁的陈蕃率属下八十余人突入承明门救援窦武。他拔剑而起，振臂
高挥，与宦官展开肉搏拼杀。这是何等的英烈！何等的悲壮啊！闻知
者无不动容。在他遇害后，人们冒死掩埋他的尸体，藏匿他的后代。

　　东汉以举孝廉为盛，举孝廉者往往被任为"郎"，并且成为东汉
求仕进者的必由之路。被列为"党人"的李膺、范滂、刘佑等人都是
由孝廉开始步入仕途的。因此在他们的思想言行、为人行事上处处可
以感受到深厚的儒家思想。范滂赴任冀州，"登车揽辔，慨然有澄清
天下之志"[1]。他一到任，立即将本郡二千石权豪有恶迹者二十余人上奏
朝廷。当时有人指责范滂"所劾猥多，疑有私故"[2]。范滂一一列举他们
"深为民害"的劣迹，并严正申明"臣闻农夫去草，嘉谷必茂；忠臣除
奸，王道以清。若臣言有贰，甘受显戮"[3]。在他的心中只有为民除害，
为国除奸，全无个人私念。

　　在这些"党人"的思想意识里，除报效国家，尽忠君王外，另一
个重要的思想因素就是他们崇尚正义，注重名节的思想。夏馥被朝廷
收捕时，为不累无辜百姓，他用炭火自毁面容，藏于深山，不与人交
往。他对张俭躲避追捕，望门投止，累及百姓非常反感，顿足而叹曰：
"一人逃死，祸及万家，何以生为？"[4]杜密、魏朗、尹勋、刘儒等在"党
人"被收捕时，不愿受阉凌辱，为保名节自杀身亡。在他们心中，名
节比生命更重要，宁愿自杀身亡，留芳名于后世，也不愿苟全性命于
乱世。正如一位名人所言："人可以没有金钱，可以没有生命，但不能
没有气节。"

1　（宋）范晔：《后汉书·党锢列传》，中华书局，1965，第2203页。

2　（宋）范晔：《后汉书·党锢列传》，中华书局，1965，第2204页。

3　（宋）范晔：《后汉书·党锢列传》，中华书局，1965，第2204页。

4　（宋）范晔：《后汉书·党锢列传》，中华书局，1965，第2202页。

三、与宦为伍，士人心态失平衡

东汉朝廷由于"主荒政缪，国命委于阉寺"[1]，使得原本身份卑微的宦官借机登上朝廷显要位置。这一现象使得"士子羞与为伍，故匹夫抗愤，处士横议，遂乃激扬名声，互相题拂，品核公卿，裁量执政，婞直之风，于斯行矣"[2]。由鄙视宦官，羞与为伍，到攻击批评宦官，已成为"党人"的一种普遍心态。自幼接受传统儒家君臣父子礼教熏陶的"党人"，对于出身宫中的仆人阉宦本就不满，加之他们"颇识典故，少主凭谨旧之庸，女君资出纳之命"[3]，又得到皇帝恩宠，渐渐将国家命脉操纵于手中，更深感不满和焦虑。他们在各种场合"自相褒举，评议朝廷"[4]。他们品议世人，抨击宦官的所作所为。大造舆论声势，目的是要打击扼制宦官势力，使国家"善善同其清，恶恶同其污"[5]。他们通过各种途径向朝廷进忠言。刘淑素以贤良方正、言辞厉疾而闻名。桓帝闻其高名，多次委以要职，对刘淑多次"纳忠建议"，以为于社稷多所补益。视刘淑为"宗室之贤，特加敬异，每有疑事，常密谘问之"[6]。这样受器重的刘淑，一旦"上疏以为宜罢宦官，辞甚切直"[7]时，桓帝却不予理睬。谁能知道宦官们早已在皇帝面前用足了功夫。他们利用贴近皇上的便利条件，在皇上幼小不谙国事时，便以诬陷欺瞒的手法进行错误诱导。灵帝十四岁时，一次问起身边宦官："何以为钩党？""钩党者，即党人也。"灵帝又问："党人何用为恶，而欲诛之邪？"对曰："皆相举群辈，欲为不轨。"灵帝问："不轨欲如何？"宦官回答："欲图社稷，

1　（宋）范晔：《后汉书·党锢列传》，中华书局，1965，第2185页。
2　（宋）范晔：《后汉书·党锢列传》，中华书局，1965，第2185页。
3　（清）赵翼：《廿二史劄记·后汉书·东汉宦官》，世界书局，2001，第67页。
4　（宋）范晔：《后汉书·党锢列传》，中华书局，1965，第2205页。
5　（宋）范晔：《后汉书·党锢列传》，中华书局，1965，第2205页。
6　（宋）范晔：《后汉书·党锢列传》，中华书局，1965，第2190页。
7　（宋）范晔：《后汉书·党锢列传》，中华书局，1965，第2190页。

上乃可其奏。"[1]这里且不说皇上如何昏庸无知，单看宦官的奸猾诡诈就可以知道党锢之祸是怎样发生的了。也可以推想为什么忠臣进谏而不被皇帝采纳时，魏朗、尹勋等人便纷纷自杀。他们与刘淑、夏馥的辞归，仅仅是不堪阉宦凌辱，羞与其为伍吗？非也！在他们深层心理中，已经倾斜的天平再也摆不正，他们对昏君已是彻底绝望。

四、抗阉宦，世风成动力

促使党人们奋不顾身地与阉宦势力顽强斗争的又一重要因素，就是整个社会回荡着一股强大的正义世风。当阉宦们"手握王命，口衔天宪"[2]，"宫府内外悉受指挥"[3]时；当他们堂而皇之地与朝廷命臣共议国事，成为炙手可热的人物时；当他们日益猖獗，暴行恣肆时，世人在鄙薄反抗的同时，越发向往和崇尚名节之气，正义之举。他们洁身自好，保持傲然骨气者受到世人的敬佩赞扬。范滂出狱回乡，"南阳士大夫迎之者数千两"[4]，普通百姓更是不计其数。人们是在迎接获释的囚犯吗？不！他们是在欢迎凯旋的英雄。这是人心所向，众望所归。正是这股强劲的正义世风，激励"党人"奋不顾身，不屈不挠地与阉宦进行斗争，造成了"党人之祸愈酷而名愈高"[5]的社会效应。

李膺遭党祸被禁锢乡里后，他在社会上和太学生中的影响反而更高，人们纷纷慕名而来，拜访投奔者络绎不绝。"士有被其容接者，名为登龙门"[6]，若谁有幸得到李膺接纳，无不兴奋得奔走相告。荣幸之

1　（宋）司马光：《资治通鉴·汉纪四十八》，当代中国出版社，2001，第398页。
2　（清）赵翼：《廿二史劄记·后汉书·东汉宦官》，世界书局，2001，第67页。
3　（清）赵翼：《廿二史劄记·后汉书·东汉宦官》，世界书局，2001，第67页。
4　（宋）范晔：《后汉书·党锢列传》，中华书局，1965，第2206页。
5　（清）赵翼：《廿二史劄记·后汉书·党禁之起》，世界书局，2001，第65页。
6　（宋）范晔：《后汉书·党锢列传》，中华书局，1965，第2195页。

至，立刻身价倍增，世人也对他另眼相看。人们崇拜景仰李膺那刚直不阿，富贵不淫，威武不屈的一身正气。爱屋及乌，自然也对被李膺接纳者报以好感。曾有南阳人樊陵求作李膺学生，被李膺拒绝。后他投靠宦官，官位高至太尉，却"为节（志）者所羞"[1]，遭到世人唾弃。有蜀郡侍御史景毅仰慕李膺，让其子投师李门。党祸事发，受李膺牵连下狱者不少，景毅子因漏上名册，不遭贬谪。但景毅慨然叹曰"'岂可以漏夺名籍，苟安而已！'遂自表免归，时人义之"[2]。

　　东汉太学兴盛，学生数千。魏晋之时的品议清谈之风在这时已萌芽。"东汉风气，本以名行相尚。迨朝政日非，则清议益峻。"[3]太学生们对当朝士大夫的品议在社会上起着主导作用。他们钦佩李膺、陈蕃、王畅刚强不屈的品质，赞扬"天下楷模李元礼（膺），不畏强御陈仲举（蕃），天下俊秀王叔茂（畅）"[4]。一时间附庸风雅、崇尚商洁蔚然成风。范滂被捕，当他与母亲告别，为自己尽忠国家而不能尽孝奉养老母愧疚时，范母勉励他说："汝今得与李（膺）杜（密）齐名，死亦何恨！"[5]慈母尚有精忠报国的赤诚之心，儿子岂有不为国慷慨献身的呢？在当时像范滂母亲这样的人有千千万万。他们在精神上激励"党人"坚持斗争，行动上给他们以各种帮助和支持。张俭被追捕，当他"亡命，困迫遁走，望门投止"[6]时，人们"莫不重其名行，破家相容"[7]。当张俭一人得存时，已"祸及万家"[8]。人们在素不相识的情况下，能够收容救助"党人"，将自己性命、家人安危置之度外。难道他们仅是具有侠义

1　（宋）范晔：《后汉书·党锢列传》，中华书局，1965，第2191页。
2　（宋）范晔：《后汉书·党锢列传》，中华书局，1965，第2197页。
3　（清）赵翼：《廿二史劄记·后汉书·党禁之起》，世界书局，2001，第64页。
4　（宋）范晔：《后汉书·党锢列传》，中华书局，1965，第2186页。
5　（宋）范晔：《后汉书·党锢列传》，中华书局，1965，第2207页。
6　（宋）范晔：《后汉书·党锢列传》，中华书局，1965，第2210页。
7　（宋）范晔：《后汉书·党锢列传》，中华书局，1965，第2210页。
8　（宋）范晔：《后汉书·党锢列传》，中华书局，1965，第2202页。

心肠吗？非也！这是世人们出于对阉宦邪恶势力的憎恨，对为民除害、伸张正义的"党人"的崇拜、爱戴和敬仰的自觉行动。这是一股正义战胜邪恶，真理战胜谎言的强劲世风，这是人心向背的预言，是历史的擎天柱。它使处于斗争前线的党人在黑暗时看到光明，在挫折中看到了希望，在动摇时坚定了信念，在困难时充满力量。它是党人们前赴后继、勇往直前的精神动力。无可否认，这股强劲世风激励"党人"们坚持斗争，为国尽忠。这股世风支撑了摇摇欲坠的东汉王朝几十年，这是一股不可低估的社会力量。

《后汉书·党锢列传》颂扬了大批为国尽忠，为民除害的"党人"们。中国每一朝代到后期都必然出现政治极度黑暗内乱的局面。然而不是每个政治黑暗时期都能涌现大批正直忠诚的知识分子。有的朝代的知识分子，面对政治黑暗，为远离祸端，保持个人名节，采取消极避世的做法，不与统治者合作，阮籍、嵇康就是其中的代表。与他们相比，方显出东汉"党人"斗争精神的可嘉可佩。东汉特殊的历史造就了这一大批英雄，他们的英名业绩光照千秋，成为后人的楷模。明末东林党人与魏忠贤阉党的斗争，就是最好的说明。

（原载于《广西民族大学学报》1993年第3期）

主要参考文献

著作：

[1]永瑢、纪昀等.四库全书[M].上海：上海古籍出版社，1989.

[2]永瑢、纪昀等.四库全书总目提要[M].北京：中华书局，1965.

[3]阮元校刻.十三经注疏[M].北京：中华书局，1996.

[4]诸子集成.[M].上海：上海书店出版社，1994.

[5]杜预注.春秋左传集解[M].上海：上海人民出版社，1977.

[6]杨伯峻编撰.春秋左传注（修订本）[M].北京：中华书局，2009.

[7]竹添光鸿.左氏会笺[M].成都：巴蜀书社，2008.

[8]徐元诰撰，王树民、沈长云点校.国语集解[M].北京：中华书局，2002.

[9]司马迁撰，裴骃集解，司马贞索引，张守节正义.史记[M].北京：中华书局，1985.

[10]司马迁撰，韩兆琦译注.史记[M].北京：中华书局，2013.

[11]司马迁撰，裴骃集解，司马贞索引，张守节正义.史记（修订本）[M].史记北京：中华书局，2014.

[12]泷川资言.史记会注考证[M].北京：文学古籍刊行社，1955.

[13]韩兆琦.史记笺证[M].南昌：江西人民出版社，2005.

[14]张大可.史记新注[M].北京：华文出版社，2000.

[15] 班固.汉书 [M].北京：中华书局，1996.

[16] 王维堤，唐书文撰.春秋公羊传译注 [M].上海：上海古籍出版社，1997.

[17] 黄铭，曾亦译注.春秋公羊传 [M].北京：中华书局，2016.

[18] 徐正英，邹皓译注.春秋穀梁传 [M].北京：中华书局，2016.

[19] 白本松译注.春秋穀梁传全译 [M].贵阳：贵州人民出版社，1998.

[20] 诸祖耿撰.战国策集注汇考 [M].上海：华东师范大学出版社，1985.

[21] 张清常，王延栋.战国策笺注 [M].天津：南开大学出版社，1994.

[22] 高亨.诗经今注 [M].上海：上海古籍出版社，1980.

[23] 程俊英译注.诗经释注 [M].上海：上海古籍出版社，1985.

[24] 陈戌国.诗经校注 [M].长沙：岳麓书社，2005.

[25] 韩婴著，许维遹校释.韩诗外传集释 [M].北京：中华书局，1980.

[26] 董楚平撰.楚辞译注 [M].上海：上海古籍出版社，1998.

[27] 杨伯峻译注.论语译注 [M].北京：中华书局，2005.

[28] 杨伯峻译注.孟子译注 [M].北京：中华书局，2005.

[29] 许维遹校注.吕氏春秋集释 [M].北京：中华书局，2009.

[30] 曾振宇注说:《春秋繁露》[M].开封：河南大学出版社，2009.

[31] 赵晔著，张觉校注.吴越春秋校注 [M].长沙：岳麓书社，2006.

[32] 刘向著，向宗鲁校证.说苑校证 [M].北京：中华书局，2000.

[33] 戴德.大戴礼记 [M].北京：中华书局，1985.

［34］刘康德.淮南子直解［M］.上海：复旦大学出版社，2001.

［35］程毅中点校.西京杂记［M］.北京：中华书局.1985.

［36］范晔.后汉书［M］.北京：中华书局，1965.

［37］萧子显.南齐书［M］.北京：中华书局，1972.

［38］皇甫谧.高士传［M］.北京：中华书局，1985.

［39］彭定球等.全唐诗［M］.北京：中华书局，1979.

［40］董诰等.全唐文［M］北京：中华书局，1983.

［41］马其昶，马茂元译注.韩昌黎文集校注［M］.上海：上海古籍出版社，1998.

［42］司马光撰，胡三省注疏.资治通鉴［M］.北京：中华书局，1956.

［43］苏辙.栾城集［M］.上海：上海古籍出版社，2009.

［44］胡仔.苕溪渔隐丛话后集［M］.北京：人民文学出版社，1962.

［45］纪君祥.赵氏孤儿［M］.上海：上海古籍出版社，2010.

［46］姚鼐.古文辞类纂［M］.北京：中国书店出版社，1986.

［47］李兆洛选辑.骈体文钞［M］.上海：上海书店，1988.

［48］傅惜华.元代杂剧全目［M］.北京：作家出版社，1957.

［49］徐调孚.现存元人杂剧书录［M］.上海：古典文学出版社，1957.

［50］周贻白.明人杂剧选［M］.北京：人民文学出版社，1958.

［51］古代白话小说选［M］.上海：上海古籍出版社，1983.

［52］阿英.晚清文学丛钞［M］.北京：中华书局，1962.

［53］凌稚隆.史记评林［M］.天津：天津古籍出版社，1998.

［54］梁玉绳.史记志疑［M］.北京：中华书局，1981.

［55］姚苎田.史记菁华录［M］.上海：上海古籍出版社，2007.

[56]吴见思，李景星.史记论文 史记评议 [M].上海：上海古籍出版社，2008.

[57]李景星.四史评议 [M]长沙：岳麓书社，1986.

[58]郭嵩焘.史记札记 [M]台北：世界书局，1988.

[59]赵翼.廿二史劄记 [M].台北：世界书局，2001.

[60]钱钟书.管锥编 [M].北京：中华书局，1999.

[61]韩兆琦.史记选注集评 [M].桂林：广西师范大学出版社，1996.

[62]杨燕起等.历代名家评史记 [M].北京：北京师范大学出版社，1986.

[63]徐朔方.史汉论稿 [M].南京：江苏古籍出版社，1984.

[64]张大可、安平秋、俞樟华.史记研究集成 [M].北京：华文出版社，2005.

[65]李长之.司马迁之人格与风格 [M].北京：三联书店，1984.

[66]徐复观.两汉思想史 [M].上海：华东师范大学出版社，2004.

[67]韩兆琦.史记通论 [M].桂林：广西师范大学出版社，1996.

[68]张新科.史记与中国文学 [M].北京：商务印书馆，2010.

[69]张大可.史记文献研究 [M].北京：民族出版社，2001.

[70]陈桐生.史记名篇述论稿 [M].汕头：汕头大学出版社，1996.

[71]陈桐生.中国史官文化与史记 [M].汕头：汕头大学出版社，1993.

[72]周天游.古代复仇面面观 [M].西安：陕西人民教育出版社，1992.

[73]杨宁宁.《史记》人物的性格与命运 [M].北京：群言出版社，2005.

［74］杨宁宁.春秋战国及秦汉之食客文化［M］.北京：中国社会科学出版社，2013.

［75］龙文玲.汉武帝与西汉文学［M］.北京：社会科学文献出版社，2007.

［76］李炳海.汉代文学的情理世界［M］.长春：东北师范大学出版社，2000.

［77］肖群忠.孝与中国文化［M］.北京：人民出版社，2001.

［78］白国红.春秋晋国赵氏研究［M］.北京：中华书局，2007.

［79］黄霖.文心雕龙汇评［M］.上海：上海古籍出版社，2005.

［80］周振甫.文心雕龙今译［M］.北京：中华书局，2012.

［81］刘熙载著，袁津琥注.艺概注稿［M］.北京：中华书局，2006.

［82］童庆炳.文艺与人类心理［M］.北京：十月文艺出版社，1990.

［83］弗洛伊德著.弗洛伊德论美文选［M］.张唤民，陈伟奇译.上海：上海知识出版社，1987.

［84］阿德勒著.挑战自卑［M］.李心明译.北京：北京华龄出版社，1996.

［85］刘大杰.中国文学发展史［M］.上海：上海人民出版社，1973.

［86］游国恩.中国文学史［M］.北京：人民文学出版社，1979.

［87］章培恒，骆玉明.中国文学史［M］上海：复旦大学出版社，1996.

［88］郭预衡.中国文学史［M］.上海：上海古籍出版社，1998.

［89］裴斐.中国古代文学史［M］.北京：中央民族大学出版社，1996.

［90］马积高，黄均.中国古代文学史［M］.长沙：湖南文艺出版社，1992.

［91］袁行霈.中国文学史［M］.北京：高等教育出版社，2000.

［92］费振刚.先秦两汉文学研究［M］.北京：北京出版社，2001.

［93］郑振铎.郑振铎文集［M］.北京：人民文学出版社，1988.

［94］陈山.中国武侠史［M］.北京：三联书店，1992.

［95］王学泰.游民文化与中国社会［M］.北京：学苑出版社，1999.

［96］宋嗣廉.历代吟咏《史记》人物诗歌选读［M］.长春：吉林人民出版社，2008.

［97］宁业高、孙泉.大楚剑魂［M］.长沙：湖南文艺出版社，2008.

［98］于植元，孙绍华，关纪新.中华史诗咏史诗本事［M］.南宁：广西民族出版社，1999.

［99］羊玉祥.古诗文鉴赏方法［M］.成都：巴蜀书社，1995.

［100］庸夫.性格与机遇［M］.北京：中国城市出版社，1999.

［101］胡志锋，杨乘虎等.电视受众审美研究［M］.北京：北京师范大学出版社，2010.

［102］林惠祥.文化人类学［M］.北京：商务印书馆，2002.

［103］孙秋云.文化人类学教程［M］.北京：民族出版社，2004.

［104］安德鲁·斯特拉森，帕梅拉·斯图瓦德.人类学的四个讲座：谣言·想象·身体·历史［M］.梁永佳，阿嘎佐诗，译.北京：中国人民大学出版社，2005.

［105］党的十七届六中全会《决定》学习辅导百问［M］.北京：党建读物出版社，学习出版社，2011.

［106］辞海编辑委员会.辞海［M］.上海：上海辞书出版社，1982.

［107］商务印书馆编辑部.辞源［M］.北京：商务印书馆，1988.

［108］中国社会科学院语言研究所词典编辑室.现代汉语词典［M］.北京：商务印书馆，1998.

论文：

[1]跃进.梁孝王集团的文学想象［J］.深圳大学学报，2008（1）111-120.

[2]王立群.历史建构与文学阐释：以《史记·司马相如列传》为中心［J］.文学评论，2011（6）147-154.

[3]贾海建.《越绝书》佚文与《吴越春秋》中要离故事的关系考察［J］.中南大学学报，2010（5）88-92.

[4]白玉磊，施向辉.纪念项羽的21个地名［J］.人力资源开发，2010（8）108-109.

[5]王启才.略论《吕氏春秋》的文采［J］.阜阳师范学院学报，1997（4）51-57.

[6]杨宁宁.论历代咏项羽诗及其道德评价［J］.学术论坛，2010（11）95-100.

[7]杨宁宁.在"义"的视阈下看项羽的道德错位［J］.广西民族大学学报，2009，31（1）：89-93.

[8]李景新.戏马台楹联中的项羽形象［J］.《对联》，2002（8）.

[9]陈斌，赵传湘.成语典故中的赵文化精神及其历史意义［J］.邯郸职业技术学院学报，2007（3）4-7.

[10]孙立.论咏史诗的寄托［J］.中山大学学报，1997（1）86-94.

[11]赵逵夫.《七发》与枚乘生平新探［J］.西北师范大学学报，1999（1）.

[12]方正己，徐艳珍.司马迁的心理障碍［J］.北华大学学报，2001，2（2）：51-55.

[13]高兵.也谈李广难封的原因［J］.齐鲁学刊，1995（1）94-98.

[14]高兵.从史书记载看李广抗击匈奴的活动[J].河南大学学报,1997(3)75-78.

[15]任怀国.李广难封原因探析[J].昌潍师专学报,1999(6)61-66.

[16]萧平汉.军功不够是"李广难封"的根本原因[J].衡阳师范学院学报,2000(2)80-82.

[17]李长中."重述"历史与文化民族主义:当代少数民族文学重述历史的深层机理探究[J].中央民族大学学报哲学社会科学版,2012(2)9-17.

[18]王黑特.电视剧重述历史的新历史主义批评[J].当代电影,2009(6)86-89.

[19]彭文祥.影像重述历史的审美现代性观照与反思[J].当代电影,2009(6)83-86.

[20]贾启红.国产宫斗剧的审美价值、困境与出路[J].当代电视,2015(8)18-20.

[21]颜浩.论宫斗剧的文化本质[N].人民日报,2012-7-10(24).

[22]彭兴滔.《长恨歌》重述历史的努力与危机[J].名作欣赏,2016(1267-69).

[23]普慧.齐梁三大文学集团的构成及其盟主的作用[J].社会科学战线,1998(2)106-114.

[24]尚丹丹,刘张利,张威良.我国宫斗剧现状的分析与思考[J].北方文学(下半月),2012(10)63.

[25]薛亚军.《左传》梦占预言述论[J].阴山学刊社会科学版,16-20.

晓琳.中古文学集团考辨[J].西华师范大学学报哲学社会

科学版，2009（4）12-16.

　　［27］刘向斌.试论汉初文人集团的地域成因［J］.青海社会科学，2008（1）170-173.

　　［28］付志红.李斯作品的文学观照［J］.延边大学学报社会科学版，2006，39（1）：77-82.

　　［29］刘国斌.邹阳《狱中上梁王书》的用事与文学散文的产生［J］.黄石理工学院学报人文社会科学版，2011（5）38-40.

　　［30］吕书宝.论《淮南子》的文学价值［J］.东北师大学报哲学社会科学版，2007（2）97-102.

　　［31］舒习龙.《史记》编纂学中的破例问题［J］.东方论坛，2011（1）9-13.

　　［32］李杰."孝道"思想对司马迁著史的影响［J］.甘肃高师学报2007（6）38-42.

　　学位论文：

　　［1］班孟丹.中国人善恶报应信仰的心理学研究［D］.曲阜：曲阜师范大学，2013.

　　［2］胡玲.ＴＶＢ"女人戏"中女性形象的建构和取向［D］.武汉：华中师范大学，2010.

　　［3］赵寅君."赵氏孤儿"研究［D］.太原：山西大学，2017.

后 记

　　光阴荏苒，岁月如梭，从1999年我投到北京师范大学中文系博士生导师韩兆琦教授门下作高级访问学者，到如今刚好二十年，当年的许多事情我记忆犹新。我在韩先生的指导下，开始对《史记》进行系统的学习和研究。也是那一年，我在韩先生带领下，参加了全国《史记》学术研讨会，在会上我认识了众多《史记》研究的专家、学者和前辈，这是先生为我打开通往《史记》研究的另一扇大门。这二十年来，我每年都参加中国《史记》研究会主办的学术会议，还多次参加了陕西省司马迁研究会、安徽和县、江苏宿迁市主办的各种《史记》学术会议。这些会议为我与全国各地及日本、韩国的《史记》研究专家进行学术交流提供了平台和机会，使我结交了许多志同道合的朋友，也使我的《史记》研究有了很大的提升。

　　在北师大学习期间，我完整地听了韩先生给本科生和研究生开设的《史记》专题课。先生精彩生动的课堂教学，深深吸引了我，令我折服。先生于细微处发现问题的敏锐目光，对问题思考分析的深刻与独到，更令我佩服。先生深厚的史学功底，渊博的学识，认真严谨的治学态度给我印象深刻。先生诲人不倦，耐心为学生答疑解惑的态度，更是让我们这些来高校的访问学者感动。我学习结束后，在全国《史记》学术会上常能见，每当我们有问题跟先生请教时，他还是一如既往、不厌其烦地为在北师大学习期间，我的另一位导师，博士生导师张海明教授也给我的学习提供了很多的指导和帮助。我完整听了张先生给研究生讲授的"中国古代文艺学范畴"课程。我感觉在张先生那里最大的收获，是在研究方法和研究视野上得到的启发和开拓，他让我在《史记》研究上，能够站在比较高的学术视野来审视历史上的人和事，以理性、客观的态度来评价历史人物，他的指导使我受益良多。两位恩师给我的帮助，我没齿难忘，也希望自己做出更好的成绩，回报老师。

自2001年开始，我陆续给文学院全日制高年级的本科生、函授生、全日制研究生、在职研究生开设了"《史记》研究""《史记》与《汉书》""史传文学"等几门与《史记》相关的课程。2012年又给全校的本科生开设了"《史记》的文学描写与历史解读"通识通选课，这些课都得到学生的欢迎和好评。

教学之余我的科学研究也有了不少的收获。我的学术研究分为三个方面：一是《史记》研究。二是民族文化与民族文学的研究。做这方面的研究是学校学科建设的需要，因为广西是壮族自治区和多民族聚集区，我们学校又是民族院校，所以民族性、地域性、国际性既是学校的办学特色与学科建设的目标，也是学校对我们研究方向的要求。三是古代文学其他方面的研究。

对《史记》与司马迁的研究，我始终怀有浓厚的兴趣，我每读《史记》，总有常读常新之感。有时沉浸其中，与书中的人物同悲喜，也常为那些悲剧人物扼腕。我在准备《史记》课程的那些日子，有时候会失眠，脑子里想的都是司马迁和《史记》人物，仿佛自己在与他们对话，在这种遐思冥想中，有时候会有灵光一闪，脑海中冒出一些奇异的火花。每当这种感觉出现时，我都会穷追不舍，查找各种资料，决不让那束火花悄无声息地熄灭。就这样，我的《史记》研究的一篇篇论文开花结果。当然也一些是为参加学术会议，应会议主题要求写的命题论文。我把这些论文向各种杂志投稿，先后在各类刊物公开发表，其中一半以上的论文刊发于中文核心期刊。在发表的论文中，我选择近20篇文章集结成书出版。其中《论赵盾形象文学化发展对元杂剧〈赵氏孤儿〉的影响》一文，题目与框架构思由我提出，最后由我的研究生韦知秀执笔完成。《论司马迁的孝道与孝道思想》，同样由我与研究生陆川共同完成。另外，附录《高歌一曲颂忠良——读〈后汉书·党锢列传〉》一文，是我最早的史传文学论文。我早年在复旦大学读研究生课程进修班时，李祥年老师给我们开了《史传文学》课，课后我撰写了该文作为该门课的课程论文，后来经过修改刊发于本校的学报。这是一篇有纪念意义的文章，所以我把它也收录进来。2005年和2013年我分别出版了两部《史记》研究的专著：《〈史记〉人物的性格与命运》和《春秋战国及秦汉之食客文化》。这两部书也是在我一些文章的基础上孵化而成的。

在将文章集结出版时，我为了保持文章的原貌，只对文章作了校对，对一些早期发表的文章补充了参考文献及注释引文的页码，没有对文章作改动。由于本人才疏学浅，学养不足，文中难免有疏漏及不尽人意之处，希望得到同行专家及读者的批评指正。

本书出版首先要感谢我的恩师韩兆琦先生，他于己亥年春节临近时抽空为本书作序。感谢广西民族大学"广西一流学科中国语言文学学科"建设经费在出版上的资助，感谢文学院院长韦树关长期以来对我的支持和帮助，感谢我的家人长期以来对我的理解、支持和鼓励，感谢广西师范大学出版社社科分社的赵运仕社长，编辑伍丽云、由丹老师为本书出版付出努力。

杨宁宁

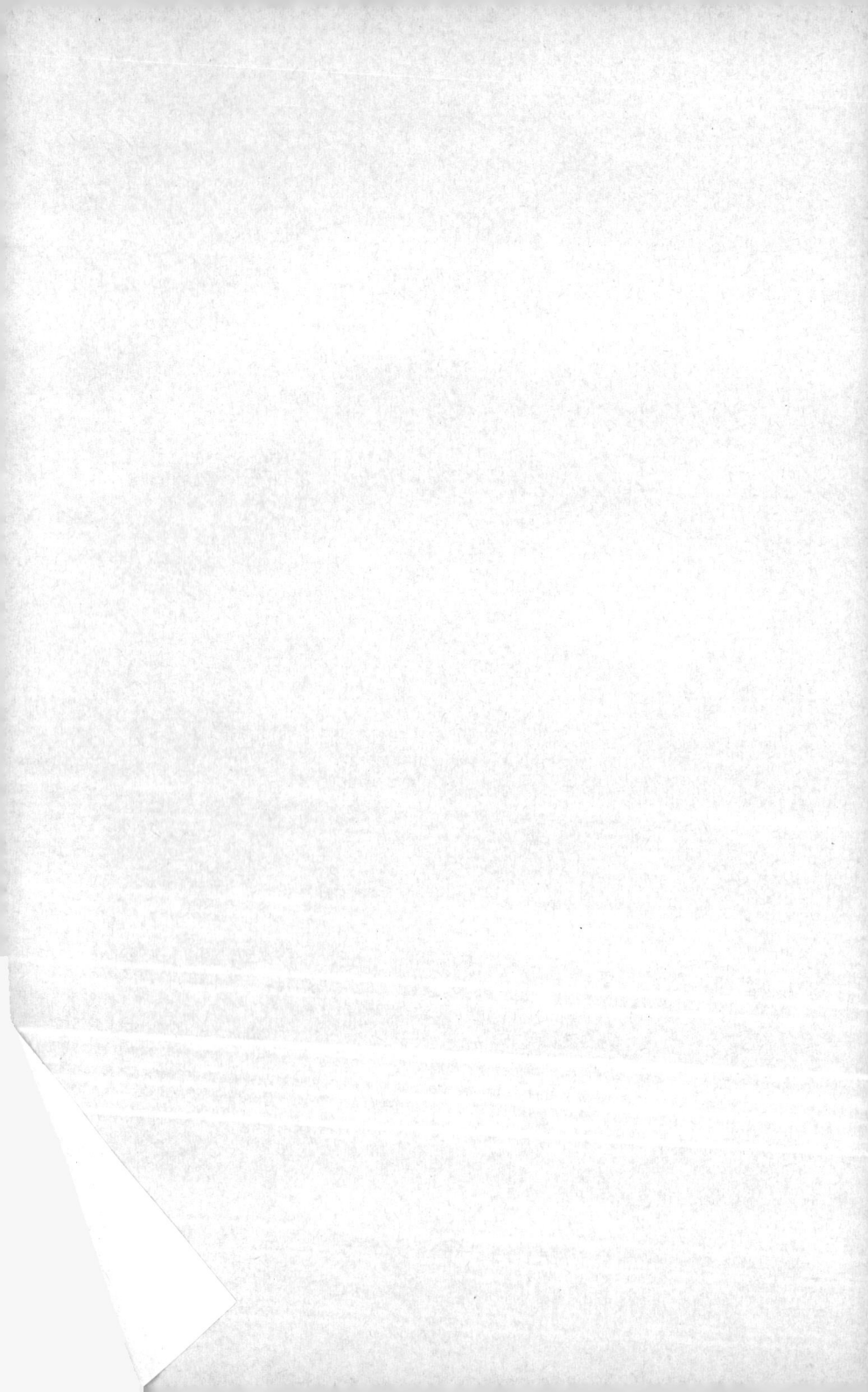